BIBLIOTHECÆ

COLBERTINÆ

PARS PRIMA,

Complectens Libros in folio.

BIBLIOTHECA COLBERTINA:

SEU

CATALOGUS LIBRORUM

BIBLIOTHECÆ,

QUÆ FUIT PRIMUM

ILL. V. D. J. B. COLBERT,

REGNI ADMINISTRI;

DEINDE

ILL. D. J. B. COLBERT,

MARCH. DE SEIGNELAY;

POSTEA

REV. ET ILL. D. J. NIC. COLBERT,

Rothomagensis Archiepiscopi;

AC DEMUM

ILL. D. CAROLI-LEONORII COLBERT,

COMITIS DE SEIGNELAY.

❧

PARISIIS,

Apud {
GABRIELEM MARTIN, via Jacobea, ad insigne Stellæ.
FRANCISCUM MONTALANT, ad ripam Augustinianorum.

M. DCC. XXVIII.

LECTORI.

Ibliothecam Colbertinam, id est Thesaurum reseramus. Fuit illa instructa ab Illustrissimo Joanne-Baptista COLBERT Regni Administro, Viro omni laudum genere celebrando.

Regni Regisque gloriam domi forisque procuravit. Sed quod nos spectat magis, Scientiis & Artibus per Gallias provehendis, tota mente, totis viribus incubuit. Litterarum & Artium cultores eximios ex orbe universo advocavit, & regia munificentia fecit regnicolas ; plurimis ipse è proprio ære annua pendebat stipendia. Litteratos quosdam in sui contubernium admisit, in ædes suas recepit, & suorum studiorum fecit participes. Unum nominaverim Baluzium, quem suæ Biblio-

thecæ præfecit: Vir ille, cujus ingens
eruditio, acris folertia, vaftaque rei
litterariæ peritia, fatis fuperque notæ
funt, hac provincia fufcepta, libris &
codicibus, ex omni Occidentis & O-
rientis parte, fumma cura, magno fum-
ptu conquifitis, Bibliothecam locu-
pletavit.

Poft deceffum (damno Litterarum)
infignis Miniftri, Bibliotheca fucceffi-
vè ejus filiis Illuftr. D. Marchioni DE
SEIGNELAY, & Reverend. ac Illuftr.
D. Rothomagenfi Archiepifco, ac de-
mùm illis defunctis Illuftr. D. Comiti
DE SEIGNELAY ejus nepoti, teftamen-
tario jure devoluta eft : Quam variis
acceffionibus & novis Librorum edi-
tionibus adauxerunt.

Catalogus à Viris Clariff. qui Bibliothecæ præfuerunt ordinatus, nof-
tris curis prodit in lucem. Non erat
arbitrii noftri Facultatum & Librorum
difpofitionem fubvertere aut immuta-
re. Hæc igitur pro noftro officio præ-
ftitimus: Titulos, Editiones, Auctores
recognovimus, contulimus, & ubi o-
pus fuit reftituimus; unicuique Libro

ſuum appoſuimus numerum, ac eundem in Catalogo præfiximus. Attamen
Lector bibliophilus obſervabit pluri-
mos, eodem compactos codice, ſub
unico numero cum uncino deſcriptos
fuiſſe ; quapropter cum illi ſæpiùs varii ſint & diverſi argumenti tractatus,
totius Catalogi attenta lectio commen-
datur.

Pretioſam ſuppellectilem dividen-
dam annuntiamus, largas hinc indè
in varios veluti rivos opes effundimus :
accedat quiſque anhelus ſiti bonarum
Litterarum, Librorum ſelectorum &
rariſſimorum.

Venditionem Deo duce auſpicabi-
mur die Lunæ 24. menſis Maii 1728.
Libri publica Auctione ſigillatim diſ-
trahentur, juxtà ſeriem Indiculorum
quos more ſolito unaquaque hebdo-
mada emittemus.

INDEX
FACULTATUM
HUJUS CATALOGI.

THEOLOGIA.

JURISPRUDENTIA.

CONCILIA, JUS CANONICUM, ET DISCIPLINA ECCLESIASTICA, in folio, *p.* 54. in quarto, *p.* 391. in 8. *p.* 1005.

De Conciliis in genere, in folio, *p.* 54. in quarto, *p.* 391. in 8. *p.* 1005.

Concilia antiquiora, in folio, *p.* 54. in quarto, *p.* 391. in 8. *p.* 1007.

Synodi & Concilia recentiora, ac primùm Italiæ, in folio, *p.* 54. in quarto, *p.* 395. in 8. *p.* 1011.

Concilia & Synodi Galliæ, in folio, *p.* 54. in quarto, *p.* 409. in 8. *p.* 1013.

Concilia & Synodi Hispaniæ, in folio, *p.* 54. in quarto, *p.* 417. in 8. *p.* 1019.

Concilia & Synodi Germaniæ, Poloniæ, & Angliæ, in folio, *p.* 54. in quarto, *p.* 418. in 8. *p.* 1019.

Canones Pœnitentiales, in quarto, *p.* 419.

Epistolæ Pontificum, in folio, *p.* 63. in quarto, *p.* 419. in 8. *p.* 1021.

Jus Canonicum, in folio, *p.* 65. in quarto, *p.* 421. in 8. *p.* 1021.

Opera Canonica, Tractatus generales & singulares Juris Canonici, & Tractatus Ecclesiastici, in folio, *p.* 68. in quarto, *p.* 423. in 8. *p.* 1024.

JUS CIVILE, in folio, *p.* 75. in quarto, *p.* 443. in 8. *p.* 1042.

Jus Romanum, in folio, *p.* 75. in quarto, *p.* 443. in 8. *p.* 1042.

Tractatus generales & singulares Juris Civilis, & Tractatus Juridici, in folio, *p.* 78. in quarto, *p.* 447. in 8. *p.* 1047.

Jus Gallicum, in folio, *p.* 81. in quarto, *p.* 455. in 8. *p.* 1056.

Jus Italicum, in folio, *p.* 86. in quarto, *p.* 470. in 8. *p.* 1062.

HISTORIA.

SCIENTIÆ ET ARTES.

ē ij

HUMANIORES LITTERÆ.

BIBLIOTHECÆ

BIBLIOTHECA COLBERTINA.

THEOLOGIA, *in folio.*

BIBLIA SACRA.

Biblia Polyglotta.

Nᵒ

1 IBLIA Polyglotta Card. Ximenii. *Compluti* 1514. 1515. & 1517. 6. *vol. mar.* 650ᵗᵗ (*lib.*)

2 Biblia Polyglotta Philippi II. Hiſpan. Regis, cura Bened. Ariæ Montani. *Antuerp. Plantin.* 1569-1572. 8. *vol.* 141ᵗᵗ

3 Biblia Hebr. Gr. & Lat. cum interpret. Pagnini, & annot. Fr. Vatabli. *Ex offic. Sanctandreana.* 1586. 2. *vol.* 15-10

4 Biblia Polyglotta Guid. Mich. le Jay. *Pariſ. Vitré.* 1628-1645. 10. *vol. infol. max. mar.* 249-19

5 Biblia Polyglotta Briani Waltoni. *Lond.* 1653. -1657. 14. *vol. carta max. mar.* auec le nᵒ 3688. 1050ᵗᵗ

Biblia Hebraïca, Syriaca, Arabica, Perſica.

6 Biblia Hebr. cum Targum & comment. Hebr.

A

Felicis Pratenfis; cura Dan. Bomberg. *Venet.* 1517.
3. *vol. defunt Pfalmi.* 20 tt

7   Biblia Hebr. cum Targum, Mafora, & comment.
Hebr. *Venet.* 1548. 5. *vol.* 96 tt

8 { Eadem, ex edit. Joan. Buxtorfii patris. *Bafil.*
1618. & 1619. 2. *vol.* 49 — 18
Ejufdem Buxtorfii Tiberias. *Ibid.* 1620. *mar.*

9 { Biblia Hebr. majufculis characteribus, ftudio
Eliæ Hutteri. *Hamburgi.* 1588. 15 tt
Ejufdem Cubus alphabeticus Hebr. linguæ.

10   Biblia Hebr. Lat. Seb. Munfteri. *Bafil.* 1546.
2. *vol.* 36 — 19

11   Biblia Arab. Congreg. de Propag. Fide juffu
edita; additis è regione Bibliis Vulg. Latinis. *Roma.*
1671. 3. *vol.* 50 — 10

12   Pentateuchus Hebræus, cum Targum, verfione
in linguam Græcam vulgarem & Hifpanicam, & cum
comm. Rafi : omnia characteribus Hebraïcis. *mar.* 9

13   Pfalterium Hebræum, Latinum Vulgatum, Græcum, Arabicum, & Chaldæum, cum duplici verfione ex Hebræo & Chaldæo, & fcholiis; per Au-
guftinum Juftinianum Epifcopum Nebienfem. *Genua.* 1516. 21 tt

14 { Pfalterium Hebræum, Græcum, Chaldæum five Æthiopicum, & Latinum; per J. Potken. *Col.*
1518.
Introductiunculæ in prædictas tres linguas ex-
ternas. 6 — 2

15 { Pfalmi Davidis, cum Canticis V. & N Teft.
Syriacè charactere majufculo, & Arabicè charac-
tere Syriaco minufculo; per Jofeph filium Amima
Diaconum in Monte Libano. 1610. 13 — 19
Epiftola Sergii Rifii Maronitæ Archiep. Damafc.

16   N. Teftamentum Syriacum, Italicum, Hebraïcum, Hifpanicum, Græcum, Gallicum, Latinum,
Anglicum, Germanicum, Danicum, Bohemicum,
Polonicum; per Eliam Hutterum *Norimbergæ.* 1599.
2. *vol.* 24 — 1

   N. Teftamentum Græcum, Syriacum charactere Hebraïco, cum verfionibus Latinis, & annot.

17 Emm. Tremellii. *Lugduni.* 1571. 2. *vol.*
  Ejusdem Grammatica Chaldæa & Syra. *mar.* 30 ℔

18 Quatuor Evangelia, Latinè & Hebraïcè; per Joan.
  B. Jonam. *Roma.* 1668. *mar.* 18—12

19 Quatuor Evangelia, Arabicè. *Roma.* 1590. *mar.* 20—5

20 Quatuor Evangelia, Arabicè, cum versione inter-
  lineari. *Roma.* 1619. 24 ℔

21 Quatuor Evangelia, Persicè, cum versione Latina
  Abraham Wheloci. *Lond.* 1657. 5—10

22 Quatuor Evangelia, Ruthenicè seu Moscoviticè. 20 ℔

23 Concordantiæ Bibliorum Hebræorum, per Ma-
  rium de Calasio. *Roma.* 1621. 4. *tom. in* 2. *vol.* 63—5

24 Concordantiæ Bibliorum Hebræorum, per Joan.
  Buxtorfium. *Basil.* 1632. 18 ℔

Biblia Græca.

25 Biblia Græca, ex editione Aldi Manutii. *Venet.*
  1518. *mar.* 103—10

26 Divinæ Scripturæ V. ac N. Testamenti omnia,
  Græcè (juxta editionem Aldinam.) *Basil.* 1545. *mar.*

27 Eadem, Gr. *Francofurti.* 1597. 16 ℔

28 V. Testamentum juxta LXX. Gr. *Roma.* 1587. *mar.* 180 ℔

29 Idem, Latinè ex Græco LXX. *Roma.* 1588. *mar.* 100 ℔

30 Idem V. Test. juxta LXX. & N. Testamentum, Gr.
  & Lat. per Joan. Morinum. *Parisiis.* 1628. 3. *vol.* C. M. 62 ℔

31 Biblia Græca, Latina, Germanica, per Davidem
  Wolderum. *Hamburgi.* 1596. 4. *vol.* 30 ℔

32 N. Testamentum Græcum, ex editione R. Stephani. *Paris. typis ejusdem,* 1550. *mar.* 30—5

33 N. Test. Græcum. *Paris. ex Typog. Reg.* 1641. C. M.
  mar. 20—5

34 N. Test. Græcum, cum versione Vulgata & Desiderii Erasmi. *Basil.* 1527.

35 N. Test. Græcum, cum versione Erasmi, & glossis
  Flacii Illyrici. *Basil.* 1570. 6 ℔

36 N. Test. Græcum, cum versione & annot. Theodori Bezæ. *Tiguri.* 1559. 5 ℔

37 N. Test. Græcum, cum versione Vulgata & Theodori Bezæ, necnon annot. ejusdem. *H. Steph.* 1565.
  C. M. *mar.* 85 ℔

anecdota notæ manuscriptæ de m. Gaulmin.

A ij

38   Idem N. Teſt. Bezæ, Gr. Lat. cum Joach. Camerarii
comment. in Novum Fœdus. *Cantabr.* 1642.   29–1

39   N. Teſtamenti Concordantiæ Græcæ, per Xiſtum
Betuleium. *Baſil.* 1546. 2

Biblia Latina Vulgata Editionis.

40   Bibliorum Sacrorum prima editio. *Moguntiæ.* 1462.
2. *vol. Exemplar in membranis excuſum. mar.* 3005

41   Eadem Biblia. *Venetiis.* 1476. *mar.* 46

42   Eadem, cum Menardi Monachi compendio S. Scripturæ. *Nerimb.* 1478. 60

43   Eadem, cum eodem Menardi compendio. *Ulmis.*
1480. 40

44   Biblia Vulg. Ed. *Lugduni.* 1509. 8

45   Biblia, emendata per Jo. de Gradibus. *Lugd.* 1520. 8

46   Eadem Biblia, Jo. de Gradibus. *Lugd.* 1526. 9–5

47   Eadem Biblia, Jo. de Gradibus. *Lugd.* 1527. 30–5

48   Eadem Biblia Vulg. Ed. cum brevibus annot. Roberti Stephani. *Pariſ. excudebat ipſe Steph.* 1532. 26

49   Eadem Biblia Rob. Steph. *Ibidem.* 1540. *mar.* 81–3

50   Eadem Biblia Rob. Stephani. *Ibidem.* 1546. 19

51   Biblia Vulg. Ed. majoribus & nitidiſſimis characteribus excuſa. *Lugd. Seb. Gryphius.* 1550. 2. *vol.* 15–5

52   Biblia Vulg. Ed. *Lugd. Tornaſius.* 1556. 12

53   Biblia Vulg. Ed. cum annot. Renati Benedicti.
Par. 1565.

54   Biblia Vulg. Ed. *Lugduni.* 1566. 17–10

55   Biblia Vulg. Ed. cum præfat. Jo. Hentenii. *Venet.
Juntæ.* 1572. *mar.* 30

56   Biblia Vulg. Ed. cum notis Franc. Lucæ Brugenſis
& aliorum Doctorum Lovan. *Antuerp.* 1583. *mar.* 50

57   Biblia Vulg. Ed. à Sixto V. recognita & approba-
ta. *Romæ.* 1590. C. M. *mar.* 1250 ou P. Eugene

58   Biblia Vulg. Ed. Clementis VIII. *Romæ.* 1592. 2. v.

59   Bible Latine & Françoiſe, de la traduction des
Docteurs de Louvain. *Paris.* 1608. 5

60   Biblia Vulg. Ed. *Pariſ. ex Typogr. Regia.* 1642. 8.
vol. mar.   181

61   Biblia Vulg. Ed. cum notis Cl. Lancelot, nec non
ſacra Geographia & Chronologia. *Par. Vitré.* 1662.
mar.   51–19

+ vendu 15 en gr. pap. chez M de la force

62 Concordantiæ Bibliorum. *Rob. Steph.* 1555. 12——13
63 Oeconomia methodica Concordantiarum Scripturæ S. per Georgium Bullocum. *Ant.* 1572. *mar.* 16——10
64 Bibliorum Concordantiæ, per Gasparem Zamoram. *Roma.* 1627. 24——10

Biblia Latina Versionis non Vulgatæ.

65 Vulgata Editio V. ac N. Testamenti, emendata ad Hebraïcam & Græcam veritatem, cum scholiis, per Isidorum Clarium. *Venet.* 1542. 10^{tt}
66 Eadem : 2ª. editio ab eodem recognita. *Venet.* 1557. 25^{tt}
67 Biblia Tigurina, Leonis Judæ. *Tiguri.* 1543. *mar.* 24——1
68 Biblia ex versione Seb. Castalionis, cum ejus annot. *Basil.* 1551.
69 Biblia, ex versione Immanuelis Tremellii & Francisci Junii, cum notis. *Londini.* 1593. 18^{tt}
70 Biblia, ex emendatione & cum notis And. Osiandri. *Francof.* 1635. 5^{tt}

Biblia Latina variarum Translationum.

71 Biblia, ex veteri & nova translatione, cum notis Fr. Vatabli. *Oliva R. Steph.* 1557. 3. vol. 60——10
72 Biblia, ex duplici translatione, cum scholiis Fr. Vatabli. *Salmantica.* 1584. 2. *vol. mar.* 41^{tt}
73 Biblia ex variis translationibus, edita per Fortunatum (Scacchum) Fanensem. *Venet.* 1609. 2. *vol. mar.* 30——10
74 Biblia variarum translationum, editore Laur. Beyerlink. *Ant.* 1616. 3. *vol.* 24^{tt}
75 Psalterium quincuplex, Gallicum, Romanum, Hebraïcum, Vetus, Conciliatum; cum expositionibus Jac. Fabri Stapulensis. *Paris.* 1513. 3^{tt}

Bibliorum Versiones Vulgares.

76 Bible translatée selon la pure version de S. Hierosme (par Jacq. le Févre d'Estaples.) *Anvers, Martin Lempereur.* 1530. 40:
77 Bible translatée en François, par Robert Olivetan. *Neufchastel.* 1535. *mar.* 305:
78 Bible en François, historiée & corrigée (par Guyars des Moulins.) *Paris.* 1541. 18:

A iij

79 Bible traduite en François , avec des notes & des expofitions de plufieurs paffages objectez par les Heretiques ; par René Benoist. *Paris.* 1566. 21 *tt*

80 Bible tournée en François, revûë par les Docteurs de Louvain. *Paris.* 1588. 4 *tt*

81 Bible tournée en François, avec l'explication des paffages objectez par les Heretiques ; par Pierre Frizon. *Paris , Richer* 1622. 3. *vol. figur. mar. Exemplar elegantiffimè exteriùs deauratum.* 125 *tt*

82 Bible Françoife, fur la verfion de Geneve, avec des notes, le tout difpofé par Samuel des Marets & Henry fon fils. *Amft. Elzevir.* 1669. 2. *vol. in fol. G. P. mar.* 150 *tt*

84 N. Teftament François (de la verfion de Guyars des Moulins) revûë & corrigée par Julien Macho & Pierre Farget Docteurs Auguftins. *Lyon. gotiq.* 50-10

85 Bibbia vulgarizata per Nicolo de Malermi. *Venet.* 1481. *mar.* 80-10

86 I libri del V. & N. Teftamento, tradotti in lingua Italiana dalla Ebraïca verità e fonte Greco , con commento, da Ant. Brucioli. *Venet.* 1546. 3. *vol. mar.* 140.

87 Biblia en lengua Efpañola traduzida palabra por palabra de la verdad Hebrayca por muy excellentes Letrados (los Judeos Efpañoles.) *Ferrara, año* 5313. (*de Crifto* 1553.) *charactere gothico.* 3-99:

88 La mifma. *Ferrara (Amfterd.) año* 3390. (*de Crifto* 1630.) 30-10

89 Biblia ex Latina Vulgata Germanicè tranflata à Joanne Dietembergero. *Colon.* 1572. 3-3

90 Biblia ex Hebræo & Græco textu Germanicè converfa per Mart. Lutherum. *Luneburgi.* 1652. 2. *vol.* 21 *tt*

91 Biblia Suecica, juxtà Germanicam Lutheri editionem. *Holmiæ* 1655. *mar.* 20.

92 Biblia Finnica, interprete Æfchillo Petreo. *Holmiæ.* 1642. *mar.* 20.

93 Biblia Regia Anglica, cum picturis hiftoricis edita per Joan. Ogilby : accedit liber Precum & Officii Ecclefiaft. Anglicè. *Cantabr.* 1660. *mar.* 300 *tt*

CRITICI S. SCRIPTURÆ.

94 Jo. Morini Exercitationes Biblicæ. *Parif.* 1669. *C. M. mar. aucc* 6 83

95 Lud. Capelli Critica facra. *Parif.* 1650. *C. M.* 18—6

96 Leonis Caftri Apologeticus pro lectione apoftolica & evangelica, pro Vulgata D. Hieronymi, pro tranflatione LXX. proque omni ecclefiaftica lectione; contra earum obtrectatores. *Salmantica.* 1585. 5.

97 Petrus Sutor de tralatione Bibliæ, & novarum reprobatione interpretationum. *Par.* 1525. 6—10

98 Sam. Bocharti Geographia facra, de difperfione gentium, & coloniis & fermone Phœnicum. *Cadomi.* 1651. 13.

99 Chriftiani Adrichomii Theatrum Terræ Sanctæ, & Biblicarum Hiftoriarum. *Colon.* 1600. *figur.* 5.

100 Th. Fulleri defcriptio Palæftinæ & regionum vicinarum, rerumque ibi geftarum in V. & N. Teftamento : Anglicè. *Lond.* 1650. *figur.* 8.

101 Joan. Heydeni Jerufalem ex facris Litteris & probatis Hiftoricis ad unguem defcripta. *Francf.* 1563. 2.

102 Henr. Buntingi Itinerarium & Chronicon totius S. Scripturæ. *Magdeburgi.* 1597. 2. *vol.* 9.

103 H. Hatviilæi Ifagoge chronologica ad cognitionem temporum & rerum quæ extiterunt à mundo condito ad annum Salutis 1620. *Par.* 1625. 2.

104 J. Steph. Menochius de Republica Hebræorum. *Parif.* 1648. *C. M.* 15—1

105 Sam. Bochartus de Animalibus S. Sripturæ. *Lond.* 1663. 2. *vol.* 30—10

106 Fort. Scacchi facrorum Elæochrismaton Myrothecia. *Amft.* 1701. 8.

107 Sixti Senenfis Bibliotheca Sancta. *Venet.* 1566. 8. tt

108 Georgii Ederi Oeconomia Bibliorum, feu Partitionum Theologicarum libri V. *Venet.* 1572.

109 Fr. Roberts Clavis Bibliorum : Anglicè. *Londini.* 1675. 7—10

110 Matthiæ Flacii Illyrici (vero nomine Francowits)

Clavis Scripturæ Sacræ, feu de fermone Sacrarum Litterarum. *Bafil.* 1567. 3:

111   P. Ravanelli Bibliotheca Sacra. *Geneva.* 1660. 3. *vol.*   24-5

112   Th. Wilfon Dictionarium verborum V. & N. Teft. ex Ravanelli Bibliotheca excerptum : Anglicè. *Lond.* 1678.   8-5

113   Jacobi le Long Bibliotheca Sacra. *Parif.* 1723. 2. *vol.*   30-6

INTERPRETES IN S. SCRIPTURAM.

Interpretes Judæi.

114   R. Mofis Maimonidis More Nevochim, Doctor perplexorum , Hebraïcè cum comment. Hebr. R. Sem Tobh. *Venet.* 1550.   4-10

115   Idem, cum iifdem comment. *Sabioneta.* 1553.

116   Idem Latinè ex verfione R. Jacob Mantini ; editore Aug. Juftiniano Epifc. Nebienfi. *Par.* 1520.

117   Philonis Judæi Opera, Gr. *Par.* 1552.

118   Eadem , Latinè per Sigifmundum Gelenium : accedunt Athenagoras de refurrectione mortuorum , Latinè per P. Nannium ; & Æneas Gazæus de immortalitate animarum , Lat. per J. Wolphium. *Bafil.* 1561.   2:

119   Idem Philo Judæus, Gr. Lat. *Par.* 1640. C. M. 50-1

120   R. Meir Angel Maffores Habberis, Mafora Fœderis , feu Traditio Teftamenti ; Hebraïcè. *Mantua.* 1642.

121   Scheelos , Quæftiones R. Achai Gaon ; Hebr. *Venet.* 1546.

122   R. Levi ben Gerfon comm. in Pentateuchum ; Hebr. *Venet.* 1547. *mar.*

123   { Midrafch Rabboth, commrent. Rabbæ filii Nahhmanni in Pentateuchum ; Hebr. *Venet.* 1545.
{ R. Tanhhuma filii Abba Confolatio, comment. in Pentateuch. Hebr. *Venet.* 1545.
{ Id Rabboth in Pentateuchum, cum comment.
{ R. Iffachar Beer filii Nephtali ; Hebr. *Amft.* 1643.

124 Midrasch Rabboth, comment. ejusdem Rabbæ in quinque parva volumina; Hebr. *Amst.* 1641.

125 Keli Chemda, Vas desiderabile, comment. R. Sam. Laniadi in Rabboth; Hebr. *Venet.* 1596.

126 Isaac Abrabanel in Pentateuchum; Hebr. *Venet.* 1579.

127 R. Isaac Aramah in Pentateuchum, Hebr. *Constantinopoli. mar.*

128 Elias Mizrahi seu Orientalis in Pentateuchum; Hebr. *Venet.* 1550.

129 Hakdat Isaac, Ligatio Isaac, comment. R. Isaac ben Aramah in Pentateuchum; Hebr. *Venet.* 1565.

130 Biur Hal Hattora, explicatio subtilis & cabalistica in Pentateuchum, per R. Mosem filium Nahman; Hebr. *Venet.* 1545.

131 Jalcut Hattora, comm. in Pentateuchum R. Simeonis Haddarschan; Hebr. *Cracovia.* 1595.

132 Sepher Hajalcut in Pentateuchum, cum comm. Hebr. *Liburni.* 1610.

133 Mekor Chajim, Fons vitæ, comment. R. Sam. Tsartsæ in Pentateuchum; Hebr. *Mantua.* 1559.

134 R. Tanhhuma filii Abba conciones in Pentateuch. Hebr. *Thessalonica.* 1583. *mar.*

135 Ejusdem consolatio, comment. in Pentateuch. Hebr. *Venet.* 1540.
Midrasch Tehillim, comm. in Psalmos & in Samuelem; Hebr. *Venet.* 1546.

136 Id. Tanhhuma in Pentateuch. Hebr. *Verona.* 1595.

137 Gur Arjeh, Catulus Leonis, comment. in Pentat. R. Judæ filii Bezalel, Hebr. *Praga.* 1578.

138 Fasciculus Myrrhæ, comment. cabalisticus in Pent. R. Abraham Seba; Hebr. *Venet.* 1523. *mar.*

139 Idem, Hebr. *Venet.* 1546. *mar.*

140 Hen tob, Gratia bona, comment. in Pent. R. Tobiæ Levitæ; Hebr. *Venet.* 1605. *mar.*

141 Toldot Isaac, Generationes Isaac, comment. in Pent. R. Isaac filii Joseph Karo; Hebr. *Mantua.* 1558.

142 Siphte Cohen, Labia Sacerdotis, comment. in Pentat. R. Mardochæi Cohen; Hebr. *Venet.* 1610.

143 Sepher Keseph Mezucac, Argentum purgatum, conciones in Pent. R. Josiæ filii Joseph Pinto; Hebr. *Venet.* 1628.

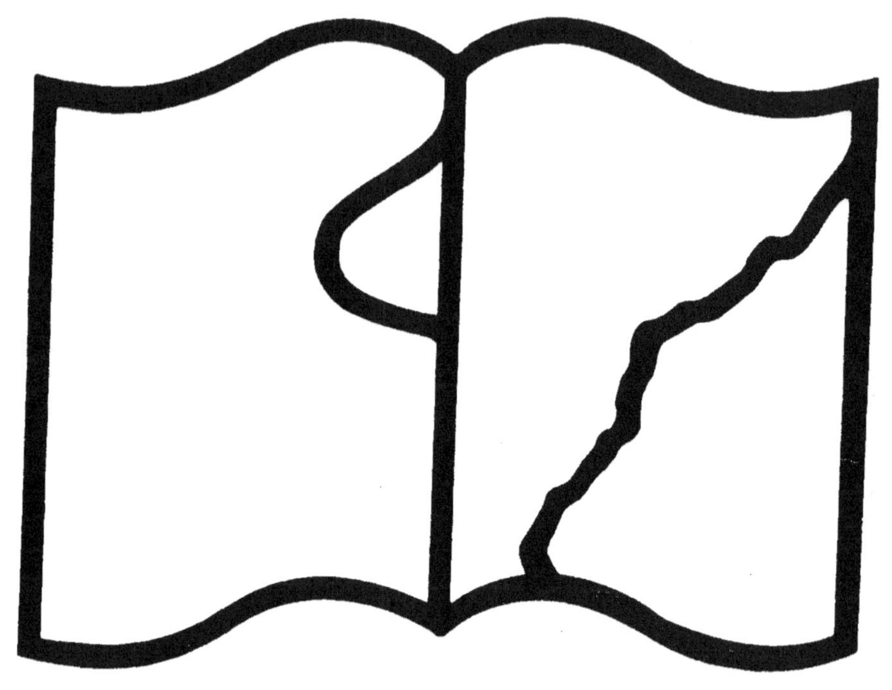

Texte détérioré — reliure défectueuse

NF Z 43-120-11

144   Siphte Dahat, Labia Scientiæ, comm. in Pent.
Hebr. *Praga.* 1611.

145   Hazzoar, comment. in Pent. (excepta ultima sectione) per R. Simeonem ben Johhai; Hebr. *Cremona.* 1565.

146   Idem, Hebr. *Lublini.* 1623.

147   Lecah tob, Doctrina bona, expositio Pentateuchi, (exceptis duabus postremis sect.) R. Mosis Nagara; Hebr. *Constantinopoli.* 1571.

148   Holat tamid, Holocaustum juge, expositio Pentateuchi, (exceptis duabus postr. sect.) R. Mosis Albelda; Hebr. *Venet.* 1601.

149   Derasch Mosche, explicatio Mosis mystica, seu conciones in Pentateuchum ejusdem Mosis Albelda; Hebr. *Venet.* 1603. *mar.*

150 { Col Jehuda, vox Judæ, comment. in sectiones Geneseos; Hebr. *Praga.*
Minhai Jehuda, oblatio Judæ, comment. Obadiæ in quosdam locos Pentateuchi; Hebr. *Constantinopoli.* 1654. *mar.*

151 { Midrasch hamme Kilta, in Pentat. à cap. 12. Exodi comment. R. Ismaël; Hebr. *Venet.* 1550.
Sepher Siphra, seu comment. antiquus in Leviticum; Hebr. *Venet.* 1550.
Sepher Siphri, Hebr. *Venet.* 1546.

152   Corban Aaron, Oblatio Aaron, in librum Siphra, auctore R. Aaron filio Hajim; Hebr. *Venet.* 1611.

153   Pesicta Zutrata, in Leviticum, Numeros & Deuteronomium; Hebr. *Venet.* 1546. *mar.*

154   Keli Jacar, Vas pretiosum, in Prophetas anteriores, auctore R. Samuele Laniado; Hebr. *Venet.* 1608.

155   Isaac Abrabanel in Prophetas posteriores, Hebr. *Amst.* 1642.

156   David Kimhi in Prophetas, Hebr. *Pisauri.* 1515.

157   Idem, Hebr. *Genua.* 1516.

158   Heschec Schelomo, Desiderium Salomonis, in Isaiam comment. R. Salomonis filii Isaac Levitæ; Hebr. *Thessalonica.* 1600.

159   Joseph ben Lagon in Hagiographa, Hebr. *Bononia.* 1538.

160   Moses Alphales in Ecclesiasten; Hebr. *Venet.* 1599.

232

Interpretes Christiani in utrumque Testamentum.

161   Biblia Latina, cum glossa ordinaria Nic. Lyrani.
Duaci. 1617. 6. vol. 34—10

162   Biblia Latina, cum postillis Hugonis Card. de S.
Charo. Basil. 1504. 6. vol. 12 tt

163   Dionysii Carthusiani enarrationes in S. Scripturam. Colon. 1534. 6. vol. 24 tt

164   Alphonsi Tostati Opera. Venet. 1596. 13. vol. 150 tt

165   Biblia Magna commentariorum litteralium J.
Gagnæi, Guill. Estii, Emm. Sa, J. St. Menochii , &
Jac. Tirini ; editore J. de la Haye. Paris. 1643.
5. vol. C. M. 75.

166   Guill. Estii annotationes in S. Scripturam. Duaci. 1621.

167   Ejusdem comm. in Epistolas Pauli & Canonicas.
Duaci. 1614. 2. vol. 32.

168   Biblia Latina, cum expositionibus priscorum Patrum; edente Fr. Haræo. Antuerp. 1630. 7.

169   Biblia Latina, cum scholiis & annot. J. Mariana
& Em. Sa. Ant. 1624. 2. vol. 12—10

170   Biblia Latina, cum explicatione sensus litteralis,
per J. St. Menochium. Colon. 1630. 2. vol. 15.

171   Jac. Tirini comm. in S. Scripturam. Lugd. 1656.
2. vol. 13.

172   Biblia Latina, cum comm. ad sensum litteræ, per
Jac. Gordonum. Par. 1632. 3. vol. 20.

173   Biblia Latina, cum comm. litteralibus & morali-
bus Ant. de Escobar & Mendoça. Lugd. 1652. 9. vol. 9.

174   Biblia Latina, cum annot. J. B. du Hamel. Par.
1706. C. M. 15.

175   Th. de Vio Card. Cajetani comm. in V. Libros
Mosaicos. Par. 1539.

176   Idem in N. Test. Par. 1532. 5 tt

177   Ambr. Catharini enarrationes in V. priora capita
Geneseos; cum ejus variis Tractatibus Theologicis.
Roma. 1552. 10—1

178   Ejusdem comm. in Epistolas Pauli. Par. 1566, 3 tt
    { Idem. Paris. 1566.

179 { Cl. Espençæi comm. in 2. Pauli ad Timotheum.
{ Par. 1564. 3 tt

180   Catena Græcor. Patrum in Job, Gr. Lat. per Patricium Junium. *Lond.* 1637.

181   Catena Græcor. Patrum in Pfalmos, Gr. Lat. per Balt. Corderium. *Ant.* 1643. 3. *vol.*

182   Græcor. Doctorum catena in L. priores Pfalmos, Lat. per Daniel. Barbarum. *Venet.* 1569. *mar.*

183   Catena Græcor. Patrum in Evangelia, Gr. Lat. per P. Poffinum & Balt. Corderium. *Tolofa.* 1646. & 47. *Roma.* 1673. *Ant.* 1627. & 1630. 5. *vol.* 50.

184   P. Lombardi comm. in Pfalmos. *Par.* 1541. 2.

185   Ejufdem collectanea in Epiftolas Pauli. *Par.* 1535.

186   J. Maldonati comm. in præcipuos V. Teftamenti libros. *Parif.* 1643. C. M. 17th

187   Ejufdem comm. in IV. Evangelia. *Muffiponti.* 1596. & 97. 2. *vol.* 34-10

188   Corn. Janfenius Ep. Gand. in Pfalm. *Lugd.* 1597.

189   Ejufd. comm. in Concordiam Evangelicam. *Lugd.* 1582.

190   Beda in Proverbia & Cantica Salom. *Par.* 1536.
       Cantica Canticorum, cum duobus comm. Thomæ Ciftercienfis Monachi, & Joannis Card. Halgrini ab Abbatisvilla. *Par.* 1521.

191   Ejufdem Bedæ collectanea ex Auguftino in Paulum. *Par.* 1499. 6-13

192   Adami Sasbout Opera. *Colon.* 1575. 2th

193   Critici Sacri. *Lond.* 1660. 10. *vol.* 150.

194   Synopfis Criticorum, per Matthæum Polum. *Lond.* 1669. 9. *vol.* C. M. *mar.* 221.

195   J. Pifcatoris comm. in S. Scripturam; cum textu V. Teftamenti duplici. *Herborna Naffoviorum.* 1646. 3. *vol. mar.* 32-1

196   Hug. Grotii annotata ad V. & N. Teftamentum. *Par.* 1644. & 50. & *Amft.* 1641. 6. *vol.* 30.

197   Dan. Brenii breves annot. in V. & N. Teft. *Amft.* 1664.
       Idem de regno Ecclefiæ gloriofo per Chriftum in terris erigendo. *Amft.* 1664. 10.

198   Annotationes in omnes Libros V. & N. Teftamenti: Anglicè. *Lond.* 1657. 2. *vol.* 10.

199   Wolfg. Mufculi comm. in Genefim, Pfalmos, Matthæum,

Matthæum; & Epiſtolas ad Romanos, Corinthios, Galatas, Epheſios. *Baſil.* 1554. *& ſeqq.* 5. *vol.*

200   P. Martyris Vermilii comm. in Geneſim, Judices, Samuelem, Reges, Epiſtolam ad Romanos, & primam ad Corinthios. *Tiguri* 1561. *& ſeqq. &* *Baſil.* 1558. 5. *vol.* 20.

201   Mart. Buceri enarrationes in IV. Evangelia *Oliva R. Step.* 1553.
Ejuſdem enarrationes in Pſalmos, Judices, Sophoniam. *Oliva R. Step* 1554.

202   Ejuſdem enarrationes in Epiſtolas ad Romanos & ad Epheſios. *Baſil.* 1562.   10.

203   Comm. de Jean Calvin ſur le Pentateuque, Job, les Pſeaumes, Iſaye, Daniel, la Concorde des trois premiers Evangiles, S. Jean, les Actes, & les Epîtres des Apôtres. *Geneve* 1561. *& ſuiv.* 6. *vol.* 12

Interpretes in V. Teſtamentum.

204   J. Cunradi Dieterici Antiquitates Biblicæ in V. Teſt. *Giſſæ Haſſorum* 1671. *mar.* 8—5

205   Procopii Gazæi comm. in Octateuchum, Lat. per Cunradum Clauſerum. *Tiguri.* 1555. 8—5

206   Ejuſdem comm. in Eſaïam, Gr. Lat. per J. Curterium. *Par.* 1580. 8

207   Aug. Steuchi Eugubini Ep. Kiſami opera. *Pariſ.* 1578. 8—12

208   H. Ainſworth annot. in Pentateuchum, Pſalmos, & Cant. Cantic. Anglicè. *Lond.* 1639. 4

209   Hier. ab Oleaſtro comm. in Pentateuchum. *Vlyſippone* 1556. 30—5

210   Ejuſd. comm. in Iſaiam. *Par.* 1656. 5.

211   Jac. Ziegleri comm. conceptionum in Geneſim & Exodum : accedunt Idem de Arbitrio humano, raptu Pauli in tertium cœlum, Paſcha, & Judith; J. de monte regio de Cometa; Candidus Arianus & Marius Victorinus Afer de generatione Verbi divini. *Baſil.* 1548. 4—10

212   Lancelotti Andrevvs Ep. Winton. Αποσπάσματα in IV. priora Geneſeos capita, & varia loca V. & N. Teſt. Anglicè. *Lond.* 1657. 4.   B

213 { Iſychius Presbyter Jeroſolym. in Leviticum,
Lat. *Baſil.* 1527.
Hermæ Paſtor. *Argent.* 1522. *2.*

214   Radulphus Flaviacenſis in Leviticum. *Colon.* 1536.

215   Joſue, Judices, Ruth, cum com. Jac. Bonfrerii:
accedit Onomaſticon locorum S. Scripturæ, Gr.
Lat. per Euſebium, Hieronymum, & Bonfrerium.
Par. 1631. *9.*

216 { And. Maſii comm. in Joſue. *Ant.* 1574.
Theodoreti Græcarum affectionum curatio,
Gr. Lat. per Zenobium Acciaolum. *Commelin.*
1592. *6-1*

217 { J. Merceri comm. in Job. *Geneva* 1573.
Philippi Presbyteri comm. in Job. *Baſil.*
1527. *4.*

218 { Arnobii comm. in Pſalmos. *Baſil.* 1522.
Deſid. Eraſmi comm. in Pſalm. 2. *1.*

219 { Ruffini comm. in 75. Pſalmos. *Lugd.* 1570.
Dionyſii Carthuſiani comm. in Pſalmos. *Par.*
1553.
Haymo Ep. Halberſtatenſis in Pſalmos. *Par.*
1533. *5-19*

220   Caſſiodori explanatio in Pſalmos. *Baſil.* 1491,

221   Remigius Epiſc. Antiſſiod. in Pſalmos. *Colon.*
1536. *2.*

222   Richardi Pampolitani Eremitæ Angloſaxonis
3-6 enarratio in Pſalterium, & alia quædam. *Colon.* 1536.

223 { Ludolfi Carthuſienſis expoſitio in Pſalterium.
Spiris. 1491.
Fr. Petrarchæ paraphraſis in Pſalmos pœni-
tentiales. *17.*

224   Joannis Card. de Turrecremata expoſitio in Pſalmos. *Roma.* 1476. *mar.* 5.

225 { Eadem. 1482.
Ejuſdem expoſitio in Regulam S. Benedicti.
Par. 1491. *1-10*

226   Hier. Verlenii comm. in Pſalmos. *Lovan.* 1557.

227   Gilberti Genebrardi comm. in Pſalmos. *Paro*
1587. *2.*

228   A. Agellii comm. in Pſalmos. *Roma* 1608. 3.

29 Simeonis de Muis opera. *Parif.* 1650.

30 Thomæ Jorfii Card. comm. in 37. priores Pfalmos. *Venet.* 1611.

31 Rodolphi Bayni comm. in Proverbia. *Par.* 1555.

32 Matthæi Cantacuzeni expofitio in Cant. Cantic.
Gr. Lat. cum notis Vinc. Riccardi. *Roma.* 1624.

33 { Divi Aponii comm. in Cant. Cantic. cum epitome eorumdem per Lucam Abbatem Montis
S. Cornelii. *Friburgi Brifgoiæ.* 1538.
Caffiodori Abbatis apud Ravennam comm.
in idem Canticum.
Angelomi Monachi enarrationes in librosRe-
gum. *Colon.* 1530.

34 Roberti Holkoth prælectiones in Sapientiam.
Bafil. 1586.

35 J. Oecolampadii comm. in Prophetas & Job. *Genevæ* 1558.

36 Leonis Caftri comm. in Ifaiam. *Salmanticæ.* 1570.

37 Mich. de Palacio dilucidationes in Ifaiam. *Salmanticæ.* 1572.

38 Commentaire fur Ifaye, par Laifné. *Par.* 1654.

39 Hier. Pradi & J. B. Villalpandi explanationes
in Ezechielem. *Roma.* 1596. 3. *vol. C. M. fig.*

40 Matthiæ Haffenrefferi comm. in Templum Eze-
chielis. *Tubingæ.* 1613.

41 Fr. Riberæ comm. in XII. Prophetas minores.
Colon. 1593.

Interpretes in N. Teftamentum.

42 Theophylacti Archiep. Bulgariæ comm. in Evangelia, Gr. Lat. *Par.* 1631. *mar.*

43 Ejufdem comm. in Epiftolas Pauli, Gr. Lat. per
Ph. Montanum. *Lond.* 1636. *mar.*

44 Jac. Fabri Stapulenfis comm. in Evangelia. *Colon.* 1541.

45 { Ejufdem comm. in Epiftolas Pauli. *Par.* 1517.
Ejufdem comm. in Epiftolas Catholicas. *Bafil.* 1527. *mar.*

46 Def. Erafmi annot. in N. Teft. *Bafil.* 1540.

47 Annot. Natalis Bedæ in Fabrum Stapulenfem,
& Erafmum. *Par.* 1526.

B ij

248 Erasmi Apologiæ omnes in eos qui eum locis aliquot in suis libris non satis circumspectè sunt calumniati. *Basil.* 1522. 3—1

249 Nicolai de Gorram sive Gorrani comment. in N. Testam. *Ant.* 1617. 2. *vol.* 4—2

250 Eduardi Leigh annot. in libros N. Testam. Anglicè. *Lond.* 1650. 3.

251 Dan. Heinsii exercitationes sacræ ad N. Test. accedit ejusdem Aristarchus sacer, sive exercitationes ad Nonni metaphrasim in Joannem. *Lugd. B.* 1639. 4.

252 J. Pricæi comm. in varios N. Test. libros : accedunt ejusdem annot. in librum Psalmorum. *Lond.* 1660. 7.

253 Euthymii Zigaboni comm. in Evangelia, Lat. per J. Hentenium : accedit ejusdem Hentenii refutatio Sacerdotii legalis Jesu Christi. *Lovan.* 1544.

254 {
  R. Stephani specimen novæ glossæ ordinariæ in Matthæum, Marcum & Lucam. *Oliva ejusdem Steph.* 1553.
  Harmonia Evangelica, And. Osiandri.
  Comm. Calvini in Evangelium Joannis. *Oliva R. Step.* 1553. 2^tt
  Ejusdem comm. in Acta Apost. *Geneva.* 1552.

255 Evangeliorum Harmonia, Gr. Lat. per Nic. Toinard. *Parif.* 1707. 6.

256 Natalis Alexandri expositio litteralis & moralis Evangeliorum. *Parif.* 1703. 10—7

257 Fr. Toletus in 12. priora capita Lucæ. *Colon.* 1611.

258 Idem in Evang. Joannis. *Colon.* 1611.

259 Alberti Magni postilla in Joannem. *Hagenaw.* 1504. 4.

260 Guidonis de Perpiniano Concordia Evangelica cum comm. accedunt ejusdem expositio in Cantica Evangelica, & Summa de Hæresibus. *Colon.* 1631.

261 Mart. Chemnitii & Polycarpi Lyseri Harmonia Evangelica, cum comment. Joan. Gerhardi. *Geneva.* 1641. 2. *vol.* 3.

262 Oecumenii & Aretæ comm. in Acta, Epistolas

& Apocalypſim, Gr. *Verona* 1532. *mar.*

263   Iidem, Gr. Lat. per Hentenium. *Pariſ.* 1630. 2. *vol. mar.* 14—17

264   Liberti Fromondi comm. in Epiſtolas Pauli & Canonicas. *Lovan.* 1663.

265   Sedulii Scoti collectaneum in Paulum. *Baſil.* 1538.
       Zacharias (Goldsboroug) Epiſc. Chryſopolitanus in Concordiam Evang. Ammonii Alexandrini. *Colon.* 1535. 6.

266   S. Remigii Epiſc. Remenſis explanationes Epiſtolarum Pauli. *Mogunt.* 1614.

267   S. Thomæ comm. ſuper Epiſtolas Pauli. *Venet.* 1510.

268   Jac. Sadoleti comm. in Epiſtolam ad Romanos. *Lugd.* 1535. 2—13

269   Dominici à Soto comm. in Epiſtolam ad Romanos : accedunt ejuſdem de Natura & Gratia , & Apologia contra Amb. Catharinum. *Ant.* 1550.

270   Cl. Eſpencæi comm. in Epiſtolas ad Timotheum, cum digreſſionibus. *Pariſ.* 1561. & 64. 1—11

271   Ambr. Ansberti comm. in Apocalypſim. *Colon.* 1536. 1—10

272   Alexandri de Hales comm. in Apocalypſim. *Par.* 1647. C. M. 3—13

273   Lud. ab Alcaſar veſtigatio arcani ſenſus in Apocalypſim, cum ejus tractatu de ſacris Ponderibus & Menſuris. *Ant.* 1614. 2.

274   Joan. de Sylveira comm. in Apocalypſim : tom. primus. *Lugd.* 1663. 1—10

LITURGICI.

De Ritibus Eccleſiaſticis.

275   De Divinis Catholicæ Ecclesiæ Officiis ac Miniſteriis varii vetuſtiſſimorum aliquot Eccleſiæ Patrum ac Scriptorum libri. *Colon.* 1568. *mar.* 6—19

276   J. B. Caſaliūs de veteribus ſacris Chriſtianorum Ritibus. *Romæ* 1647.

277 Chriftop. Marcellus de Ritibus ecclefiaft. five facris Ceremoniis Romanæ Ecclefiæ. *Venet.* 1516. *mar.*

278 Idem. *Roma* 1560.

279 And. du Sauffay Panoplia Epifcopalis, feu de facro Epifcoporum ornatu. *Parif.* 1646. C. M.

280 Cæremoniale Epifcoporum. *Roma* 1600. *figur. mar.*

281 Benedictionale juxta ritum Ecclefiæ Aurelian. *Aurel.* 1696.

282 Guillelmi Durandi Epifcopi Mimatenfis Rationale Divinorum Officiorum. *Roma* 1473. C. M. *mar.*

283 J. Steph. Durantus de Ritibus Ecclefiæ Catholicæ. *Roma* 1591.

284 Corn. Schultingii Steinwichii Bibliotheca Ecclefiaftica, feu commentaria de expofitione Miffalis & Breviarii. *Colon.* 1599.

285 Ritus Ecclefiæ Laudunenfis redivivi, cum obfervationibus Ant. Bellotte. *Par. Savreux*, 1662.

286 De Rebus Liturgicis libri duo Joan. Card. Bona. *Roma* 1671. *mar.*

287 Gabr. Biel Canonis Miffæ expofitio. *Bafil.* 1515.

288 Judoci Clichtovei Elucidatorium ecclefiafticum, ad Officium Ecclefiæ pertinentia planius exponens. *Parif.* 1516.

Officia Ecclefiarum Orientalium.

289 Miffale Chaldaicum juxta ritum Ecclefiæ nationis Maronitarum. *Roma* 1594. *figur.*

290 Officium fimplex feptem dierum hebdomadæ, ad ufum Ecclefiæ Maronitarum, Syriacè. *Roma* 1624. C. M.

291 Liturgia Armena, Armenicè. *Roma.* 1677.

292 Eadem, Latinè. *Roma.* 1677.

Libri Officii Ecclefiaftici Græcorum.

293 { Typicon, Græcè. *Venet.* 1643.
{ Evangeliftarium, Græcè. *Venet.* 1645.

294 Triodion, Græcè. *Venet.* 1644.

295 Anthologion, Gr. *Venet.* 1639.

296 { Paracleticon, Gr. *Venet.* 1640.
     Penticoftarion, Gr. *Venet.* 1642.

297 Menæum, Gr. *Venet.* 1630. 12. *tom. in* 4. *vol.*

298 Euchologion, feu Rituale Græcorum, Gr. Lat. cum expofitionibus Jac. Goar. *Parif.* 1647. *40-10*

299 Archieraticon, feu Pontificale Ecclefiæ Græcæ, Gr. Lat. cum obfervationibus Ifaaci Haberti. *Parif.* 1643. *3:*

300 Liturgiæ SS. Patrum, Gr. *Parif. Morel,* 1560. *1-10*

301 { Liturgiæ five Miffæ SS. PP. Lat. *Parif. Morel,* 1560.
     Canones Apoftolor. & Conciliorum, & Theologorum aliquot libri, Gr. Lat. *4-19*

Pontificalia.

302 Pontificale, emendatum diligentiâ Jacobi de Lutiis Ep. Cajacenfis, & J. Burckardi. *Collibus Vallis Trompia,* 1503.

303 Idem. *Lugd.* 1511. *Heteromallo rubro coopertum. Exemplar quod fuit Fr. Boheri Macloviensis Episcopi, qui illud fe comparaviffe pro pretio viginti aureorum fcutatorum anno* 1522. *fua manu teftatur in fronte codicis.*

304 Pontificale Romanum, cum additionibus Alberti Caftellani. *Venet.* 1520. *16:*

305 Idem. *Lugduni.* 1542.

306 Pontificale Romanum. *Venet. apud Juntas,* 1572.

307 Pontificale Romanum, juffu Clementis VIII. *Roma.* 1595. *figur. mar.* *50:*

308 Idem Pontificale Romanum juffu Clementis VIII. *Roma.* 1595. *figur.* 3. *vol. mar.* *45:*

309 { Miffæ Epifcopales pro facris Ordinibus conferendis, ex editione Hieron. Machabæi Ep. Caftrenfis. *Venet.* 1563.
     Ejufdem breve compendium diverforum Cafuum. *Ibid.* *2:*

Rituale.

310 Agenda Ecclefiæ Moguntinenfis. *Mogunt.* 1551.

Missalia.

311 Missale Romanum. *Venetiis* 1484. *6—19*
312 Missale Romanum. *Papiæ* 1484. *9—1*
313 Missale Romanum. *Brixiæ* 1492. *8—1*
314 Missale Romanum. *Venet. Junta,* 1510. *6—1*
315 Missale Romanum. *Venet.* 1535.
316 Missa B. Petronii Bononiensis Episcopi. *4*
317 Missale Romanum. *Venet.* 1574. *2*
318 Missale Romanum. *Exemplar imperf.*
319 Missale Romanum. *Colonia* 1662. *mar. 12—1*
320 Missæ festorum solemnium , ex edit. G. Blanci. *Avenione* 1570. *mar. 3*
321 Graduale Romanum abbreviatum , & revisum per P. Cinciarinum. *Venet. Junta,* 1560.
322 Missale Lugdunense. *Lugd.* 1524. *5—16*
323 Missale Ecclesiæ Heduensis. *Hedua* 1556.
324 Missale Lingonense. *Parif.* 1517. *4*
325 Missale Rothomagense. 1576. *4—1*
326 Missale Rothomagense. *Rothomagi* 1668. C. M. *mar. 10—10*
326* Missale Bajocense. *1—10*
327 Missale Antissiodorense. *Parif. Prevoft. 5—11*
328 Missale Parisiense. *Parif.* 1497. *exemplar membranaceum perelegans & nitidiffimum. 99—19*
329 Missale Parisiense. *Parif.* 1539. *4*
330 Missale Parisiense. *Parif.* 1585. *3*
331 Missale Parisiense. *Parif.* 1666. C. M. *mar. 10—14*
332 Missale Carnotense. *Parif.* 1560. *5—6*
333 Missale Meldense. *Parif.* 1642. *mar. 5—1*
334 Missale Rhemense. *Parif.* 1545. *4*
335 Missale Pictavense. *Parif.* 1498. *4*
336 Missale Viennense. *Lugd.* 1519. *4*
337 Missale Arelatense. *Vetus editio. mar. 8*
338 Missale Argentinense. *Hagnoa* 1520. *5*
339 Missale Trajectense. *Parif.* 1515. *5*
340 Missale Ecclesiæ Sarum. *Lond.* 1568. *11—19*
341 Missale Ecclesiæ Sarisburiensis. *Lond.* 1557. *10*
342 Missale Mozarabicum , editum per Alfonsum Ortiz Canonicum Toletanum, jussu Card. Ximenii. *Toleti* 1500. *auec le n° 361. 3005 tt †*

† le breviaire est plus rare, le missal mieux imprimé

343 Missale Congregationis Casalis Benedicti. *Roth.* 1513. 20–19

344 Missale Athanatense. *Athanati, in eodem Monasterio,* 1531. 5–1

345 Missale Cisterciense. *Parif.* 1584. 10–1

346 Missale Carthusiense 1516. 3–2

347 Missale Fratrum Minorum. *Basil.* 1487. 15–19

348 Missale Carmelitarum. *Lugd.* 1559. 12–5

349 Epistole, Lettioni, Evangelii di tutto l'anno, secondo l'uso della Chiesa Romana. *Antica edit. mar.* 19–17

350 Epistole e Evangelii vulgari, che si dicono tutto l'anno alla Messa. *Venet.* 1482. *mar.* 7.

351 Zmaragdi Abbatis explicatio in Evangelia & Epistolas quæ per circuitum anni in Templis leguntur. *Argent.* 1536. *mar.* 4.

352 Volumen Homiliarum è S. Ambrosii libris contextum, usui Mediolanensis Ecclesiæ accomodatum, per Steph. Leinatium. *Ant. Plantin.* 1575. 5.

353 Hier. Natalis annotationes & meditationes in Evangelia totius anni, cum Evangeliorum concordantia. *Antuerpia* 1595. *figur. mar. exemplar singulariter exterius deauratum.* 200.

Breviaria.

354 Breviarium Romanum, recognitum per Cardinalem Quignonium. *Lugd.* 1556. 25–19

355 Breviarium Romanum, cum Rubricis Gallicis: (vulgò Breviaire d'Henry III.) *Parif.* 1588. 2. *vol. mar.* 51–7

356 Breviarium Rothomagense. 1491. 10–2

357 Breviarium Parisiense. *Parif.* 1480. 6.

358 Breviarium Parisiense. *Parif.* 1640. *C. M. mar.* 26.

359 Breviarium Ecclesiæ Sarum. *Parif.* 1531. 47.

360 Legendæ totius anni secundum ordinem Ecclesiæ Sarum. *Parif.* 1518. 51–19.

361 Breviarium Mozarabicum, editum jussu Card. Ximenii per Alfonsum Ortiz Canon. Toletanum. *Toleti* 1502. *mar.* avec le n° 342

362 Psalterium Spirense. *Spira* 1515.

363   Pfalmodia Euchariftica , compuefta por Mel-
chior Prieto Vicario general del Orden de Na. Sa.
de la Merced. *Madrid* 1622. *figur.* 14.

SANCTI PATRES ET SCRIPTORES
ECCLESIASTICI.

Collectiones feu Bibliotheca Patrum.

364   Illuftrium Ecclefiæ Orientalis Scriptorum qui
primo Chrifti fæculo & fecundo floruerunt, Vitæ
& Documenta, ex edit. Petri Halloix. *Duaci* 1633.
& 36. 2. *vol. mar.* 32-3

364*   SS. Patrum, qui temporibus apoftolicis floruе-
runt, opera , Gr. Lat. ex editione J. B. Cotelerii.
Par. le Petit; 1672. 2. *vol. mar.*   30.

365   ΜΙΚΡΟΠΡΕΣΒΥΤΙΚΟΝ , hoc eft , opera varia
quorumdam brevium Theologorum qui tempore
Apoftolorum, aut non multo poft vixerunt , quorum quidam Gr. Lat. *Bafil.* 1550. 3.

366   Theologorum aliquot Græcorum libri , Gr. Lat.
1559. 2.

367   Antidotum contra diverfas omnium ferè fæculo-
rum Hærefes, ex variis Patribus & Scriptoribus in
unum collectis & editis Latinè per Jo. Sichardum.
Bafil. 1528.   3-12

368   Hærefeologia , (in qua Proclus Conftantinopo-
litanus Gr. Lat.) per Jo. Heroldum. *Bafil.* 1556. 4-1

369   Scripta Veterum Latina de una perfona, & duabus naturis Chrifti ; cum Jofiæ Simleri narratione
controverfiarum de hac quæftione. *Tiguri* 1571.
mar.

370   Orthodoxographa Monumenta SS. Patrum, tam
Gr. quàm Lat. per Georgium Fabricium Chemni-
cenfem. *Bafil.* 1569. 2. *vol. mar.* 15.

371   Apparatus ad Biblioth. Max. veter. Patrum, per
Nicol. le Nourry: tomus fecundus. *Parif.* 1715. 19.

372   Bibliotheca veterum Patrum & antiquorum Scri-
torum Ecclefiafticorum, Lat. per Margarinum de

la Bigne. *Colon.* 1618. 16. *tom. in* 14. *vol.* 86

373   Bibliotheca Græcorum Patrum, Gr. Lat. *Parif.* 1624. 2. *vol. C. M.*

374   Bibliotheca veterum Patrum, Lat. per eundem Marg. de la Bigne. *Par.* 1624. 10. *tom. in* 7. *vol. C. M.*

375   Supplementum Bibliothecæ Patrum. *Par.* 1639. 2. *vol. C. M.* 86—1

376   Bibliothecæ Græcorum Patrum auctarium novum, Gr. Lat. per Fr. Combefis. *Par.* 1648. 2. *vol. C. M.*

377   Bibliothecæ Græcorum Patrum auctarium novissimum, Gr. Lat. per eundem Combefis. *Par.* 1672. *mar.* 62—10

378   Bibliotheca Cluniacensis, per Mart. Marrier, & And. Quercetanum. *Parif.* 1614. *C. M.* 50.

378 *   Bibliotheca Cisterciensis, per Bertrandum Tissier. *Bonofonte* 1660. *&* 62. *& Parif.* 1669. 8. *tom. in* 3. *vol.* 30—2

379   Bibliotheca Præmonstratensis, per Joan. le Paige. *Parif.* 1633. 11—15

379 *   Thesaurus Monumentorum ecclesiasticorum & historicorum, sive Henr. Canisii Lectiones antiquæ ad sæculorum ordinem digestæ variisque opusculis auctæ ; cum præfationibus & notis Jac. Basnage. *Antuerp.* 1725. 7. *tom. in* 4. *vol.* 100—1

380   Thesaurus novus Anecdotorum , ex recensione DD. Edmundi Martene & Ursini Durand Benedictinor. *Parif.* 1717. 5. *vol.* 57:

380 *   Veterum Scriptorum & Monumentorum amplissima Collectio , studio eorumdem Benedictinorum. *Parif.* 1724. 3. *vol.* 42:

SS. Patres Græci.

381   S. Dionysii Areopagitæ opera, Gr. Lat. cum scholiis S. Maximi, Pachymeræ paraphrasi, & notis P. Lansselii. *Par.* 1615. *C. M.* 6—9

382   Eadem, Gr. Lat. cum notis Balt. Corderii. *Ant.* 1634. 2. *vol.* 11

383   Eadem S. Dionysii Areopagitæ opera, ex quintuplici translatione, cum comm. Dionysii à Rikel Carthusiani. *Colon.* 1556. 2:

384　SS. Dionyfii Areopagitæ, Ignatii, & Polycarpi, varia opera, cum comm. Jacobi Fabri Stapulenfis. *Par.* 1515. *2.*

385　S. Juftini opera, Gr. *Parif. R. Steph.* 1551. *2.*

386　Eadem, Lat. cum obfervationibus Joach. Perionii. *Par.* 1554. *3.*

387　Eadem Lat. cum illuftrationibus Jo. Langi. *Bafil.* 1565. *3.*

388　Eadem S. Juftini opera, Gr. Lat. J. Lango interprete, cum annot. Fred. Sylburgii: accedunt Athenagoras, Theophilus Antiochenus, Tatianus, & Hermias, Gr. Lat. *Parif.* 1615. *C. M. 36. bon. cd.*

389　S. Irenæus adverfus Hærefes, ex editione Def. Erafmi. *Bafil.* 1534. *mar. 3.*

390　Idem S. Irenæus, cum annot. N. Gallafii. *Geneva* 1570.

391　Idem S. Irenæus, cum annot. Fr. Feuardentii. *Colon.* 1596. *3.*

392　Idem S. Irenæus, ex noviffima editione Renati Maffuet Benedictini. *Parif.* 1710. *mar. 48.*

393　Clementis Alexandrini opera, Gr. *Florent. Torrentinus,* 1550. *3.*

394 {　Eadem, Gr. cum annot. Fred. Sylburgii. *Commelin.* 1592.
Theodoreti Græcarum affectionum curatio, Gr. Lat. cum annot. Fred. Sylburgii. *Ibid.*

395　Eadem Clementis Alexandrini opera, Lat. cum comm. Gentiani Herveti. *Par.* 1590.

396　Eadem Clementis Alexand. opera, Gr. Lat. cum variis annot. per Frid. Sylburgium collectis. *Parif.* 1641. *C. M. mar. 18.*

397　Origenis opera, Latinè, *Par.* 1530. 4. *tom. in* 2. *vol.* 3. *B.*

398　Eadem Origenis opera, Latinè, per Gilb. Genebrardum. *Par.* 1574. 2. *vol. C. M. 18—11*

399　Ejufd. Origenis Hexapla, Gr. Lat. per Domnum Bern. de Montfaucon. *Par.* 1713. 2. *vol. 34—18*

400　Ejufd. Origenis comm. in Sacras Scripturas, Gr. Lat. per P. Danielem Huetium. *Roth.* 1668. 2. *vol. C. M. mar. 40—10*

401 Origenis

401 Origenis dialogus de recta in Deum fide, &
comm. in Job ; Lat. per Joach. Perionium : accedunt Jo. Chryfoftomi conciones in Job , Lat. per
eundem. *Par. Vafcofan.* 1556. *16.*

402 SS. Gregorii Thaumaturgi, Macarii Ægyptii ,
& Bafilii Seleuciæ , opera, Gr. Lat. accedit Joan-
nis Zonaræ expofitio in Epiftolas Canonicas, Gr. Lat.
Parif. 1621. *13-2*

403 S. Methodii Convivium Virginum, Gr. Lat. cum
notis P. Poffini. *Par. è Typ. Regia* 1657. *C. M.*
mar. *1*

404 Eufebius de Præparatione & Demonftratione
Evangelica, Gr. *Par. R. Steph.* 1544. *&* 1545. 2.
tom. in 1. *vol.* *12*

405 { Eufebius de Præparatione Evangelica , Lat.
per Georgium Trapezuntium. *Colon.* 1539.
Beda de natura rerum & ratione temporum.
Bafil. 1529.
Theodoreti Hiftoria ecclefiaftica , Lat. per
Joach. Camerarium. *Bafil.* 1536. *1:*

406 Eufebius de Præparatione & Demonftratione
Evangelica, Gr. Lat. per Fr. Vigerum. *Parif.* 1628.
2. *vol. C. M.* *60-5*

407 S. Athanafii opera, Gr. Lat. P. Nannio interpræ-
te. *Commelin.* 1601. 2. *vol. mar.* *13-5*

408 Eadem S. Athanafii opera, Gr. Lat. *Parif.* 1627.
2. *vol. C. M.* *24-10*

409 Eadem, Lat. P. Nannio interprete. *Par. Nivel.*
1572. *1*

410 Nova Collectio Eufebii Cæfarienfis, S. Athanafii, & Cofmæ Ægyptii , Gr. Lat. cum notis D.
Bern. de Montfaucon. *Parif.* 1706. 2. *vol.* 28:

411 Sententiæ five capita theologica ex facris & pro-
fanis libris, per Antonium & Maximum Mona-
chos , Gr. accedunt Maximi Abbatis capita de per-
fecta charitate, & Theophili Antiocheni ac Tatia-
ni varia , Gr. *Tiguri* 1546.

412 { S. Cyrilli Epifc. Hierofolymitani opera, Gr.
Lat. *Par.* 1640.
S. Synefii Epifc. Cyrenenfis opera , cum fcho-

liis Nicephori Gregoræ, Gr. Lat. editore cum notis Dionyfio Petavio. *Par.* 1640. C. M. 8—19

413　Ejufdem S. Cyrilli Hierofol. opera, Gr. Lat. ex recentiori editione Ant. Auguftini Touttée Benedictini. *Parif.* 1720. C. Med. 18—10

414　S. Ephrem opera, Lat. cum fcholiis Gerardi Voffii. *Roma* 1589. 2. *tom. in* 1. *vol.* 5—10

415　Eadem. *Colon.* 1603.

416　S. Bafilii opera, Gr. *Bafil.* 1551. 3—10

417　S. Bafilii quædam, Gr. *Venet.* 1535. 2.

418　S. Bafilii opera, Gr. Lat. cum notis Frontonis Ducæi; accedit Appendix ad Bafilium & Gregorium Nyffenum, Gr. Lat. *Par.* 1618. 3. *vol.* C. M. 28—5

419　Ejufdem Bafilii opera, Gr. Lat. ex noviffima editione Juliani Garnier Benedictini; tomi 1us. & 2us. *Parif.* 1721. 2. *vol.* C. Med. 40ᵗᵗ

2—10 420　S. Gregorii Nazianzeni opera, Gr. *Baf.* 1550.

421　Eadem, cum comm. Nicetæ Serronii, Lat. cum fcholiis, per Jac. Billium. *Par.* 1569. 3—1

422　Eadem S. Gregorii Naz. opera, Gr. Lat. per Jac. Billium, *Par.* 1609. & 1611. 2. *vol.* 21—19

423　S. Greg. Nyffeni opera, Gr. Lat. cum annot. *Par.* 1615. 2. *vol.* C. M. 25—10

424　SS. Amphilochii Epifc. Iconienfis, Methodii Epifc. Patarenfis, & Andreæ Epifc. Cretenfis, opera, Gr. Lat. cum notis Fr. Combefis. *Par.* 1644. C. M.

425　S. Epiphanii opera, Gr. *Baf.* 1544. 2—10

426　Eadem, Lat. interpretibus Jano Cornario & Gentiano Herveto. *Par.* 1566. *mar.* 4—6

427　Eadem S. Epiphanii opera, Gr. Lat. cum notis Dionyfii Petavii. *Par.* 1622. 2. *vol.* C. M. 50ᵗᵗ

428　S. Joan. Chryfoftomi opera, Gr. ex editione H. Savilii. *Etona* 1613. 8. *vol.* 30ᵗᵗ

429　Eadem, Lat. ex editione Ph. Montani, *Par. Guillard*, 1556. 5. *tom. in* 3. *vol.* C. M. 21ᵗᵗ

430　Eadem S. Jo. Chryfoftomi opera, Gr. Lat. *Par.* 1621. & *Commelin* 1602. 10. *vol.* 60—10

431　Eadem, Gr. Lat. ex nova D. Bern. de Montfaucon editione. *Par.* 1718. & *feqq.* 6. *vol.* C. M.

432　S. Jo. Chryfoftomi Homiliæ in Epif. las S. Pau

li, Gr. *Verona* 1529. 3. *vol. mar.*

433 {
S. Jo. Chrysostomus de Sacerdotio, Lat. interprete Germano Brixio : accedit D. Hierony-
mus de Clericorum ac Sacerdotum vita. *Lugd.*
1554. *mar.*

S. Eucherii Epistola ad Valerianum, cum vita S. Consortiæ, & conversione B. Eucherii &
Gallæ uxoris ejus. *Ibid.*

S. Cypriani Vita, per Pontium ; & S. Hilarii
Vita, per Fortunatum Papam. *Ibid. mar.* 15.

434 Joannis Nepotis Sylvani Episc. Hierosolymitani
opera, edita per Petrum Wastelium. *Brux.* 1643.
2. *vol.*

435 S. Isidori Pelusiotæ Epistolæ, Gr. Lat. cum observat. per Jac. Billium. *Par.* 1585. 6-10

436 {
Eædem, Gr. Lat. cum notis Conradi Ritters-
husii. *Commelin.* 1605.
Earumd. Isidori Epistolarum supplementum,
Gr. Lat. per And. Schottum. *Franc.* 1629. 3-6

437 S. Nili Epistolæ, & Opuscula, Gr. Lat. per Leo-
nem Allatium. *Roma* 1668. & 1673. 2. *vol. C. M.*
mar. 44-19

438 S. Cyrilli Alexandrini opera, Gr. Lat. studio
Joan. Auberti. *Par.* 1638. 7. *vol. C. M.* 110-19

439 Eadem Lat. per Gentianum Hervetum. *Par.* 1572. 6-15

440 Eadem Lat. *Par. sub Nave*, 1605. 11

441 {
Ejusd. S. Cyrilli Alexandrini Sermones Pas-
chales, Gr. Lat. interpr. Ant. Salmatia. *Ant.*
1618.
Ejusdem Glaphyra in Pentateuchum, Gr. Lat.
per And. Schottum. *Ant.* 1618.

442 Theodoreti opera, Gr. Lat. per Jac. Sirmondum.
Par. 1642. 4. *vol. C. M.* 86-19

443 {
Ejusdem comm. in Ezechielem & Danielem,
Lat. per J. B. Gabium. *Roma, Manutius,* 1563.
S. Eucherii Episcopi Lugdunensis opera. *Ibid.*
1564. 2

444 Ejusdem Theodoreti comm. in Epistolas S. Pauli, Lat. per Gentianum Hervetum. *Florent. Torren-*
tinus, 1552. *Exemplar elegans Grolierii.* 2-1

C ij

445 S. Joannis Climaci opera, Gr. Lat. ſtudio Matthæi Raderi. *Par.* 1633. 3:

446 S. Maximi opera, Gr. Lat. cum notis Fr. Combefis. *Par.* 1675. 2. *vol. C. M. mar.* 47-10

447 S. Joannis Damaſceni opera, tam Latina quàm
16: Gr. Lat. cum ſcholiis Jac. Billii. *Par.* 1577. *mar.*

448 S. Joan. Damaſc. opera, Gr. Lat. per Mich. Le-
quien. *Par* 1712. 2. *vol. C. M. mar.* 66:

449 Idem S. Joannes Damaſcenus de Fide orthodoxa, Gr. Lat. per Jac. Fabrum Stapulenſem ; cum
comm. Judoci Clictovæi : accedunt alia ejuſdem
Damaſceni, Lat. *Baſ.* 1548. 2

450 Photii Epiſtolæ, Gr. Lat. cum notis Richardi
Montacutii. *Lond.* 1651. *mar.* 6:

451 Ejuſdem Photii Bibliotheca, Gr. cum notis Dav.
Hoeſchelii. *Aug. Vind.* 1601. *mar.* 9-2

452 Eadem Photii Bibliotheca, Gr. Lat. per And.
Schottum. *Oliva P. Stephani* 1611. *mar.* 11-19

453 Eadem, Lat. cum ſcholiis, per eundem Schottum. *Aug. Vind.* 1606. 6-1

454 Theophanis Ceramei Epiſc. Tauromenitani Ho-
20-5 miliæ, Gr. Lat. cum notis Fr. Scorſi. *Par.* 1644. *C.M.*

Sancti Patres Latini.

455 Tertulliani opera, edita per Beatum Rhenanum:
accedunt ejuſdem Rhenani Definitiones eccleſiaſ-
ticorum dogmatum contra errores Tertulliani. *Baſil.* 1521. 2-9

456 Idem Tertullianus Rhenani. *Par* 1545. 2-9

457 Tertullianus & Arnobius, cum annot. Renati
Laurentii de la Barre. *Par.* 1580.

458 Tertullianus, & Novatianus, cum annot. Jac.
Pamelii. *Par. Sonnius,* 1583. 4-17

459 Tertulliani opera, cum explicationibus & notis
J. Lud. de la Cerda. *Par. Sonnius,* 1624. *C. M.* 3-

460 Eadem Tertulliani opera, cum obſervationibus
& notis N. Rigaltii. *Par.* 1634. *C. M.* 4-13

461 Idem Tertullianus Rigaltii, cum Variorum
comm. & notis Ph. Priorii : accedit Novatianus,
cum notis Pamelii. *Par.* 1664. *C. M.* 20-5

462 S. Cypriani opera. *Spiris, Vindelinus excudebat,*
1471. *C. M. mar.* 100:

463 Eadem, ex edit. Def. Erafmi. *Baf.* 1530. *mar.* 3:

464 Eadem, ex edit. P. Manutii. *Roma* 1563.

465 Eadem, cum obferv. Guillelmi Morellii. *Par.*
1564. *mar.* 6—5

466 Eadem, cum annot. Jac. Pamelii. *Geneva* 1593: 2 ^{tt}

467 Idem Cyprianus Pamelii. *Par.* 1616. 2 ^{tt}

468 Idem Cyprianus, cum obferv. Nic. Rigaltii. *Par.*
1648. *C. M.* 4 ^{tt}

469 Idem Cyprianus Rigaltii, cum Variorum comment. & notis Phil. Priorii : accedunt Minutius
Felix, Firmicus Maternus, & Commodianus, cum
iifdem notis. *Parif.* 1666. *C. M.* 4—10

470 Eadem S. Cypriani opera, recognita & illuftrata per Joannem Fell Oxonienfem Epifcopum : accedunt Joannis Ceftrienfis Annales Cyprianici , & H.
Dodwelli Differt. Cyprianicæ. *Oxon.* 1682. *mar.* 32—6.

471 Arnobius & Minutius Felix adverfus Gentes. *Roma* 1542. 14:

472 { Arnobius adverfus Gentes, cum obfervationibus Gebharti Elmenhorftii. *Hamburgi* 1610.
Marci Minutii Felicis Octavius, cum comm.
ejufdem Elmenhorftii. *Hamburgi* 1612. 2 :

473 Lactantii opera. *Roma* 1470. *C. M. mar.* 101. ^{tt}

474 Eadem Lactantii opera. *Venet.* 1494.

475 { Eadem Lactantii opera. *Venet.* 1521.
Tertulliani Apologeticus , & alia quædam.
Venet. 1521.

476 Eadem Lactantii opera , cum comm. Xifti Be-
tuleii. *Baf.* 1563. 3:

477 Eadem Lactantii opera, cum notis Jofephi Ifæi.
Roma 1650. 6—3

478 S. Hilarii Pictavorum Epifcopi opera. *Par. fub
Nave,* 1631. 4 ^{tt}

479 Eadem S. Hilarii opera , ftudio Petri Couftant
Bened. *Parif.* 1693. *C. Med. mar.* 40 ^{tt}

480 S. Optati opera, cum obferv. & notis Gab. Al-
bafpinæi : accedunt varia de Donatiftis. *Par.* 1631. 3:

481 Ejufdem Optati , & Facundi Hermianenfis

opera, cum Variorum notis, & Gab. Albaspinæi
obfervat *Par.* 1676. *C. M. mar.* 26-1

482 Idem Optatus, ex nova editione Lud. Ellies du
Pin. *Parif.* 1702. 12:

483 S. Ambrofii opera, cum fcholiis P. Nannii, &
notis J. Gillotii. *Par.* 1569. 9-15

484 Eadem S. Ambrofii opera. *Romæ* 1579. 80. & 85.
6. *tom. in* 3. *vol.* 16-6

485 Ead. S. Ambrofii opera, ex edit. Jac. du Frifche &
53: Nic. le Nourry Benedictin. *Par.* 1686. 2. *vol. C. Med.*

486 S. Hieronymi opera, cum fcholiis Def. Erafmi.
Baf. 1553. 9. *tom. in* 5. *vol.* 10-5

487 Ead. S. Hieronymi opera, cum fcholiis Mariani
Victorii. *Romæ* 1576. 9. *tom. in* 5. *vol. mar.* 40-5

488 Ead. S. Hieronymi opera, ftudio Joan. Martia-
nay & Ant. Pouget Benedictinorum. *Parif.* 1693. 5.
vol. 145^tt

489 Ejufd. S. Hieronymi Epiftolæ. *Romæ* 1468. 2.
vol. C. M. mar. 295 -1

490 Eædem S. Hieronymi Epiftolæ. *Lugd.* 1518. 2.
tom. in 1. *vol.* 3:

491 Hieronymianus Jo. Andreæ, in quo Hieronymi vitam, facta, dicta, atque prodigia perfcruta-
tus eft. *Editio anni* 1482. 2-2

15: 492 Ruffini Presbyteri Aquileienfis opera. *Par.* 1580.

493 S. Auguftini opera, ex editione Def. Erafmi. *Baf.*
1529. 10. *vol. mar.* 64:

494 Eadem S. Auguftini opera, ftudio Doctorum
Lovanienfium. *Par. fub Nave*, 1586. 10. *tom. in*
8. *vol.*

495 S. Auguftini operum fupplementum, editum ab
Hier. Vignier. *Parif.* 1655. 2. *tom.* 1. *vol. C. M.*
mar. 64-19

496 Eadem S. Auguftini opera, ex prima editione
Benedictinorum. *Par.* 1679. & *feqq.* 11. *tom. in* 8.
vol. C. Med. 291:

496* Eadem. *C. Max.* 8. *vol.* 320:

497 S. Auguftini Epiftolæ. *Par. Badius Afcenfius*,
1517.

S. Auguftinus de doctrina chriftiana. *Vetus edi-*
tio.

498 { Johannis Nider Formicarium. *Vetus editio.*
Hiſtoriæ notabiles collectæ ex geſtis Romanorum & quibuſdam aliis libris , cum applica-
tionibus. *Vetus editio.*

499 S. Auguſtinus de Civitate Dei. *Roma* 1470. *C. M.*
mar. 80 tt

500 { Idem opus S. Auguſtini de Civitate Dei, cum
Diverſorum comm. *Baſ.* 1515.
S. Auguſtinus de Trinitate , cum annot. Fr.
Maronis. *Baſ.* 1515. 7-19

501 S. Auguſtinus de Civitate Dei , cum comm. Lud.
Vivis. *Baſ.*1522. *mar.* 9-10

502 La Cité de Dieu , de S. Auguſtin , traduite en
François, avec des expoſitions, par Raoul de Preul-
les. *Abbeville* 1486. 2. *vol. G. P. mar.* 82 tt

503 Eugyppii Abbatis Theſaurus ex operibus S. Auguſtini. *Baſil.* 1542. *mar.* 51-19

504 Concordantiæ Auguſtinianæ, Davidis Lenfant.
Par. 1656. 2. *vol. C. M.* 10-10

505 Joannis Caſſiani opera , cum comm. Alardi Gazæi. *Atrebati* 1628. 12 tt

506 Ejuſd. Joannis Caſſiani Inſtitutiones & Colla-
tiones, à Dionyſio Carthuſiano paraphraſticè red-
ditæ : accedit Joannis Climaci Scala Paradiſi , Lat.
per Ambroſium Monachum. *Col.* 1540. p. a 2 tt

507 Marii Mercatoris opera , cum notis & diſſerta-
tionibus Jo. Garnerii. *Par.* 1673. *C. M. mar.*42:

508 S.Eucherii Lugdunenſis Epiſcopi opera. *Baſ.*1531. 6

509 Eadem. *Roma, Manutius,* 1564. 6-5

510 SS. Leonis Papæ, Maximi Taurinenſis Epiſcopi,
& Petri Chryſologi Ravennatis Epiſcopi , opera.
Par. 1614. 3-5

511 S. Proſperi opera. *Lugd. Seb. Gryph.* 1539.4-12

512 Eadem S. Proſperi opera, ad MSS. Codices emendata & noviſſimè illuſtrata. *Pariſ.* 1711. *mar.*30-15

513 Salvianus de vero judicio & providentia Dei ,
cum ſcholiis Jo. Alexandri Braſſicani : accedunt
Anticimenon libri tres , incerto auctore. *Baſil.*
1530. 1 tt

514 Idem Salvianus de vero judicio & providentia

Dei : accedunt Maximi Taurinensis Homiliæ ; Pacianus Barcinonensis de Pœnitentia & Confessione ; Sulpicii Severi sacra Historia ; Dorotheus Tyrius de Prophetis & Discipulis Domini ; & Haymonis Halberstatensis epitome sacræ Historiæ ; cum notis Petri Galesinii in tres posteriores. *Roma, Manutius,* 1564. 20—5

515   S. Fulgentii Episcopi Ruspensis , & Maxentii Joannis Servi Dei opera. *Hagenau* 1520. 2.

516   Ejusd. S. Fulgentii opera : accedunt S. Valeriani Cemeliensis Episc. Homiliæ & Epistola. *Paris.* 1623. 9—1

517   Cassiodori opera , cum notis & observ. J. Garetii Bened. *Rotom.* 1679. 2. tom. in 1. vol. 24.

518   Ejusdem Cassiodori Variarum libri XII. & de Anima liber unus. *Aug. Vind.* 1533.

519   Ejusd. Cassiodori opera , cum notis Guill. Fornerii : accedunt Jordanus Episcopus Ravennas de origine & actibus Getarum ; Edictum Theoderici Regis, Enodii Ticinensis Ep. Panegyricus Theoderico dictus ; & Apollinaris Sidonii Epistola de Theoderico. *Paris. Nivel.* 1579. 3—5

520   S. Gregorii Turonensis Ep. opera ; necnon Fredegarii Scholastici Epitome & Chronicum , cum suis continuatoribus & aliis antiquis monumentis ; editore Theoderico Ruinart Benedictino. *Par.* 1699. 30—10

521   S. Gregorii Magni opera , edita per Bertholdum Rembolt. *Par.* 1518. 2*tt*

522   Ead. S. Gregorii Magni opera. *Bas.* 1564. 12.

523   Ead. S. Gregorii Magni opera. *Par. sub Nave,* 1586. 2. vol. 9—5

524   Ead. S. Gregorii Magni opera, *Roma, ex Typogr.* Vatic. 1588. 6. vol. mar. 30*tt*

525   Ead. S. Gregorii Magni opera, edita per P. Gussanvillæum. *Par.* 1675. 3. vol. C. M. mar. 41—5

526   Ead. S. Gregorii Magni opera , studio Dionysii Sammarthani Bened. *Par.* 1705. 4. vol. 84.

527   Angeli Rocca reliquiæ laborum in B. Gregorium. *Roma* 1597. figur. 3—1

528 S. Ilidori Hifpalenlis Epifc. opera, cum Diver-
      forum notis, editore Jac. du Breul. *Par.* 1601. 2 6;

529 Collectanea facra Opufculorum S. Columbani
      & aliorum, cum comm. & notis Patricii Flemin-
      gi. *Lovan.* 1667. *mar.* 13.

530 Ven. Bedæ opera. *Col.* 1612. 8. *tom. in* 3. *vol.* 32-1

531 Albini five Alchwini Abbatis opera, edita per
      And. Quercetanum. *Par.* 1617. 3 5 32-10

532 Rabani Mauri Archiep. Moguntinenfis opera.
      Col. 1626. 6. *tom. in* 3. *vol.* 31-5

533 Idem de laudibus Stæ. Crucis, verfu & profa.
      Phorcheim 1503. 40-10

534 Hincmari Archiep. Rhemenfis opera, per Jac.
      Sirmondum edita. *Par.* 1645. 2. *vol. C. M.* 5 12

535 Pafchafii Radberti opera, à Jac. Sirmondo edita.
      Par. 1618. 15 12

536 S. Eulogii Cordubenfis Martyris opera, cum
      fcholiis Ambr. Moralis. *Compluti* 1574. 15

537 B. Lanfranci Cantuarienfis Archiep. opera, cum
      notis & obfervat. Joan. Lucæ Dacherii : accedunt
      Chronicon Beccenfe, & Vitæ priorum Abbatum
      Beccenfium ; Vita S. Auguftini primi Cantuarienfis
      Archiep. Hugo Lingonenfis Epifc. & Durandus Ab-
      bas Troari enfis de corpore & fanguine Chrifti con-
      trà Berengarium. *Par.* 1648.   3-1

538 B. Petri Damiani Card. opera, cum notis Con-
      ftantini Caëtani. *Roma* 1606. 2. *tom. in* 1. *vol.* 4-10

539 Ven. Hildeberti & Marbodi opera, edita cum
      notis & additionibus per Ant. Beaugendre Bene-
      dictinum. *Par.* 1708. 16.

540 S. Anfelmi Archiep. Cantuarienfis opera, ftudio
      J. Picardi. *Col.* 1612. 2-5

540 * Ejufdem S. Anfelmi, necnon Eadmeri Can-
      tuar. Monachi, opera ; ex edit. Gabr. Gerberon
      Bened. *Par.* 1675. *C. M. mar.* 30-10

541 S. Brunonis Carthufianorum Patriarchæ opera.
      Par. Badius Afcenfius, 1524.   20.

542 S. Brunonis Aftenfis Signienfium Epifc. opera,
      cum fcholiis Mauri Marchefii, accedit expofitio
      Odonis Aftenfis Monachi in Pfalmos. *Venet.* 1651.
      mar. 8.

543 Guiberti Abbatis opera, edita cùm notis & obferv. Lucæ d'Achery : accedunt Vitæ S. Gereinari, Simonis Comitis Crefpeienfis, & S. Salabergæ Abbatiſſæ ; necnon opufcula quædam Hugonis Rothomagenfis Archiep. & Roberti de Monte. *Parif.* 1651. 12-1

544 Ruperti Abbatis Tuitienfis opera. *Col.* 1577. 3. *vol.* 6.

545 Eadem. *Par.* 1638. 2. *vol.* 6-6

546 Hugonis de Sancto Victore opera, edita cum fcholiis per Th. Garzonium de Bagnacaballo. *Mog.* 1617. 3. *tom. in* 1. *vol.* 12--10

547 D. Bernardi opera, edita per J. Gillotium. *Par. fub Nave*, 1586. 3-3

548 Ead. S. Bernardi opera, cum annot. Jac. Merloni Horftii : accedunt Guerrici Abbatis Igniacenfis, Gilléberti de Hoylandia Abbatis Swinshetenfis, & aliorum opera. *Colon.* 1641. 2. *vol.* 5-2

549 Ead. S. Bernardi opera. *Par. e Typ. Regia*, 1642. 6. *vol. C. M. mar.* 50tt

550 Ead. S. Bernardi opera, cum notis & obferv. J. Mabillon; & iifdem ad litionibus quæ fuprà in editione Horftii. *Par.* 1667 2. *vol.* 8tt

551 Eadem S. Bernardi opera, fecundis Mabillonii curis. *Par.* 1690. 2. *vol.* 26.

Auctores Ecclefiaftici & pii.

552 Petri Venerabilis Abbatis Cluniacenfis opera, edita per Petrum de Montemartyrum, feu de Montmartre. *Par.* 1522. 5-15

3: 553 Richardi de Sancto Victore opera. *Venet.* 1592.

6: 554 Philippi Abbatis Bonæ-Spei opera. *Duaci* 1611.

555 Adami Præmonftratenfis opera, ftudio Godefridi Ghifelberti. *Ant.* 1659. 6.

556 Petri Blefenfis opera, cum notis P. Guffanvillæi. *Parif.* 1667. 12-10

557 Alani Magni de Infulis opera, illuftrata per Car. de Vifch. *Ant.* 1654. *mar.* 4tt

558 SS. Francifci Affifiat's & Antonii Paduani opera, ftudio Joan. de la Haye. *Lugd.* 1653. 2.

559 Remundi pii Eremitæ liber de laudibus Virginis Mariæ, & alia opera. *Par.* 1505. 2.

560 Liber Gratiæ & alia opera Vincentii Bellova-
censis. *Baf.* 1481. *8—1*

561 Ubertini de Cafali Arbor vitæ crucifixæ Jefu.
Ven. 1485. *mar.* 5 *tt*

562 J. de Tambaco de confolatione Theologiæ. *Vetus editio.*

563 Revelationes Stæ. Birgittæ. *Nuremberga* 1500. 5-2

564 Eædem Revelationes Stæ. Brigittæ, cum notis
Confalvi Duranti. *Roma* 1628. 2. *vol.* 12 *tt*

565 Epiftole devotiffime de Sancta Catharina da Sie-
na. *Venet. Aldo Manutio,* 1500. 40—5

566 Joannis Rusbrochii opera, ex Germanico Latinè
per Laurentium Surium. *Col.* 1552. 2—12

567 Tractatus & Sermones compilati à Petro de Alliaco Epifc. Cameracenfi & Card. *Argent.* 1490.
mar. 12 *tt*

568 S. Bernardini Senenfis opera, ftudio Jo. de la
Haye. *Parif.* 1635. 4. *tom. in* 2. *vol.* 16—1

569 D. Laurentii Juftiniani opera. *Lugd.* 1628. 10-1

570 De Imitatione Chrifti libri IV. *Par. ex Typ. Regia* 1640. *mar.* 30—5

571 Leonardi de Utino Sermones quadragefimales
de Legibus. *Par.* 1477. *C. M.* 18.

572 Dionyfii Carthufiani opera minora. *Col.* 1532.
2. *vol.* 30—5

573 Ejufdem opufcula infigniora. *Colon.* 1559.

574 Ejufdem Sermones. *Col.* 1542. 2. *vol.* 19-19

575 Henrici Harphii Theologia myftica *Col.* 1545. 2-10

576 Sermones Roberti Carazoli de Licio. *Spira* 1473.
& 90. 2. *vol.* 6 *tt*

577 Ludovici Blofii opera, ftudio. Ant. de Winghe.
Ant. 1632. 10—19

578 S. Ignatii Loyolæ Exercitia fpiritualia. *Par. e Typ.
Regia,* 1644. *mar.* 13—5

579 Oeuvres du B. Jean d'Avila, trad. par Rob. Arnauld d'Andilly. *Par. le Petit,* 1673. *mar.* 25—7

580 Obras de Sta. Terefa de Jefus. *Bruffelas* 1675. 2.
vol. mar. 25—10

581   Oeuvres de Ste. Therese, trad. par Rob. Arnauld d'Andilly. *Par. le Petit*, 1670. *13:*

582   Obras de Luys de Granada. *Barcelona* 1612. 2. vol. *8:*

583   . Oeuvres de Loüis de Grenade, trad. par Guil. Girard. *Par. le Petit*, 1667. *&* 68. 2. vol. mar. *47:*

584   Combattimento spirituale, di Lorenzo Scupoli. *Par. nella Stamperia Reale*, 1660. mar. *8—1*

585   Federici Card. Borromæi Arch. Mediol. opera, 5. vol. nempè:

De sacris nostrorum temporum Oratoribus. *Mediol.* 1632.

De concionante Episcopo. *Mediol.* 1632.

Meditamenta litteraria. *Mediol.* 1633.

De vera & occulta Sanctitate. *Mediol.* 1650.

De christianæ mentis jucunditate. *Mediol.* 1632.

Delle laudi divine. *Milano* 1632.

La Gratia de Prencipi. *Milano* 1632.

Conciones synodales. *Mediol.* 1633.

Sacrarum Concionum volumen secundum. *Mediol.* 1633.

Meditamenta litteraria. *Mediol.* 1633.

Ragionamenti distinti in dieci volumi. *Milano* 1632. 33. 40. *&* 46.   *16—1*

586   Oeuvres du B. François de Sales. *Par.* 1663. 2. vol. *14*

587   Introduction à la vie devote, du B. François de Sales. *Par. Impr. Royale*, 1641. mar. *15—5*

588   Oeuvres du Card. Pierre de Berulle, par les soins de Fr. Bourgoing. *Par.* 1657. *11:*

588*   Obras de D. Juan de Palafox Obispo de Osma. *Madrid* 1659. & 1668. 3. vol. *19:*

589   Oeuvres diverses de Robert Arnauld d'Andilly. *Par. le Petit*, 1675. 3. vol. mar. *60:*

590   Somme des Sermons parenetiques & panegyriques du P. Leon de Saint Jean Carme. *Par.* 1671.

591   Les Délices de l'Esprit, par Jean des Marests de Saint-Sorlin. *Par.* 1658. figur. *6:*

THEOLOGI.

THEOLOGI.

Theologi Catechetici.

592 Cathechifmus ex decreto Concilii Tridentini ad Parochos. *Romæ, Manutius*, 1566. *3 4 :*

593 Friderici Naufeæ Catechifmus catholicus. *Col.* 1552.

594 Inftruction du Chreftien, par le Card. de Richelieu. *Par. Impr. Royale*, 1642. *G. P. mar. 6 :*

595 Jac. Bayi Inftitutiones Relig. Chrift. *Ant.* 1624. *4 :*

596 Petri Canifii Summa Doctrinæ Chrift. *Colon.* 1606. *2 :*

597 Edwardi Leigh tractatus de Religione & Doctrina ; nec on de Homine religiofo & litterato ; Anglicè. *Lond.* 1656. *12 :*

Theologi Scholaftici.

598 Roberti Pulli, & Petri Pictavienfis , Sententiæ; cum notis & obferv. Cl. Hug. Mathoud. *Par.* 1655. *4-10*

599 Petrus Lombardus Magifter Sententiarum. *Ven.* 1489. *1-10*

600 Textus Sententiarum , cum conclufionibus Magiftri H. Gorichem. *Baf.* 1498.

601 Idem, cum propofitionibus H. Gorichemii, elucubrationibus Ægidii de Roma, & additionibus H. de Vrimaria. *Baf.* 1516.

602 { Guillermi Altiffiodorenfis Summa aurea in libros Sententiarum. *Par.* 1500. *6-15*
{ Quodlibeta S. Thomæ. *Col.* 1501. *mar.*

603 Guilielmi Alverni Parifienfis Epifcopi opera, *Ven.* 1591. *V. 2^tt*

604 Eadem. *Aurelia & Parif.* 1674. *2. vol. C. M. mar. V. 8 :*

605 Alexandri Alenfis Summa univerfæ Theologiæ. *Col.* 1622. *4. vol. mar. 16 :*

606 Alberti Magni Epifcopi Ratifponenfis opera. *Lugd.* 1651. *21. tom. in 16. vol.* *151 :*

D

161: 607 S. Thomæ Aquinatis opera. *Roma* 1570. 17. *vol.*

608 Idem Thomas in 1. & 2. Sententiarum. *Ven.* 1498. in.

609 S. Bonaventuræ opera. *Roma* 1588. 6. *vol.* 36-10

610 Ejusdem parva opuscula. *Argent.* 1495.

611 Petrus de Tarentasia sive Innocentius V. in libros Sententiarum. *Tolosa* 1652. 2. *vol.* 4:

612 Summa Henrici Goethals à Gandavo. *Par.* 1520.

613 Ejusdem Quodlibeta. *Par.* 1518. 3:

614 Eadem Quodlibeta, cum comm. Vitalis Zuccolii. *Ven.* 1613. 2-5

615 Richardus de Mediavilla in libros Sententiarum; & ejusdem Quodlibeta tria. *Venet.* 1507. & 1509. 2. *vol.*

616 Andreas de Novo Castro in librum primum Sententiarum. *Par.* 1514. 3-16

617 Joannis Duns Scoti opera. *Lugd.* 1639. 12. *tom.* in 13. *vol. mar.* 84-10

618 Idem in primum Sententiarum. *Ven.* 1477. *mar.*

619 Petri Tatareti commentaria sive reportata in quatuor libros Sententiarum & Quodlibeta Joannis Duns Scoti. *Ven.* 1607.

620 Ejusdem reportata in quartum librum Sententiarum Scoti. *Par.* 1520.

621 Ægidii Columnæ Romani Quodlibeta. *Lovan.* 1646.

622 J. de Bassolis in 1. 2. & 4. Sententiarum. *Par.* 1516. & 17. 2. *vol.* 12-10

623 Petrus Aureolus Verberius in Sententias; ejusdemque Quodlibeta. *Roma* 1596. & 1605. 2. *vol.*

624 Herveus Natalis in Sententias; cum tractatu de potestate Papæ. *Par.* 1647.

625 Joannis de Neapoli Quæstiones variæ Parisiis disputatæ. *Neap.* 1618.

626 Fr. de Mayronis in libros Sententiarum; necnon ejusdem Quodlibeta, & nonnulla quædam. *Ven.* 1519.

627 Durandus à Sancto Porciano in quatuor libros Sententiarum. *Ven.* 1586.

628 Guill. de Rubione in Sententias. *Par.* 1518. 2. *vol.*

629   P. de Palude in 3. & 4. Sententiarum. *Par.* 1517.
& *Ven.* 1493. 2. *vol.*

630   J. Bachonis Quæstiones in libros Sententiarum, & quodlibetales. *Cremonæ* 1618. 2. *vol.*

631   Guill. Ockam opera. *Lugd.* 1495. & *Arg.* 1591.
4. *vol. mar.*

632   Rob. Holkot in Sententias, de imputabilitate
peccati, & determinationes Quæstionum. *Lugd.*
1497. *mar.*

633   Thomas de Argentina in libros Sententiarum.
Genuæ 1585.

634   Gregorius de Arimino in primum Sententiarum.
Par. 1482. *mar.*

635   Adam Goddam in libros Sententiarum. *Par.*
1512.

636   Marsilius ab Inguen in Sententias. *Arg.* 1501. 2.
vol.

637   Jo. Capreolus in Sententias, cum additionibus
& controversiis Matthiæ Aquarii. *Ven.* 1589. 4.
vol.

638   Dionysius Carthusianus in Sententias. *Ven.* 1584.
3. *vol.*

639   Gabriel Biel in Sententias. *Par.* 1514. *mar.*

640   { Adrianus Florentius, seu Hadrianus Papa VI.
in quartum Sententiarum. *Par.* 1518.
Ejusdem & Joannis Briardi Athensis Quæstiones quodlibeticæ. *Lovan.* 1518.

641   Joannes Major in quatuor libros Sententiarum.
Par. 1530. 1528. & 1509. 2. *vol.*

642   Silvestri de Prierio primum volumen conflatum
ex Angelico doctore ad primum Sententiarum. *Pe-
rusia* 1519.

643   Jacobi Almain opuscula. *Par.* 1518.

644   Dominicus Soto in quartum Sententiarum. *Lovan.* 1573.

645   Michaëlis de Palacio disputationes in quatuor libros Sententiarum. *Salmanticæ* 1574. 3. *vol.*

646   Ejusdem praxis theologica de Contractibus &
Restitutionibus. *Salmanticæ* 1585.

647   Franciscus à Christo in primum & tertium Sen-

tentiarum. *Conimbrica* 1579 & 86. 2. *vol.* 12—6

648　Dominicus Bañes in primam partem Summæ S. Thomæ & secundam secundæ, usque ad qu. 78. *Duaci* 1614. & 15. 2. *vol.* 8:

649　Guill. Estius in quatuor libros Sententiarum. *Duaci* 1615. 2. *vol.* 26—11

650　Mart. Becani Summa Theologiæ Scholasticæ. *Par.* 1630.

651　Phil. Fabri Faventini disputationes theologicæ in primum librum Sententiarum, & in partes priores librorum sequentium. *Venet.* 1619. 3 *lt*

652　Francisci Sylvii comm. in Summam S. Thomæ. *Ant.* 1667. 4. *vol.* 30—10

653　Jo. B. Gonet Clypeus Theologiæ Thomisticæ. *Par.* 1669. 5. *vol.* 26—10

654　Dominici de Marinis comment. in 3. partem S. Thomæ de Sacramentis. *Lugd.* 1668.

655　Car. Thomasii Quodlibeta theologica; cum appendice isagogica in Sacram Scripturam. *Roma* 1657. 5—10

Theologi non Scholastici.

656　Joannis Gersonii opera. *Par. sub Nave*, 1606. 2. *vol.* 25—1

657　Gasparis Card. Contareni opera. *Par. Nivel.* 1571. 4—5

658　Ant. Honcalæ opuscula septemdecim. *Salmantica* 1553. 18:

659　Georgii Cassandri opera. *Par.* 1616. 5:

660　Clem. Moniliani Card. theologicarum institutionum compendium. *Fulginei* 1562. 2:

661　Claudii Espencæi opera. *Par.* 1619. 4:

662　Nic. Serarii opuscula theologica. *Mog.* 1611. 6:

663　Basilii Poncii variæ Disputationes ex utraque Theologia Scholastica & expositiva. *Salmantica* 1611. 3—1

664　Dionysii Petavii Dogmata theologica. *Par.* 1644. & 45. 5. *vol.* C. M. mar. 182:

665　Emanuelis Maignan Philosophia sacra. *Tolosa* 1661. & *Lugd.* 1672. 2. *vol.* 10:

666 Theologie naturelle, ou Oeuvres Françoises du
P. Yves de Paris Capucin. *Par.* 1675. 2-1

667 Lud. Thomassini Dogmata theologica de Deo,
& de Verbi Incarnatione. *Par.* 1684. & 80. 2. *vol.* 10-5

668 Libre dels Angels, per Francesch Eximenis. *Barcelona* 1494.

668* { Julius Sirenius de Fato, cum Hieron. Magii
periochis. *Venet.* 1563.
M. A. Natta de Deo. *Venet.* 1559.
Idem de pulchro. *Venet.* 1555.
Ejusdem opuscula. *Venet.* 1562.

669 Henrici de Noris Historia Pelagiana: accedunt
ejusdem dissertatio historica de Synodo 5a. œcu-
menica; & ejusdem Vindiciæ Augustinianæ. *Patavii* 1673. *mar.* 20

670 Lud. Cellotii Historia Gotteschalci Prædestina-
tiani; cum Appendice. *Paris.* 1655. C. M. 9-1

671 Journal de Louis Gorin de Saint-Amour; de ce
qui s'est fait à Rome dans l'affaire des cinq Pro-
positions. *Impr. en* 1662. *mar.* 33: C. u aut 24

672 Relation des Déliberations du Clergé sur la Con-
stitution d'Innocent X. (par Pierre de Marca.) *Par.*
1656. 1-15

673 Thomas Bradwardinus de causa Dei contrà Pe-
lagium; & de virtute causarum. *Lond.* 1618. *mar.* 20:-5

674 Alb. Pighius de libero hominis Arbitrio & divina Gratia. *Col.* 1542. 3-12

675 Corn. Jansenii Ep. Iprensis Augustinus, seu
doctrina S. Augustini, &c. accedit Florentius Con-
rius de statu parvulorum sine baptismo decceden-
tium. *Rothom.* 1652. 22-5 C.-4-

676 Step. Dechamps de Hæresi Janseniana. *Par.* 1654. 14-15

677 Jo. de Segovia allegationes & avisamenta pro
immaculata Conceptione. *Brux.* 1664. *mar.*

678 Legatio Philippi III. & IV. Regum Hispaniæ ad
Paulum V. & Gregorium XV. de definienda con-
troversia immaculatæ Conceptionis B. Virginis
Mariæ, per Ant. à Trejo; descripta per Lucam Wa-
dingum. *Ant.* 1641. *mar.* 28

679 Marci Vigerii Decachordum Christianum. *Fani*
1507. 2:

D iij

680   Jac. Gretſeri opera de Sanĉta Cruce. *Ingolſtadii*
1616. *4-11*

681   Proceſſus Luciferi contrà Jeſum coram Judice
rare   Salomone, de ſpolio animarum quæ in Limbo
erant cum deſcendit ad Inferna. *Vetus editio.14-5*

682   Jo. à Sanĉto Thoma de Sacracramentis in genere,
deque Euchariſtia & Pœnitentia; edente Fr. Com-
beſis. *Par.* 1667. 2*tt*

683   J. Morini commentarius hiſtoricus de diſciplina in adminiſtratione Sacramenti Pœnitentiæ.
Par. 1651. *C. M. mar. avec le nº 94. 74*

684   Ejuſdem commentarius de ſacris Eccleſiæ Ordi-
nationibus. *Par.* 1655. *C. M. mar.*

685   Fr. Hallier de ſacris Electionibus & Ordinatio-
nibus. *Par.* 1636. *12-19*

686   Deſ. Eraſmi chriſtiani Matrimonii inſtitutio.
Baſ. 1526. *1-10*

687   Th. Sanchez diſputationes de Matrimonii Sacramento. *Antuerp. Nutius*, 1617. *22-5. (lib.)*

688   Jo. Ang. Boſſius de effectibus contractûs Matrimonii, deque ad matrimonialem contractum con-
ſequentibus. *Lugd.* 1655. *5tt*

689   Th. Malvenda de Antichriſto. *Roma* 1604. *8-2*

690   Car. Bovilli Theologicæ Concluſiones. *Par.*
1513. *2:*

691   Fr. Georgii Veneti Promptuarium Rerum Theologicarum & Philoſophicarum in tria cantica, u-
num quodque ſecundum octo tonos. *Par.* 1564.*5*

692   Artis Cabaliſticæ, hoc eſt, reconditæ Theologiæ & Philoſophiæ Scriptores. *Baſ.* 1587. *14-10. m*

693   H. Khunrath Amphitheatrum Sapientiæ æternæ
ſolius veræ, chriſtiano-cabaliſticum, divino-ma-
gicum, necnon phyſico-chymicum, tertriunum, catholicon. *Hanovia* 1609. *figur. 6-10*

Theologi Morales.

694   Jo. Valeri differentiæ inter utrumque Forum,
judiciale & conſcientiæ. *Majorica* 1624. *9tt*

695   J. de Friburgo Summa Confeſſorum. *Par.* 1519.

696   Summa S. Raymundi de Peñafort, cum gloſſis
Jo. de Friburgo. *Roma* 1603. *6:*

+ *la b. ed. est de 1604.*

697 Summma Sylveſtrina., dicta Summa Summarum, per Sylveſtrum Pricratem. *Ant.* 1581. 2. *tom. in* 1. *vol.* 11—5

698 Jo. Azorii inſtitutiones morales. *Romæ* 1600. 2.

699 Vinc. Filliucii Quæſtiones morales de chriſtianis officiis & caſibus conſcientiæ. *Lugd.* 1626. 2. *vol.* 8—1

700 Matthæi de Moya ſelectæ Quæſtiones ex præcipuis Theologiæ Moralis tractatibus. *Matriti* 1678. 2. *tom. in* 1. *vol. mar.* 14—1

701 Boni Merbeſii Summa Chriſtiana, ſeu orthodoxa Morum diſciplina. *Par.* 1683. 2. *vol. C. M.* 24.

702 { Joannis Sinnichii Saül exrex, ubi de reciproco Principum ac Subditorum ergà invicem officio, de utrorumque ergà Deum & Eccleſiam obſequio, &c. *Lovan.* 1662.
Ejuſdem Goliathiſmus profligatus Confeſſioniſtarum. *Lovan.* 1667. 2. *vol.* 6—4

703 { Hier. Perboni, Marchionis Inciſæ & Oviliarum, Opus Oviliarum. *Mediol.* 1533.
Ejuſdem Epiſtolæ. *Ibid. mar.* 14.

704 Fr. Suarez de Legibus ac Deo Legiſlatore. *Lond.* 1679. *mar.* 20—9

705 Septipertitum opus de Contractibus pro foro conſcientiæ atque theologico, auctore Conrado Summenhart de Calw. *Hagenaw* 1515. 2.

706 Leon. Leſſius de Juſtitia & Jure, cæteriſque Virtutibus cardinalibus. *Ant.* 1612. 10. C.

707 Lud. Creſollii Anthologia ſacra, ſeu de ſclectis piorum hominum Virtutibus. *Par.* 1632. 2. *vol. C. M.* 12—19

708 Th. Hurtado Reſolutiones de vero, unico, proprio, & catholico Martyrio Fidei. *Col.* 1655. 3.

709 Henr. à S. Ignatio Ethica Amoris, five Theologia Sanctorum, Auguſtini præſertim & Thomæ, circà univerſam Amoris & Morum doctrinam, adverſùs novitias opiniones propugnata. *Leodii* 1709. 3. *vol.* 59.

Polemici generales pro veritate Religionis Chriſtianæ.

710　J. Lud. Vives de veritate Fidei Chriſtianæ. *Baſ.* 1543. 4—7

711　{ De Orbis terræ concordia, libri IV. Guill. Poſtelli.
rare　Car. Bovilli opuſcula. *Par.* 1510. 40ᵗᵉ *B.*

712　J. Bagotii Apologeticus Fidei. *Par.* 1645. 2. tom. in 1. *vol.* 5—18

713　P. Dan. Huetii Demonſtratio Evangelica. *Par.* 1679. *C. M. mar.* 40—10

714　Gerardus J. Voſſius de Theologia Gentili, & Phyſiologia Chriſtiana, ſeu de Idololatria, & Naturæ mirandis quibus homo adducitur ad Deum. *Amſt.* 1668. 2. *vol. C. M. mar. exemplar ſingulariter deauratum.* 30—17

715　{ Guil. Budæi de tranſitu Helleniſmi ad Chriſtianiſmum libri tres. *Par.* 1556.
　　　Reginonis Chronicon. *Mogunt.* 1521. 5—15

716　Joannis Cantacuzeni, Imp. CP. poſt Monachi Joaſaph appellati, Apologiæ quatuor pro Chriſtiana Religione, & Orationes quatuor in Mahometem; Gr. Lat. per Rodolphum Gualtherum. *Baſ.* 1543. 5.

Theologia Judæorum.

717　{ Talmud Hieroſolymitanum, Hebr. *Venet.*
　　　Seder Jeſchuhot, Seder Mohed, Seder Naſchim; Hebr. *Venet.*

718　Miſnajot, cum comm. Moſis Majemonidis, Hebr. *Venet.* 2. *vol.*

719　XXI. Tractatus ex ſex partibus Talmudis, cum Ghemara & comm. Hebr. *Lublini, & Hanovia* 8. *vol.*

720　R. Alphes de Talmude, Hebr. *Ven.* 1552. 3. *vol.*

721　Mardocai de Talmude, Hebr. *Anno* 1559.

722　Excerpta ex variis tractatibus Ghemaræ, Hebr.

723　Beth Iſraël collectio ex Talmude, Hebr. *Anno* 1571.

724 Idem Beth Israël , Hebr.

725 Mosis Maimonidis', Mischna Tora Jad Hazaca, Manus fortis; Hebr. *Venet.* 1574. 4. *vol. mar.*

726 R. Josephi Caro, Beth Joseph, Domus Joseph ; Hebr. *Venet.* 4. *vol.* scilicet :
Orah Hajim , semita vitæ.
Jore Deha, demonstrans scientiam.
Eben Hahazer, Lapis adjutorii.
Hoschen Hammischpat , Rationale judicii.

727 R. Abrahami de Boton, Lehem Mischne , Panis duplex ; Hebr. *Venet.* 1609.

728 { R. Judæ Leva , Tipheret Israël , splendor Israël; Hebr. *Venet.* 1604.
R. Isaac filii Mosis Bigæ , Beth Neaman, Domus fidelis ; Hebr. *Venet.* 1621.
R. Josephi Ben Gecatila, Ghinnat egoz, Hortus nucis; Hebr. *Hanovia* 1615.

729 Lebusch Malcut, Indumentum regium, pars 1. 3. 4. 5. Hebr. *Venet.* 1620. 3. *vol.*

730 Nezah Israël, æternitas Israël; Hebr. *Praga* 1521.

731 { R. Salomonis Ephraim, Holelot Ephraim , Vindemiæ Ephraim; Hebr. *Praga* 1627.
Hez Schatul, Arbor plantata , Hebr. *Venet.* 1618.

732 Idem Hez Schatul, Hebr.

733 Schephah tal , abundantia roris; Hebr. *Hanovia* 1612.

734 Milhamot Haschem, liber bellorum Domini ; Hebr. *Rivia* 1560.

735 Schilte Haggiborim , Clypei fortium ; Hebr. *Mantua* 1612.

736 Ophen, Hebr.

737 Harokeh, Unguentarium ; Hebr. *Fani* 1505.

738 Simane Scheolot Utschubot, Signa quæstionum & responsionum ; Hebr.

739 Bet Jehuda, Domus Judæ ; Hebr. *Venet.* 1635.

740 Isaac Abarbanel de capite Fidei , & Hereditas Patrum seu comm. in capitula Patrum; Hebr. *Constantinopoli.*

741 Sepher Mizuot Haggadol, Liber magnus præ-

ceptorum ; Hebr. *Venet.* 1522.

742 Scheolot Utschubot, Quæstiones & responsiones ; Hebr. *Venet.* 1618.

743 R. Simeonis Keiara, Hilcot Ghedolot, Decisiones magnæ ; Hebr. *Venet.* 1508.

744 Tammat Jescharim, Integritas rectorum ; Hebr. *Venet.* 1622.

745 { Col Bo, omnia in eo, Hebr. *Venet.* 1572.
  R. Aaron Saffon, Thorat emmet, Lex veritatis ; Hebr. *Venet.* 1626.

746 J. Seldenus de Jure naturali & Gentium, juxtà disciplinam Hebræorum. *Lond.* 1640.

747 Idem de Successionibus ad bona defuncti, ad Leges Hebræorum ; & de successione in Pontificatu Hebræorum. *Lond.* 1636.

Polemici singulares tàm Orthodoxi quàm Heterodoxi.

748 Raym. Martini Pugio Fidei adversùs Mauros & Judæos, cum observ. Josephi de Voisin. *Par.* 1651.

749 Pauli de Sancta Maria Episc. Burgensis Scrutinium Scripturarum. *Mogunt.* 1478.

750 Idem. *Paris. Bonnemere.*

751 Idem, recognitum & auctum à Christop. Sanctotisio. *Burgis* 1591.

752 { P. Galatinus de arcanis Catholicæ Veritatis in Hebraïcis libris inventis. *Barii* 1516.
  Sanctis Pagnini enchiridion expositionis vocabulorum Haruc, Targum, &c. cum abbreviaturis. *Roma* 1523.

753 Porcheti Salvatici victoria contrà impios Hebræos. *Par.* 1520.

754 Altercatio Synagogæ & Ecclesiæ. *Col.* 1537. 3.

755 P. Arcudius de concordia Ecclesiæ Occidentalis & Orientalis in Sacramentorum administratione. *Par.* 1626.

756 Clem. Galani conciliatio Ecclesiæ Armenæ cum Romana. *Roma* 1650. 58. & 61. 3. *vol. mar.*

757 Gab. Prateoli elenchus alphabeticus de vitis, fectis & dogmatibus omnium Hæreticorum. *Col.* 1569. 3:

758 Guidonis de Perpiniano Summa de Hæresibus & earum confutationibus. *Par.* 1528. 3—5

759 Conr. Brunus de Hæreticis in genere ; & Optatus Milevitanus de Schifmate Donatiftarum : accedunt ejufdem Bruni libri fex de Seditionibus, cum appendice Jo. Cochlæi de Seditiofis. *Moguntiæ apud S. Victorem* , 1549. & 50. 4—15

760 Joannes Scotus Erigena de divifione Naturæ : accedit appendix ex Ambiguis S. Maximi , Gr. Lat. *Oxon.* 1681.

761 Iconica & hiftorica defcriptio præcipuorum Hærefiarcharum , qui ab Ecclefia catholica & chriftiana ut fectarii & phanatici excommunicati, rejectique funt. *Arnhemii* 1609. 3:

762 Præftantium aliquot Theologorum qui Romanum Antichriftum præcipuè oppugnarunt, effigies & elogia ; per Jac. Verheiden. *Anno* 1602. *figur.* 5:

763 Hift. des Martyrs perfecutez & mis à mort pour la verité de l'Evangile , depuis le temps des Apôtres jufqu'à prefent, par Jean Crefpin. *Geneve* 1619. 14—13

764 Hift. generale des Eglifes Evangeliques des Vallées de Piedmont ou Vaudoifes , par Jean Leger. *Leyde* 1669. *figur. mar.* 24—1

765 Les invectives contre la fecte de Vauderie. *br. goth.* 2—15

766 Jo. Cochlæi Hift. Huffitarum : accedunt J. Rokyzana Bohemus de feptem Sacramentis Ecclefiæ; J. de Przibram Bohemus de profeffione Fidei catholicæ & errorum revocatione ; & ejufdem Cochlæi Philippica feptima adverfus libellos quos fcripfitMelanchthon in decretum interim Caroli V. *Mogunt. apud S. Victorem*, 1549. *mar.* 15—14

767 Joannis Hus , & Hieronymi Pragenfis Hiftoria & Monumenta. *Norib.* 1558. 2. *vol. mar.* 53—10

768 J. Cochlæi commentaria de actis & fcriptis Martini Lutheri ab anno 1517. ad 1546. *Mogunt. apud S. Vict.* 1549.
Ejufdem fpeculum antiquæ devotionis circa

Missam & omnem alium cultum Dei. *Ibidem* 1549.   9:

769   Jo. Sleidanus de statu Religionis & Reip. Carolo V. Cæsare. *Argent.* 1556. *5:*

770   Idem. *Basil.* 1556.

771   Roveri Pontani res memorabiles jam indè ab anno 1500, ad annum ferè 60. in Rep. Christiana gestæ; contrà Sleidanum. *Col.* 1559. 3–12.

772   Georg. Cœlestini Hist. Comitiorum anno 1530. 15: Augustæ celebratorum. *Francof. ad Oderam* 1597.

773   Leonharti Hutteri Concordia concors, de origine & progressu formulæ Concordiæ Ecclesiarum Confessionis Augustanæ. *Witeb.* 1614. 6–6

774 { Confessionis Augustanæ, ejusque apologiæ, tabulæ delineatæ & resolutæ, per Valentinum Erythræum. *Argent.* 1565.
Georgii Fderi Partitiones Theologiæ & Catechismi Catholici. *Colon.* 1571.   2–10

775   Acta & Scripta Theologorum Wirtembergensium, & Jeremiæ Patriarchæ CP. ab anno 1576. ad 1581. Gr. Lat. *Witeb.* 1584. *mar.* 16:

776   Décisions Catholiques, ou Reciieil general des Arrêts rendus en toutes les Cours Souveraines de France, en execution ou interpretation des Edits qui concernent l'exercice de la Religion P. R. par J. Filleau. *Poitiers* 1668.   9:

777   Liber Precum communium, & administrationis Sacramentorum Ecclesiæ Anglicanæ: Anglicè. *Lond.* 1549. 40: uen du 200: chez m: du fay

778   Idem auctior: Anglicè. *Lond.* 1552. 25:

779   Idem: Anglicè. *Lond.* 1559.   9–15

780   Idem: Anglicè. *Lond.* 1636. *mar.* 4–16

781   Idem: Anglicè. *Lond.* 1638.   4:

782   Idem: Anglicè. *Lond.* 1662. 8:

783   Liber Precum & Sacramentorum Ecclesiæ Scoticæ: Anglicè. *Edimburgi* 1637.   14:

784   Fr. Masonus de consecratione & successione Episcoporum Angliæ, & de ordinatione Presbyterorum & Diaconorum; contrà Bellarminum & alios: Anglicè. *Lond.* 1613.   6:

785 Idem Latinè ex Anglico per ipsum Auctorem. *Lond.* 1638. 12:

786 Petri Heylin Theologia Veterum , seu Summa Theologiæ Christianæ expositæ in Symbolo Apostolorum: Anglicè. *Lond.* 1654. 14:

787 Lanceloti Andrews Episc. Winton. formula doctrinæ catechisticæ , seu expositio præceptorum Decalogi: Anglicè. *Lond.* 1650. 8:

788 Ecclesiæ Anglicanæ Politeia , in tabulas digesta, per Richardum Cosin. *Hagacom.* 1661. 3-15

789 Richardus Hooker de legibus & politia Ecclesiæ : Anglicè. *Lond.* 1676. 25-10

790 Jo. Foxus de Rebus in Ecclesia gestis , postremis & periculosis his temporibus , maximè per Angliam & Scotiam. *Baf.* 1559. 10:

791 { Richardi Parr Vita Jac. Usserii Arch. Armachani : Anglicè. *Lond.* 1687.
     Ejusdem collectio Epistolarum Jac. Usserii & aliorum : Anglicè. *Lond.* 1686. 18:

792 Martini Lutheri opera. *Witeb.* 1558. 7. *vol. mar.* 100:

793 Philippi Melanchthonis opera. *Witeb.* 1580. 4. *vol.* 130:

794 Georgii Majoris opera. *Witeb.* 1569. & 70. 6. *vol. mar.* 40-10

795 Martini Chemnitii Loci Theologici ; editio nova auctior aliis opusculis ejusdem Chemnitii. *Witeb.* 1615. 5-5

796 Jo. Gerhardi Loci Theologici. *Genevæ* 1639. 3. *vol.* 14:

797 Huldrici Zuinglii opera. *Tig.* 1581. 4. *vol.* 24-5

798 J. Oecolampadii & Huldrici Zuinglii Epistolæ. *Baf.* 1536. 13-1

799 Martini Buceri Scripta Anglicana ferè omnia. *Baf.* 1577.

800 Idem de regno Christi. *Baf.* 1557. 4:

801 Petri Martyris Vermilii Loci communes. *Tig.* 1587. 8-2

802 Ejusdem defensio doctrinæ de Eucharistiæ Sacramento , adversus Steph. Gardinerum. *Anno* 1562. 10-1

803 Rodolphi Hospiniani opera. 7. *vol.* nempè:

E

50   T H E O L O G I A, *in folio.*

Historia Sacramentaria. *Tiguri* 1598. 2. *vol.*
Concordia difcors , feu de origine & progreffu
formulæ Concordiæ Bergenfis. *Tig.* 1607.
{ De Feftis Chriftianorum. *Tiguri* 1593.
  De Feftis Judæorum , Græcorum , Romano-
  rum & Turcarum. *Tig.* 1593.
De Templis. *Tig.* 1603.
De Monachis. *Tig.* 1609.
Hift. Jefuitica. *Tig.* 1619. 55—2

120: 804   Joannis Calvini opera. *Amft.* 1671. 9. *vol. mar.*
12-5 805   Recueil des opufcules de J. Calvin. *Geneve* 1566.
     806   Theodori Bezæ Tractationes theologicæ : editio
          fecunda. *Geneva* 1582. *12-5*
     807   P. Vireti opufcula. *Oliva Rob. Steph.* 1553. *14:*
     808   Hier. Zanchii opera, *Geneva* 1619. 8. *tom. in*
          3. *vol. 13-10*
     809   Guill. Perkinfi opera. *Geneva* 1618. 2. *vol. 6:*
     810   Fr. Junii opera. *Geneva* 1613. 2. *vol. 10-12*
     811   Apologie pour l'épître des Miniftres de Paris ,
          contre le livre d'Armand Jean du Pleffis de Riche-
          lieu Ev. de Luçon , par P. de la Vallade. *La Ro-*
          chelle 1619. 8:
     812   J. Cameronis opera. *Geneva* 1642. *4—10*
          { Danielis Chamieri Panftratia catholica , five
          controverfiæ de religione adverfus Pontificios.
          Geneva 1626. 4. *vol.*
     813   J. H. Alftedius de Manducatione fpirituali ,
          Tranfubftantiatione , Sacrificio Miffæ , & de Ec-
          clefia : accedunt J. Prideaux de vifibilitate Ec-
          clefiæ , & Benedictus Tutretinus de Ecclefiæ na-
          tura. *Geneva* 1630.
     814   And. Riveti opera *Roterod.* 1651. 3. *vol. 23:*
     815   Ejufdem Catholicus orthodoxus oppofitus Ca-
          tholico Papiftæ : accedunt ejufdem Jefuita vapu-
          lans , de vera pace Ecclefiæ , animadverfiones in
          annot. Grotii ad confultationem Caffandri ; de
          chriftianæ pacificationis & Ecclefiæ reformandæ
          ratione ; & Hugonis Grotii votum pro Pace Eccle-
          fiaftica , contrà Rivetum. *Geneva* 1644. *4-18*
     816   Opera regia Jacobi I. Magnæ Britanniæ Regis.
          Lond. 1619. *8-19*

817 Relatio Colloquii inter Willelmum Laud Arch. Cantuar. & Fifcher Jefuitam juffu Regis Jacobi I. Anglicè. *Lond.* 1673. *4-19*

818 Nouveauté du Papifme oppofée à l'antiquité du vray Chriftianifme, contre la replique du Card. du Perron au Roy de la Grande Bretagne ; par P. du Moulin. *Sedan* 1627. *4.*

819 Stephani Curcellæi opera. *Amft. Elfevir.* 1675. *mar.* 20: *manque un vol. rare*

820 Simonis Epifcopii opera. *Amft.* 1678. *mar.* 20 *tt*

821 Hugonis Grotii opera theologica. *Amft.* 1679. 4. *vol. C. M. mar.*

821* Ejufdem Epiftolæ. *Amft.* 1687. *140: B*

822 J. Forbefii inftructiones hiftorico-theologicæ. *Amft. Elzevir.* 1645. *8.*

823 Lud. le Blanc Thefes Sedanenfes. *Lond.* 1675. *mar. 15:*

824 Præftantium & eruditorum Virorum Epiftolæ ecclefiafticæ & theologicæ, nempè Arminii, Vytenbogardi, Vorftii, Voffii, Grotii, Epifcopii, & Barlæi. *Amft.* 1684. *C. M. 10:*

825 Catalogus teftium veritatis, qui antè noftram ætatem Papifmi erroribus reclamarunt; (per Matthiam Flacium Illyricum :) cum appendice. *Argent.* 1562. *3: B.*

826 Idem & auctior. *Geneva* 1608. *4.*

827 Thomæ Waldenfis doctrinale antiquitatum Fidei Ecclefiæ Catholicæ. *Venet.* 1571. *3. vol.* 100 *tt* *rare*

828 Antilutherus Judoci Clichthovei. *Par. Colinæus,* 1524.

829 Joannis Driedonis à Turnhout opera. *Lovan.* 1550. 2. *vol.*

830 Joannis Fifcherii Roffenfis Epifcopi opera. *Wirceburgi* 1597. *6:*

831 Ejufdem confutatio Affertionis Lutheranæ. *Ant.* 1523. *3:*

832 Alfonfus à Caftro adverfus Hærefes. *Par.* 1543.

833 Explicatio articulorum Facultatis Theologiæ Lovanienfis circà ecclefiaftica dogmata ab annis 34. controverfa, per Ruardum Tapper. *Lovan.* 1555. *3 tt* & 57. 2. *tom. in* 1. *vol.*

834 Eadem. *Colon.* 1583. 2. *tom. in* 1. *vol.*

835 Ant. Ruvii affertiones catholicæ adverfus errores Erafmi. *Salmantica* 1568. *9—1*

836 Staniflai Hofii Card. opera. *Col.* 1584. 2. *vol.*
mar. *20—1*

837 Staniflai Socolovii opera. *Cracovia* 1591. 2. *vol.*
C. M. *7.*

838 Jod. Coccii Thefaurus Catholicus. *Col.* 1600. 2.
vol. *13:*

839 Fr. Feuardentii Theomachia Calviniftica profli-
gata. *Par.* 1604.

840 Difputationes Rob. Bellarmini de controverfiis
Fidei. *Ingolft.* 1588. 3. *vol.* *28:*

841 Opufcula ejufdem Bellarmini. *Colon.* 1617. 3.
tom. in 2. *vol.* *15:*

842 Oeuvres de Jacq. Davy Card. du Perron. *Par.*
1622. *& fuiv.* 5. *vol.* *25:*

843 Methode pour convertir les Heretiques, par le
Card. de Richelieu. *Par.* 1651. *6:*

844 Les principaux points de la Foy Catholique dé-
fendus contre l'écrit des Miniftres de Charenton,
par le Card. de Richelieu. *Par. Impr. Royale,* 1642.
G. P. *mar.* *9—18*

845 Tractatus generales de controverfiis Fidei, per
Adrianum & Petrum de Walenburch Epifc. Adria-
nopol. & Myfienfem. *Col.* 1669. *25:*

846 De Republica Ecclefiaftica, auctore M. Ant. de
Dominis. *Lond.* 1617. *&* 1620. *& Hanovia* 1622.
3. *vol.* *25—5*

847 Le Myftere d'iniquité, ou Hiftoire de la Papauté,
par Philippes de Mornay. *Saumur* 1611. *10—2*

848 De la primauté en l'Eglife, contre Baronius,
Bellarmin, & du Perron; par David Blondel. *Geneve* 1641. *10:*

849 Reginaldi Poli Card. libri 4. pro Ecclefiafticæ
unionis defenfione ad Henricum VIII. adversùs
tractatus Martini Lutheri, Matthiæ Flacii Illyrici,
Fr. Vilierii, Ph. Melanchthonis, J. Brentii, Mart.
Buceri, J. Calvini, & Wolfgangi Mufculi. *Argent.* 1555. *14:*

850 Origines Ecclesiasticæ, sive exercitationes de jure & potestate Ecclesiæ Christianæ, per Herbertum Thorndicium. *Lond.* 1674. *mar.* 6.

851 Acta Synodi Dordrectanæ annis 1618. & 19. *Lugd. B. Elzevir.* 1620.

852 Joachimi Vadiani aphorismi de Euchariftia. *Anno* 1536. *mar.* 8.

853 Confenfus orthodoxus S. Scripturæ & veteris Ecclefiæ de fententia & veritate verborum Cœnæ Dominicæ. *Tiguri* 1578.

854 De l'inftitution, ufage & doctrine du S. Sacrement de l'Euchariftie en l'Eglife ancienne, par Ph. de Mornay. *Saumur* 1604. *p.* 5.

855 Verification des lieux impugnez de faux, tant en la preface qu'aux livres de l'inftitution de la fainte Euchariftie; par le même. *La Rochelle* 1600. 4.

856 L'Euchariftie de l'ancienne Eglife, par Edme Aubertin. *Geneve* 1633. 11—19

857 Edm. Albertinus de Euchariftiæ five Cœnæ dominicæ Sacramento. *Daventria* 1655. *mar.* 14—1

858 Cl. de Sainctes de rebus Euchariftiæ controverfis. *Parif.* 1575.

859 Rich. Baxteri Director chriftianus, feu Summa Theologiæ practicæ & Cafuum Confcientiæ; Anglicè. *Lond.* 1678. 10.

860 Jo. Boys Doctoris Theologi opera : Anglicè. *Anno* 1629. 7.

861 Conciones feu Homiliæ, regnante Elizabetha in Ecclefiis Angliæ habitæ : Anglicè. *Lond.* 1673. 3.

862 Lanceloti Andrewes Wintonienfis Epifcopi Sermones : Anglicè. *Lond.* 1641. 4.

863 Bibliotheca Fratrum Polonorum. *Irenopoli* 1556. 8. *vol. mar.* 120. B.

864 Bern. Paxilli de Brzezek Monomachia pro defenfione Fidei S. Trinitatis contrà novos Arianos & Ruthenos : tomus I. *Cracovia* 1616. 3.

JURISPRUDENTIA, *in folio.*

CONCILIA, JUS CANONICUM,

ET DISCIPLINA ECCLESIASTICA.

Concilia.

865　DOminici Cardinalis Jacobatii tractatus de Concilio. *Roma* 1538.

866　Tractatus de Concilio generali, & de Matrimonio Henrici VIII. &c. per Hier. Decuriel. *Salmant.* 1546.
Didacus de Alava & Efquivel, Epifc. Abulenfis, de Conciliis univerfalibus. *Granatæ* 1552.

867　Ejufdem de Alava tractatus de Conciliis ; cum additionibus Francifci Ruiz de Vergara & Alava. *Matriti* 1671.

868　De Conciliis Synodia Ugonia, auctore Matthia Ugonio Epifc. Phamauguftano. *Venet.* 1564.

869　Joannes Zonaras in Canones Apoftolorum & Conciliorum, Gr. Lat. *Par.* 1618.

870　Canones Apoftolorum, Conciliorum, & SS. Patrum, cum comm. Theodori Balfamonis, Gr. Lat. *Par.* 1620.

871　Iidem, Lat. interprete Gentiano Herveto. *Par.* 1561.

872　Synodicon five Pandectæ Canonum, cum fcholiis antiquis **Gr. Lat.** edente cum notis Guill. Beveregio : accedit Matthæi Blaftaris Syntagma alphabeticum rerum omnium quæ in Canonibus comprehenduntur, Gr. Lat. *Oxonii* 1672. 2. *vol.* C. M. *mar.*

873　Canones Apoftolorum, veterum Conciliorum Conftitutiones, & Decreta Pontificum antiquiora de Primatu Romanæ Ecclefiæ. *Mogunt.* 1525.

874　Codex vetus Canonum Ecclefiæ Romanæ, editus cum notis à F. Pithœo : accedunt P. Pithœi Mifcellanea ecclefiaftica ; Abbonis Floriacenfis Apologeticus & Epiftolæ ; necnon Formulæ antiquæ Alfaticæ. *Par. è Typ. Reg.* 1687. *C. M. mar.* 14-1

875 Bibliotheca Juris Canonici veteris, Gr. Lat. per Guill. Voellum & Hen. Justellum. *Par.* 1661. 2. *vol. C. M. mar.* 24.

876 Concilia generalia, ex editione Jac. Merlini. *Par.* 1524. *mar.* 15.

877 Eadem: altera editio Merlini. *Colon.* 1530.

878 Concilia tam generalia quàm particularia; edente P. Crabbe. *Colon.* 1538. 2. *vol.* 13-5

879 Eadem: ex alia Crabbei editione. *Colon.* 1551. 3. *vol. mar.* 30.

880 Canones Conciliorum, ex recensione J. Sagittarii. *Basil.* 1553. 2-10

881 Concilia, ex editione Fr. Joverii. *Par.* 1555. *mar.* 8.

882 Concilia, ex editione Laurentii Surii. *Colon.* 1567. 4. *vol. mar.* 24.

883 Conciliorum generalium & provinciarum collectio. *Venet.* 1585. 5. *vol.* 14-6

884 Concilia generalia Ecclesiæ Catholicæ, Gr. Lat. Pauli V. auctoritate edita. *Roma* 1608. 4. *vol. mar.* 60.

885 Concilia generalia & provincialia, Gr. Lat. ex editione Severini Binii. *Colon.* 1618. 9. *vol. mar.* 69.

886 Conciliorum omnium generalium & provincialium Collectio Regia. *Par. è Typ. Regia,* 1644. 37. *vol. mar.* 420.

887 Conciliorum Collectio maxima, per Ph. Labbæum, & Gab. Cossartium. *Par.* 1672. 17. *vol. C. M. mar.* 11. auec le nᵒ 865. 810 tt

888 Nova Collectio Conciliorum ad annum 554. per Step. Baluzium. *Par.* 1683. *C. M. mar.* 60.

889 Concilium Nicenum II. è Græco Latinè per G. Longum. *Colon.* 1540. 1-10

890 { Acta Concilii Constantiensis. *Mediol.* 1511.
   { Acta Concilii Basiliensis. *Ibid.* 1511.
   { Promotiones & progressus Concilii Pisani II.
   { *mar.* 21.

890* Acta & Hist. Concilii Constantiensis, ex recensione Hermanni vonder Hardt. *Helmestadii,* 1700. 6. *vol.* 36.

891 De Concilio Constantiensi: Germanicè. *Francof.* 1576. 8-12

892 Concilium Florentinum, Gr. *Roma* 1577. *mar.*

893 Acta octavæ Synodi sub Eugenio IV. Ferrariæ inceptæ, Florentiæ peractæ, Lat. collecta per Bart. Abramum Episc. Ariensem. *Roma* 1526.

894 Acta Concilii Florentini, Latine collecta per Horatium Justinianum. *Roma* 1638.

895 Sylvestri Sguropuli Hist. Concilii Florentini, Gr. Lat. cum notis Rob. Creyghton. *Haga Com.* 1660. *mar.*

896 Concilium Lateranense novissimum sub Julio II. & Leone X. celebratum. *Roma* 1521. *mar.*

897 Canones & decreta Concilii Tridentini. *Roma* 1564.

898 Idem Concilium Trident. *Lovan.* 1567. *mar.*

899 Martini Chemnitii Examen Concilii Tridentini. *Francof.* 1578.

900 Recensio Concilii Tridentini : Anglice. *Oxonii* 1638.

901 Hist. del Concilio Tridentino, di Pietro Soave Polano (Paolo Sarpi.) *Londra* 1619. *mar.*

902 Histoire du Concile de Trente, trad. de l'Ital. de Paolo Sarpi, par J. Diodati. *Troyes* 1655. G. P.

903 Historia del Concilio di Trento, scritta da Sforza Pallavicino. *Roma* 1656. 2. *vol.*

904 Summa Conciliorum omnium, per Franc. Longum à Coriolano. *Antuerpia* 1623.

905 Sim. Starovolscii Epitome Conciliorum. *Roma* 1653.

906 Lud. Bail Summa Conciliorum omnium. *Par.* 1659. 2. *vol.* C. M.

907 J. Cabassutii Notitia ecclesiastica Conciliorum, Canonum, &c. *Lugd.* 1680. *mar.*

908 Synodus Amerina, ab Ant. Maria Episcopo habita anno 1595. *Venet.* 1595.

909 Gab. Palæoti Archiepiscopale Bononiense. *Roma* 1594. *mar.*

910 Constitutiones diocesanæ in novem Synodis sancitæ à Carolo Card. Rossetto Episcopo Faventino. *Faventia* 1676.

911 Acta Ecclesiæ Mediolanensis. *Mediol.* 1599. 2. *vol. mar.*

912 Synodus Bituntina, Cornelii Muſſi. *Venet.* 1579. *mar.* 1-2

913 Conſtitutiones Synodales del Arzobiſpado de Caller, de l'año 1651. de Bernardo de la Cabra Arzobiſpo. *Caller* 1652. 4-2

914 Concilia antiqua Galliæ, edita per Jac. Sirmondum. *Par.* 1629. 3. *vol. C. M.*

915 Conciliorum antiquorum Galliæ à Sirmondo editorum Supplementa, per Petr. Delalande. *Par.* 1666. *C. M. mar.*

916 Concilia noviſſima Galliæ, edita per Lud. Odeſpun. *Par.* 1646. *C. M.* 130-1

917 Capitularia Regum Francorum, cum veteribus Marculfi & aliorum Formulis : edente Steph. Baluzio. *Par.* 1677. 2. *vol. C. Maximâ, mar.* 130-1

918 Caroli VII. Francorum Regis Pragmatica Sanctio, cum gloſſis Coſmæ Guymierii , & additionibus Philippi Probi : accedunt Hiſtoria Pragmaticæ & Concordatorum, necnon varia Inſtrumenta, & annotationes, per Fr. Pinſſonium. *Par.* 1666. 36:

919 Decreta provincialis Concilii Senonenſis anni 1528. Ant. à Prato Arch. accedit Jud. Clichtovei compendium veritatum ad Fidem pertinentium contrà aſſertiones Lutheranorum ex actis in eodem Concilio Senonenſi. *Pariſ. Colinaus,* 1529. 4-1

920 Decreta Eccleſiæ Gallicanæ, edita per Laur. Bochellum. *Par.* 1609. 13-15

921 Memoire preſenté à l'Aſſemblée du Clergé de 1700. par le Sieur Damicourt.

922 Aſſemblée du Clergé de France tenuë à Poiſſy. 1561. *MS.*

Decreta Synodi apud Piſſiacum. *MS.*

Cahier des Remontrances de l'Eſtat Eccleſiaſtique en l'Aſſemblée generale des Eſtats tenuë à Blois. 1577. *MS.*

Diverſes Remontrances & Avis. *MS.*

Diſcours du Colloque de Poiſſy , par Cl. d'Eſpence. 1561. *MS. mar.*

Le même Diſcours du Colloque de Poiſſy , de Cl. d'Eſpence. *MS.*

　　Colloque de Poiſſy, recueilly par les Calvi-
niſtes. MS.

923 — Procès verbal de l'Aſſemblée tenue Paris en 1567. MS.

Procès verbal de l'Aſſemblée du Clergé tenuë à Paris en 1582. MS.

Procès verbal de l'Aſſemblée du Clergé tenuë à Paris en 1584. MS.

Procès verbal de l'Aſſemblée du Clergé tenuë à Paris en 1585. & 86. MS.

924 Procès verbal de l'Aſſemblée du Clergé tenuë à Melun & à Paris en 1579. & 80. MS. *autentique ſigné des Secretaires de l'Aſſemblée. mar.*

Procès verbal de l'Aſſemblée du Clergé tenuë à Paris en 1586. MS.

Procès verbal de l'Aſſemblée du Clergé tenuë à Paris en 1588. MS.

925 — Procès verbal de l'Aſſemblée du Clergé tenuë à Paris en 1598. MS.

Procès verbal de l'Aſſemblée du Clergé tenuë à Paris en 1602. MS. *mar.*

Procès verbal de l'Aſſemblée du Clergé tenuë à Paris en 1595. *& 96.* MS. *ſigné des Secretaires de l'Aſſemblée.*

926 — Procès verbal de l'Aſſemblée du Clergé tenuë à Paris en 1600. MS. *ſigné du Secretaire. mar.*

927 Procès verbal de l'Aſſemblée du Clergé tenuë à Paris en 1605. & 1606. MS. *mar.*

Procès verbal de l'Aſſemblée du Clergé tenuë en 1608. MS.

Cahiers preſentez au Roy en 1609. 10. 12. & 15. avec les réponſes. MS.

Procès verbal de l'Aſſemblée du Clergé tenuë à Paris en 1610. MS.

Procès verbal de l'Aſſemblée du Clergé tenuë à Paris en 1612. MS.

928 — Procès verbal de l'Aſſemblée du Clergé tenuë à Paris en 1615. MS.

Procès verbal de l'Aſſemblée du Clergé tenuë à Paris en 1617. MS.

Procès verbal de l'Aſſemblée du Clergé tenuë

à Paris & à Bordeaux en 1621. *MS.*

Journal de l'Assemblée du Clergé tenuë à Mante en 1641. M. de Montchal Archev. de Toulouse un des Présidens. *MS.*

929 Procès verbal de la Chambre Ecclesiastique en l'Assemblée des Etats tenus à Paris en 1614. & 15. *Par.* 1650.

930 Procès verbal de l'Assemblée du Clergé tenue à Blois en 1619. *MS. mar.*

931 Procès verbal de l'Assemblée du Clergé tenue à Paris en 1625. & 26. *MS. mar.*

932 Procès verbal de l'Assemblée du Clergé tenue à Poitiers & à Fontenay-le-Comte en 1628. *MS. mar.*

933 Procès verbal de l'Assemblée du Clergé tenue à Paris en 1635. & 36. *Par.* 1635. *mar.*

934 Procès verbal de l'Assemblée du Clergé tenue à Mante en 1641. *MS. mar.*

935 Procès verbal de l'Assemblée du Clergé tenue à Paris en 1645. & 46. *Par.* 1645. *mar.*

936 Procès verbal de l'Assemblée du Clergé tenue à Paris en 1650. & 51. *Par.* 1650. *mar.*

937 Procès verbal de l'Assemblée du Clergé tenue à Paris en 1655. 56. & 57. *Par.* 1655. 2. *vol. mar. avec une table MS.*

938 Procès verbal de l'Assemblée du Clergé tenue à Paris en 1660. & 61. *Par.* 1660. *mar.*

939 Procès verbal de l'Assemblée du Clergé tenue à Pontoise & à Paris en 1665. & 66. *Par.* 1666. *mar.*

940 Procès verbal de l'Assemblée du Clergé tenue à Pontoise en 1670. *Par.* 1671. *mar.*

941 Procès verbal de l'Assemblée du Clergé tenue à S. Germain en Laye en 1675. *Par.* 1678. *mar.*

942 Procès verbal de l'Assemblée du Clergé tenue à S. Germain en Laye en 1680. *Par.* 1684. *mar.*

943 Procès verbal de l'Assemblée du Clergé en 1682. *MS.*

944 Procès verbal de l'Assemblée du Clergé tenue à S. Germain en Laye en 1685. *Par.* 1690.

945 Procès verbal de l'Assemblée du Clergé tenue à S. Germain en Laye en 1690. *Par.* 1693.

946 { Procès verbal de l'Assemblée du Clergé tenue à Paris en 1693. & 94. *Par.* 1696.
Procès verbal de l'Assemblée du Clergé tenue à Paris en 1695. *Par.* 1697.
Procès verbal de l'Assemblée tenue à Paris en 1697. pour la reception de l'Abbé de Langle à l'Agence generale du Clergé.

947 Procès verbal de l'Assemblée du Clergé tenue à S. Germain en Laye en 1700. *Par.* 1703.

948 { Procès verbal de l'Assemblée du Clergé tenue à Paris en 1701. *Par.* 1702.
Procès verbal de l'Assemblée du Clergé tenue à Paris en 1702. *Par.* 1702. *2100 tt*

949 Actes, Titres & Memoires concernant les affaires du Clergé de France. *Par. Vitré*, 1646. 3. *vol.*

950 Recueil des Actes, Titres & Memoires concer. les affaires du Clergé de France, par J. le Gentil. *Par.* 1675. 6. *vol. mar.* 58—17

951 Nouveau Recueil des Memoires du Clergé, par M. le Merre. *Parif.* 1716. *& fuiv.* 9. *tom. en* 10. *vol.* 265. *B.*

952 Liaffe de Lettres, Mandemens, Déliberations, &c. concernant les affaires du Clergé, depuis 1665. jufqu'en 1707. au nombre de 25. pieces. 6—1

953 Traitez des Droits & Libertez de l'Eglife Gallicane, avec les Preuves. *Impr. en* 1639. 2. *vol. mar.*

954 Preuves des Libertez de l'Eglife Gallic. *Par.* 1651. 2. *vol. G. P.* 99 tt

955 P. de Marca de Concordia Sacerdotii & Imperii, feu de Libertatibus Ecclefiæ Gallicanæ ; ex editione Steph. Baluzii. *Par.* 1663. *C. M. mar.* 16.

956 Idem : fecunda editio. *Par.* 1669. *mar.* 10 tt

957 Idem : tertia editio. *Par.* 1704. *C. M. mar.* 20

958 Collectio Conciliorum Hifpaniæ, per Garfiam Loaifa. *Madriti* 1593. *mar.* 10—5

959 Collectio maxima Conciliorum Hifpaniæ & Novi Orbis, ftudio Jof. Saenz de Aguirre Card. *Roma* 1693. 4. *vol.* 90 tt

960 Ferd. de Mendoza de confirmando Concilio Illiberitano. *Madriti* 1594. *mar.* 14.

961   Concilium Illiberitanum , adjunctis Mendozæ & aliorum commentariis. *Lugd.* 1665. 5:

962   Conftituciones Synodales del Arçobifpado de Toledo, copiladas y ordenadas por Bern. de Rojas y Sandoval Arçobifpo. *Toledo* 1601.

963   Conftituciones Synodales de Fernando Card. Infante Adminiftrador del Arçobifpado de Toledo. *Madrid* 1622. 6-11

964   Conftituciones Synodales de Cuença , por Enrique Pimentel Obifpo. *Cuença* 1627. 2.

965   Conftituciones Synodales de Cordoba , por Fr. de Alarcon Obifpo. *Madrid* 1667. 2:

966   Conftituciones Synodales de Segovia , por Fr. de Araujo Obifpo. *Madrid* 1649. 3.

967   Conftituciones Synodales de Siguença , por Matheo de Burgos Obifpo. *Saragoça* 1647. 2-1

968   Conftituciones Synodales de Siguenza , por Bertholome Santos de Rifoba Obifpo. *Alcala* 1660. 2-5

969   Conftituciones Synodales de Valladolid , por J. B. De Azevedo Obifpo. *Valladolid* 1607. 2-5

970   Conftituciones Synodales de Calahorra y la Calçada, por J. Bernal de Luço Obifpo. *Leon* 1555. 3:

971   Conftituciones Synodales de Aftorga , por P. de Rojas Obifpo. *Salamanca* 1595. 3-11

972   Eftatutos de la Iglefia de Plafencia, por Andres de Noroña Obifpo. *Madrid* 1615. 4:

973   Conftituciones Synodales de Badajoz , por Fr. de Roys y Mendoza Obifpo. *Madrid* 1673. 3:

974   Conftituciones Synodales de Mondoñedo , por P. Fernandez Zorrilla Obifpo. *Madrid* 1618. 4.

975   Conftituciones Synodales de Salamanca , por Luis Fernandez de Cordoua Obifpo. *Salamanca* 1606.

976   Conftituciones Synodales de Salamanca, por P. Carrillo de Acuña Obifpo. *Salamanca* 1656. 7-14

977   Conftituciones Synodales de Leon, por Fr. Trugillo Obifpo. *Alcala de Henares* 1591. 2-10

978   Conftituciones Synodales de Sevilla , por Niño de Guevara Card. Arçobifpo. *Sevilla* 1609.

979   Eftatutos y Conftituciones de la Yglefia de Sevilla. 8:

F

980   Conftituciones Synodales de Malaga, por Alonfo de Santo Thomas Obifpo. *Sevilla* 1674. 6-1

981   Traflado de las Conftituciones de la Capilla Real de Granada. *Granada* 1583. 4-1

982   Conftituciones Synodales de Valencia, por P. de Urbina Arçobifpo. *Valencia* 1657. 5-1 5

983   Conftituciones de la Capilla del Colegio y Seminario de Corpus Chrifti, por J. de Ribera Arçobifpo de Valencia. *Valencia* 1605. 5-2

984   Conftitutiones provinciales Tarraconenfes, colleftæ à Matthia Sorribes commiffione Concilii provincialis anni 1557. & ejus auctoritate munitæ. *Barcinone* 1557. 9:

985   Conftituições Sinodaes de Lisboa, per Rodrigo de Cunha Arcepifpo. *Lisboa* 1656. 3.

986   Conftituições Sinodales de Coimbra, per Affonfo de Caftelbranco Bifpo. *Coimbra* 1591.

987   { Primeiras Conftituições Sinodales d'Elvas, per Sebaftião de Mattos de Noronha Bifpo. *Lisboa* 1635.
Relação do Bifpado de Elvas, per A. Gonçalves de Novais. *Lisboa* 1635. 4.

988   Conftituições Sinodales de Evora, per João de Mello Arcebifpo. *Madrid* 1622. 2:

989   Conftituiçoens Synodaes de Leiria, per P. de Caftilho Bifpo. *Coimbra* 1601. 2:

990   Conftitutiones Concilii provincialis Moguntini anni 1549. accedit Inftitutio Chriftiana in eodem Concilio promiffa. *Mogunt.* 1549. *mar.* 5-3

991   Statuta feu Decreta provincialium & diœcefanarum Synodorum Ecclefiæ Colonienfis. *Col.* 1554.

992   Canones Concilii provincialis Colonienfis anni 1536. accedit Inftitutio compendiaria Doctrinæ Chriftianæ. *Colon.* 1538. *mar.* 4:

993   Acta Synodalia Ecclefiæ Ofnabrugenfis, ab anno 1628. *Colon.* 1653. *mar.*

994   Synodus Cracovienfis anno 1643. per P. Gembickum Epifc. celebrata; accedunt Conftitutiones Cracovienfes in diverfis Synodis fancitæ. *Cracoviæ, Petricovius excudebat. mar.* 6-19

995 Concilia, Decreta, Leges, Constitutiones in re
Ecclesiarum Orbis Britannici ; ex editione H. Spelmanni. *Lond.* 1639. & 64. 2. *vol.* 160: C naut 100 tt

996 Provinciale seu Constitutiones Angliæ, cum annot. Guill. Lyndewode, (seu Lyndwood.) *Antuerp.*
1525. 15:

997 Idem: nova editio, cui accedunt Constitutiones
Legatinæ Cardinalium Othonis & Othoboni cum
annot. J. de Athona ; & variæ Constitutiones provinciales conjunctim quæ supra habentur dispersæ.
Oxon. 1679. *mar.* 30-1

998 { Jornada do Arcebispo de Goa Aleixo de Menezes, quando foy as Serras do Malavar & lu-
gares em que morão os antigos Christãos de S.
Thome; recopilada por Ant. de Gouvea. *Coim-*
bra 1606.

Synodo diocesano da Igreia e Bispado de An-
gamale dos antigos Christãos de Sam Thome
das Serras do Malavar das partes da India Oriental , celebrado per Aleixo de Menezes Arceb. de
Goa, sede vagante do dito Bispado. *Coimbra*
1606. 20-1

999 Constituciones Synodales de San Juan de Puerto
Rico, por Damian Lopez de Haro Obispo. *Ma-*
drid 1647. 6:

1000 Lima limata Conciliis, Constitutionibus Syno-
dalibus, & aliis Monumentis , quibus Toribius
Alphonsus Mogrovejus Archiep. Limanus Pro-
vinciam Limensem elimavit ; ex Hispanico Latinè
cum scholiis & notis Fr. Haroldi. *Romæ* 1673. 15:

Epistolæ Pontificum.

1001 Paradisus Heraclidis , Epistolæ Clementis &
Anacleti , & Recognitiones Petri Apostoli ; ex
edit. Jac. Fabri Stapulensis. *Par.* 1504.

1002 D. Clementis Recognitiones, Lat. Rufino To-
rano interprete ; & Pontificum Epistolæ. *Bas.*
1526. *mar.*

1003 Clementis Romani opera , cum variis additionibus. *Colon.* 1570. *mar.* 4-1

F ij

1004 { Apostolicæ Constitutiones Clementis Romani, Lat. interprete & scholiaste Fr. Turriano : accedunt Concilii Niceni Canones ex Arabico Lat. per eundem Turrianum; & Responsa Nicolai I. ad consulta Bulgarorum. *Ant. Plantin.* 1578.

Vita S. Joannis Chrysostomi, ex Græco Georgii Archiep. Alexandrini Lat. per Godef. Tilmannum. *Par.* 1557.

1005 Epistolæ decretales Summorum Pontificum , usque ad Gregorium VII. *Roma* 1591. 3. *vol. mar.* 39-19

1006 { Nicolai I. Epistolæ. *Roma* 1542.
Litteræ Apostolicæ pro Officio Inquisitionis, ab Innocentio III. ad hæc tempora. *Roma* 1579.

1007 Innocentii III. opera. *Col.* 1552. 4:

1008 Eadem. *Col.* 1575. 2. *tom. in* 1. *vol. mar.*

1009 Ejusdem Innocentii III. Epistolarum tomus primus, continens libros duos priores. *Roma* 1543. *mar.* 4-2

1010 Ejusd. Innocentii III. Epistolar. libri IV. cum notis Fr. Bosqueti. *Tolosæ* 1635. 22-1

1011 Ejusd. Innocentii III. Epistolarum libri XI. cum notis Steph. Baluzii. *Par.* 1682. 2. *vol. mar.*

1012 Epistolæ Romanor. Pontificum à S. Clemente I. ad Innocentium III. editæ cum notis studio Petri Coustant Benedictini : tomus I. *Par.* 1721. 15:

1013 Æneæ Sylvii Piccolominei (qui & Pius II.) opera omnia. *Bas.* 1571. 2-10

1014 Bullarium Romanum, à Gregorio VII. ad Sixtum V. cum rubricis & lucubrationibus Laërtii Cherubini. *Roma* 1586. & 88. 2. *vol.* 6:

1015 Bullarium Romanum, à Leone Magno ad Innoc. X. illustratum à Laërtio Cherubino , & ab Angelo Maria Cherubino. *Lugd.* 1655. 3. *vol.* 15:

1016 Collectio variarum Bullarum. *Roma* 1591. & seqq. 2-3

1017 Tractatus de Supplicatione ad Sanctissimum à Litteris & Bullis importunè impetratis, & earum retentione in Senatu; auctore Fr. Salgado de Somoza. *Matriti* 1639. 36:

Jus Canonicum.

1018 Corpus Juris Græco-Romani tam Canonici quàm Civilis, Gr. Lat. per Jo. Leunclavium ; ex edit. Marq. Freheri. *Franc.* 1596. 4.

1019 Decretum D. Burchardi Episc. Wormaciensis. *Col.* 1560. *mar.* 4-10

1020 Decretum B. Ivonis Ep. Carnotensis. *Lovan.* 1561. *mar.* 6.

1021 Ivonis Carnotensis opera, cum notis & observ. Fr. Jureti. *Par.* 1647. *C. M.* 6-15

1022 Ant. Augustini Epitome Juris Pontificii veteris. *Romæ* 1614. 2. *vol.* 6-5

1023 Ejusdem Epitomes pars prima. *Tarracone* 1587.

1024 Tres antiquæ Collectiones Decretalium, cum notis A. Augustini ad primam : accedit quarta Collectio Decretalium, cum scholiis J. Teutonici. *Ilerdæ* 1576. 4.

1025 Eædem Collectiones Decretalium, cum iisdem Ant. Augustini notis, & Jac. Cujacii emendat. *Par.* 1609. 6-10

1026 Quinta Compilatio Decretalium, cum notis Innocentii Cironii : cujus accedunt paratitla in V. libros Decretalium , & observat. in Jus Canon. *Tolosæ* 1645. 4-19

1027 Corpus Juris Canonici , cum appendice Pauli Lanceloti. *Par. sub Nave* 1587. *mar.* 15-11

1028 Corpus Juris Canonici, cum notis P. & Fr. Pithœorum. *Par.* 1687. 2. *vol. C. M. mar.* 114-1

1029 Corpus Juris Canonici, cum glossis Ant. Democharis. *Par. Nivel.* 1561. 3. *vol.* 18.

1030 Corpus Juris Canonici, unà cum glossis. *Romæ* 1582. 4. *vol. mar.* 102

1031 Idem, cum glossis. *Par. sub Nave,* 1601. 3. *vol. C. M. mar.* 50

1032 Decretum Gratiani, cum glossis. *Mogunt.* 1472. 2. *vol. max. Exemplar in membranis excusum, & majusculis literis necnon figuris auro & coloribus depictis insigniter decoratum. mar.* 215.

1033 Repetitiones Juris Canonici. *Col.* 1618. 6. *vol.* 15.

1034   Jo. Ant. à S. Georgio comm. in primam partem Decreti, in 12. caufas fecundæ partis, in tit.
de appellationibus, & quartum Decretalium. *Ve-*
net. apud Juntas, 1579. 3. *vol.* 23—19

1035   Dominici à S. Geminiano comm. in primam
partem Decreti, & 12. caufas fecundæ partis, &
in Sextum Decretalium. *Venet. apud Juntas*, 1578.
2. *vol.* 24 :

1036   Martini Azpilcuetæ Doctoris Navarri opera.
Ant. & Colon. 1616. 3. *vol.* 15.

1037   Guidonis à Bayfo Archidiaconi Bononienfis
Rofarium, feu comm. in Decretum. *Venet. apud*
Juntas, 1577.

1038   Joannis à Turrecrementa comm. in Decretum.
Venet. 1578. 4. *tom. in* 3. *vol.* 18—13

1039   Joannis Dartis opera canonica. *Par.* 1656. 9.

1040   Roderici Acunha comm. in primam partem
Decreti. *Brachara Augufta* 1629.

1041   Petri de Ancharano comm. in Decretales, Sextum, & Clementinas. *Bonon.* 1581. 6. *vol.*

1042   Jo. Andreæ novella commentaria in Decretales, & Sextum. *Venet.* 1612. 2. *vol.* 24 :

1043   Henrici de Segufio Card. Hoftienfis comm. in
Decretales, & Sextum. *Venet.* 1581. 2. *vol.* 18—5

1044   Ejufdem Summa aurea. *Lugd.* 1588. 4—5

1045   Didaci Covarruvias à Leyva opera. *Antuerp.*
1638. 3—1

1046   Fr. Zabarellæ Card. Florentini comm. in Decretales, & Clementinas. *Venet. apud Juntas*,
1602. 3. *vol.*

1047   Ejufdem Confilia. *Venet.* 1581. 29—19

1048   Nicolai de Tudefchis Abbatis, Cardinalis, Archiep. Panormitani, comm. in Decretales: accedunt Ejufdem Confilia, Quæftiones, Practica,
Thefaurus fingularium in Jure Canonico decifi-
vorum, & Tractatus pro Concilio Bafileenfi. *Lugd.*
1547. 9. *vol.* 60—3 C.

1049   Abbatis Antiqui, Bernardi Compoftellani, Guidonis Papæ, & Joannis à Capiftrano, comm. in
Decretales. *Venet. apud Juntas*, 1588. 11—19

1050 Innocentii IV. comm. in Decretales. *Lugd.*
1578. 6:

1051 Antonii à Butrio comm. in Decretales. *Venet.*
apud Juntas, 1578. 7. *vol.*

1052 Henrici Boich comm. in Decretales. *Venet.*
1576. *mar.* 30—5

1053 Profperi Fagnani comm. in Decretales. *Roma*
1661. 4. *vol. mar.* 15:

1054 Anaftafii Germonii opera. *Roma* 1623. 2. *vol.* 5—19

1055 Alexandri de Nevo comm. in quatuor primos
libros Decretalium. *Venet. apud Juntas*, 1585. 2.
vol. 6—3

1056 Auguftini Beroii comm. in 1. 2. 3. & 5. Decretalium. *Venet.* 1580. 2. *vol.*

1057 Joannis ab Imola comm. in 3. primos libros
Decretalium. *Venet.* 1575. 2. *vol.* 20—1

1058 Felini Sandei comm. in 1. 2. 4. & 5. Decretalium : accedunt ejufd. Confilia. *Lugd.* 1587. 2.
vol. pv. a 6:

1059 Mariani Socini opera in Jus Canonicum. *Venet.*
apud Juntas, 1593. 3. *vol. mar.* 15—3

1060 Joannis ab Anania prælectiones in quintum
Decretalium. *Lugd.* 1546.

1061 Antonii Dadini Alteferræ comm. in Decretales Innocentii III. *Par.* 1666. C. M. *mar.* 19—6

1062 Philippi Decii comm. in Decretales. *Venet.*
1599.

1063 Jo. Quintini repetitæ prælectiones in C. de
multa providentia. de Præb. & Dign. ubi de ecclefiaftica Beneficiorum difpenfatione; & in C. no-
vit ille qui nihil ignorat. de Judiciis, ubi de chriftianæ civitatis ariftocratia. *Par.* 1552. 3—19:

1064 Guillelmi Benedicti repetitio in C. Raynutius.
de Teftamentis; cum continuatione Steph. Ran-
chini. *Lugd.* 1582.

1065 Lapus Abbas S. Miniati in Sextum, & Clementinas. *Roma* 1589. 3:

1066 Gloffa aurea Joannis Monachi Cardinalis in
Sextum Decretalium. *Par.* 1535. 3tt

1067 Idem Joannes Monachus in Sextum Decretal.
Venet. apud Juntas, 1585. 5:

1068   Philippi Franchi comm. in Sextum Decretalium. *Venet. apud Juntas*, 1579.
1069   Bonifacii de Vitaliniis comm. in Clementinas.
Venet. 1574. *3:*

Tractatus generales & singulares Juris Canonici.

1070   Index Juris Pontificii, per Steph. Daoyz. *Burdigala* 1624. *mar. 30.*
1071   Epitome Canonum omnium ordine alphabeti-
3: co, per Laur. Brancatum de Laurea. *Roma* 1659.
1072   God. Hermant clavis ecclesiasticæ Disciplinæ,
seu Index universalis Juris Ecclesiastici. *Insulis,
& Par.* 1693. *4:*
1073   Fr. Valentis Concordia Juris Pontificii cum
Cæsareo & cum theologica ratione. *Par.* 1664.
C. M. *7.*
1074   Rotæ Romanæ Decisiones, cum annot. Diversorum. *Lugd.* 1567. *3:*
1075   Eædem. *Augusta Taurinorum* 1579.
1076   Prosp. Farinacii Rotæ Romanæ Decisiones. *Au-
reliana* 1623. 2. *vol. 8-10*
1077   Decisiones canonicæ Ægidii Bellameræ, Guill.
Cassadori, & Capellæ Tolosanæ. *Lugd.* 1579. *2-3*
1078   Aureæ Decisiones Seraphini Olivarii Razzalii
Card. *Roma* 1614. 2. *tom. in* 1. *vol. 12*
1079   Decisiones Fori ecclesiastici, auctore Alexandro Sperello Episc. Eugubino. *Venet.* 1666. 2. *tom.
in* 1. *vol. 5-19*
1080   Decisiones Pontificiæ , Josephi Ant. Pilaia;
cum utili tractatu de Censibus, & appendice Jo.
Ant. Cauchii de regressu ad Beneficium resigna-
tum. *Messana* 1667. *& Catana* 1669. 2. *tom in* 1.
vol. 13.
1081   Summa Decisionum universarum , Camilli Bor-
relli. *Col.* 1618. 2. *tom. in* 1. *vol. 5-14*
1082   Aug. Barbosæ Tractatus varii. *Lugd.* 1660.
1083   Theodor. Amydenius de officio & jurisdictione
Datarii, & stilo Datariæ. *Venet.* 1654. *3: 4*

1084 De Executoribus Literarum Apostolicarum tàm Gratiæ quàm Justitiæ, auctore Th. de Rosa Ep. Cavensi. *Roma* 1676.
Rotæ Romanæ Decisiones recentissimæ. *Roma* 1676. *3:*

1085 Praxis Dispensationum apostolicarum, auctore Pyrrho Corrado à Terranova. *Neapoli* 1641.

1086 Singulares selectæ Quæstiones morales juridicæ, Zachariæ Pasqualigi. *Roma* 1662. *mar. 11:*

1087 Ludovici Cresollii Mystagogus de sacrorum hominum disciplina. *Paris.* 1629. 2. *vol. C. M. 10:*

1088 Ancienne & nouvelle Discipline de l'Eglise, touchant les Benefices & les Beneficiers, par Louis Thomassin. *Par.* 1678. 79. *& 81. 3. vol. G. P. mar. 60:*

1089 Eadem Thomassini Disciplina, ab ipso auctore Latinè versa. *Par.* 1688. 3. *vol. 30:*

1090 Tractatus de Ecclesia, sive Practicabilia Ecclesiastica, auctore Marco Ant. Genuensi Ep. Iserniensi. *Roma* 1620. *3:*

1091 Alvarus Pelagius Episc. Sylvensis de planctu Ecclesiæ. *Ulmis* 1474. *Exemplar nitidissimum carta max. mar. 150:*

1092 Idem. *Venet.* 1560. *16:*

1093 Onus Ecclesiæ, (auctore Joanne Episc. Chæmensi.) *Col.* 1531. *16—5*

1094 Le Songe du Vergier, qui parle de la disputation du Clerc & du Chevalier; (où il est traité de la Puissance ecclesiastique & temporelle:) composé sous le regne de Charles V. (selon quelques-uns par Raoul de Presle, ou selon d'autres par Jean de Vertu Secretaire de ce Prince.) *Impr. par Jacq. Maillet,* 1491. *34:*

1095 Felicianus de Oliva & Souza de Foro Ecclesiæ. *Geneva* 1678. *2:*

1096 Doctor Marta de Jurisdictione per & inter Judicem Ecclesiasticum & Sæcularem exercenda. *Geneva* 1616. *4:*

1097 Hier. de Cevallos de cognitione per viam vio-

lentiæ in caufis ecclefiafticis & inter perfonas ecclefiafticas ol. 1620. *4-7*

1098 Fafciculus rerum expetendarum & fugienda-
rum, in quo continentur Concilium Bafilienfe
ab Ænea Sylvio (Pio II.) confcriptum , & alia
varia non parvi momenti ; ex editione Orthuini
Gratii. *Colon.* 1535. *mar.* *10-15*

1099 De Jurifdictione, Authoritate & Præminentia
Imperiali ac Poteftate Ecclefiaftica Scriptotes varii in unum collecti. *Bafil.* 1566. *11-19*

1100 Monarchia Romani Imperii , five Tractatus de
Jurifdictione Imperiali feu Regia , & Pontificia
feu Sacerdotali , à Catholicis Doctoribus conf-
cripti, & nunc in unum editi à Melchiore Gol-
dafto Haiminsfeldio. *Hanoviæ* 1611. 3. *vol.* *39-10*

1101 Sylloge hiftorico-politico-ecclefiaftica vаro-
rum Auctorum de difcrimine Poteftatis Imperialis & Ecclefiafticæ, per Simonem Schardium. *Ar-*
gent. 1618. *3-15*

1102 Defenfor Pacis , feu de Poteftate Papæ & Im-
10-19 peratoris, auctore Marfilio Patavino. *Anno* 1522.

1103 Summa de Ecclefia , Joannis Card. de Turrecremata. *Lugd.* 1496. *2-2*

1104 Matthiæ à Corona Sanctitas Ecclefiæ Romana
in S. Elia Propheta Carmelitarum protoparente
10-17 figurata, feu expofitio fparfim à cap. 17. libri 3.
Regum ad cap. 13. lib. 4. Regum, Sanctitatem Ecclefiæ Rom. delineans. *Leodii* 1663. 2. *vol. mar.*

1105 Abrah. Bzovii Romanus Pontifex, feu de præ-
ftantia, auctoritate, virtutibus &c. Summorum
Pontificum. *Colon.* 1619. *5.*

1106 Martin. Bonacina de legitima Summi Pontificis Electione. *Venet.* 1638.

1107 De Electione Summi Pontificis, auctore P. Maria Pafferino de Sextula. *Romæ* 1670. *2.*

1108 Leon. Coquæi Apologia pro Summis Ecclefiæ
Romanæ Pontificibus , contrà Phil. Mornæum.
Mediol. 1619.

1109 Joan. Eckius de Primatu Petri adversùs Lud-
derum. *Par.* 1521. *mar.* *6-5*

1110 Nic. Sanderus de visibili Monarchia Ecclesiæ. *Lovan.* 1571.

1111 Nic. Coeffeteau pro sacra Monarchia Ecclesiæ Catholicæ, Apostolicæ & Romanæ, adversùs M. Ant. de Dominis. *aris.* 1623. 2. *vol.* C. M. 10.

1112 Augustini Triumphi de Ancona Summa de Potestate Ecclesiæ. *Vetus editio.* 4-1

1113 Eadem. *Roma* 1584. 6.

1114 Ant. de Rosellis de Potestate Imperatoris ac Papæ. *Venet.* 1487. 3-2

1115 Remonstrantia Hibernorum contrà Lovanienses, Ultramontanasque Censuras, de incommutabili Regum Imperio, Subditorumque fidelitate & obedientia indispensabili; vindicata per R. Caron. (*Lond.*) 1665. *mar.* 60

1116 Franciscus à S. Augustino Macedo de Clavibus Petri. *Roma* 1660. 6.

1117 Matthiæ à Corona Potestas infallibilis S. Petri & successorum Rom. Pontificum. *Leodici* 1668. *mar.* 4-1

1118 Th. de Rocaberti de Infallibilitate Romani Pontificis in definiendis rebus Fidei extrà Concilium. *Valentiæ* 1691. 15.

1119 Hier. Manfredus de Cardinalatu. *Bonon.* 1564. 2-15

1120 Paulus Cortesius de Cardinalatu. *Castri Cortesii* 1510. 8-5

1121 Jac. Cohellii notitia Cardinalatus. *Roma* 1653. 4-1

1122 Fr. Mariæ Ep. Portuensis Card. Brancatii Dissertationes, ubi de privilegiis Cardinalium, &c. *Roma* 1672. *mar.* 5-3

1123 Gab. Palæotus Card. de Sacri Consistorii Consultationibus. *Roma* 1592.

1124 Car. Cartharii Advocatorum Sacri Consistorii Syllabus. *Roma* 1656.

1125 Bulla Urbani VIII. pro institutione Archivii Cardinalium. *Roma* 1626.

1126 P. And. Gambarus de officio & potestate Legati à Latere. *Venet.* 1571. 4-15

1127 Recueil concernant la Primatie de Rouen contre celle de Lyon.

1128
- Premiere & feconde Requeftes de M. l'Ar-
ch. de Rouen pour la Primatie.
- Sommaire de M. l'Arch. de Rouen pour la Primatie. *30.*
- Arrêt pour M. l'Arch. de Rouen. *mar.*

1129 Memoire pour M. l'Arch. de Bourges, contre M. l'Archev. d'Alby. *10.*

1130 Bart. Ugolinus de officio & poteftate Epifcopi. *Roma* 1617. *3-6*

1131 Il Vefcovo, d'Aleffandro Sperelli. *Roma* 1656.

1132 Matthias à Corona de poteftate judiciali Epif-coporum, dignitate & poteftate Archiepifcopo-rum, & jure militari Præfulum jurifdictionem temporalem habentium. *Leodici* 1673. *mar.* 8-3

1133 Th. de Rofa de vera refidentia Epifcoporum. *Neap.* 1679.

1134 Memoire pour M. l'Archev. de Roüen, contre les habitans de Pontoife.

1135 Memoire pour les Evêques de Flandres.

1136 Memoire pour M. l'Ev. & Chapitre de Mire-poix, contre le Marquis de Mirepoix.

1137 Difcurfos theologicos y politicos, de las tranf-laciones de Obifpos, &c. por Juan Martinez. Al-cala de Henares 1664. *4.*

1138 De Ecclefiis Cathedralibus, earumque privile-giis & prærogativis, auctore Mich. Ant. France de Urrutigoyti. *Lugd.* 1665. *8.*

1139 Eftat des Eglifes Cathedrales & Collegiales par J. de Bordenave. *Par.* 1643. *10-4*

1140 De poteftate Capituli Sede vacante aut plena & quid poffint Epifcopi per fe, aut cum Capi-tulo debeant exequi; auctore Nicolao Rodrique Fermofino. *Lugd.* 1666. *mar.* 12-4

1141 Procès de Thomas Coulon Curé de Vattie-ville. *5.*

1142 Expofition fommaire du droit des Vicair-perpetuels des fept Paroiffes du Minihi, cont le Chapitre de S. Paul de Leon.

1143 Requêtes des Chapelains de la Sainte Chape à Paris, contre ledit Chapitre.

1144 Requête de M. Savary Primat de Nancy , contre les creanciers du Chevalier d'Harcourt. 1692.

1145 Candidi Brognoli speculum Clericorum tàm Sæcularium quàm Regularium. *Venet.* 1663. 3-10

1146 Requête de Louis Hyacinthe de Hantecourt à M. le Dauphin.

1147 Petri Aurelii opera. *Par. Vitray*, 1642. C. M. 9-10

1148 Lud. Cellotius de Hierarchia & Hierarchis. *Roth.* 1641. 3.

1149 Fr. Hallier de Hierarchia ecclesiastica. *Par.* 1656. 6.

1150 Matthias à Corona de Missionibus Apostolicis. *Leodii* 1675. *mar.* 11.

1151 Memoire pour Messieurs les Archev. & Coadj. de Roüen, contre les Abbé & Religieux de Fescamp.

1152 Mandement de M. l'Archev. de Paris pour la publication du Jubilé au Fauxbourg S. Germain, 29. Nov. 1667.

1153 Transaction entre M. l'Archev. de Paris & les Abbé & Religieux de S. Germain des Prez , 20. Sept. 1668.

1154 Factum pour M. H. de Villars Archev. de Vienne, contre l'Abbé de S. Antoine de Viennois.

1155 { Defensio Abbatiæ Imperialis S. Maximini , per Nic. Zyllesium. *S. Maximini juxtà muros Trevirenses*, 1638.

Nic. Heesii manipulus rerum memorabilium Claustri Hemmenrodensis Ordinis Cistertiensis. *Colon.* 1641.

Origines Stirpis Brandeburgicæ , auctore Reinero Reineccio. *Franc.* 1581.

Origo monasterii de Castro-Aquilæ, Ordinis Cisterciensis, in Wedderavia diœcesis, Moguntinæ. *Colon.* 1644.

Specimen historiæ Urbis Coloniensis. *Colon.* 1608. *mar.* 14.

1156 Em. Roderici Collectio Privilegiorum Regularium Mendicantium & non Mendicantium. *Turnoni* 1609. 7-19

G

1157 Privilegia Regularium, auctore Brunone Chaf-
faing. *Par.* 1654. 6—5

1158 Laureti de Franchis Controversiæ inter Episco-
pos & Regulares, cum observ. Zachariæ Pasqualigi. *Roma* 1656. 3.

1159 Deux Factums en la cause de Paramé.

1160 Paraphrase du commentaire de du Moulin sur
les Regles de la Chancellerie Romaine, par F. Perard Castel. *Par.* 1685. 5.

1161 Pyrrhi Corradi Praxis-Beneficiaria, *Venet.* 1671.
mar. 4.

1162 Somme Beneficiale réduite à l'usage & pratique
de France, par Laurent Bouchel. *Par.* 1628. 4.

1163 Ant. Bengei & Fr. Pinssonii tractatus de Bene-
ficiis Ecclesiasticis. *Par.* 1654. 4.

1164 Arrests notables donnez en matieres beneficia-
les & causes ecclesiastiques, recueillis par Jean
Tournet. *Par.* 1631. 2. *vol.* 26.

1165 Definitions du Droit Canon, par M. F. C. D.
M. (des Maisons :) nouvelle edit. augmentée par
Fr. Perard Castel. *Par.* 1682. 4.

1166 Flaminius Parisius de resignatione Beneficio-
3. rum, & de Confidentia beneficiali. *Tolosa* 1668.

1167 P. Maria Passerinus de Sextula de Electione canonica. *Roma* 1661. *mar.* 6—10

1168 Conradi Bruni opera tria, de Legationibus,
Ceremoniis, Imaginibus. *Mog. apud S. Victorem*
1548.

1169 Car. Felix de Matta de Canonizatione Sanctorum. *Roma* 1678. *mar.* 14.

1170 Fr. Maria Samuellius de Sepulturis Ecclesiasticis. *Luca* 1650. *mar.* 6—1

1171 Pet. Fr. Passerinus de pollutione Ecclesiarum.
Placentia 1654. 4.

1172 Lud. à Paramo de origine & progressu Officii
S. Inquisitionis. *Matriti* 1598. 5.

1173 Nic. Eymerici Directorium Inquisitorum, cum
comm. Fr. Pegnæ. *Roma* 1587. 5.

1174 Car. Ant. Thesauri Praxis de Pœnis ecclesiasticis *Roma* 1674.

1175   Domin. Macri & Caroli ejus fratris Hierolexi-
con five Dictionarium Sacrum : accedunt ejufdem
Domin. Macri apparentes S. Scripturæ Contradi-
ctiones. *Roma* 1677.   *24-5*

JUS CIVILE.

Jus Romanum.

1176   Ant. Auguftinus Archiep. Tarraconenfis de Legibus & Senatufconfultis ; cum notis Fulvii Urfi-
ni. *Par.* 1584.   *2:*

1177   Leges Atticæ, Gr. Lat. cum comm. Samuelis
Petiti. *Par.* 1635.   *14-10*

1178   Codex Theodofianus , cum variis fragmentis
& notis ejufdem argumenti. *Par. Nivel.* 1586.

1179   Codex Theodofianus , cum comm. Jac. Gothofredi. *Lugd.* 1665. 6. *vol.*   *48-5*

1180   Eafilica, Gr. Lat. per Car. Annibalem Fabro-
tum. *Par.* 1647. 7. *vol. C. M. mar.*   *163-1*

1181   Corpus Juris Civilis, cum notis Dionyfii Gothofredi. *Par. Vitray,* 1628. 2. *vol. C. M.*   *49:*

1182   Idem , cum iifdem notis Gothofredi. *Amft. Elzevir.* 1663. 2. *vol. mar.*   *80:*

1183   Digeftorum five Pandectarum libri ex Floren-
tinis Pandectis repræfentati. *Florent. Torrentinus,*
1553. 2. *vol.*   *59*

1184   De Nominibus propriis Pandecti Florentini ,
cum notis Ant. Auguftini. *Tarracone* 1579. *120:* unit *50:*

1185   Juftiniani , Juftini & Leonis Novellæ Conftitutiones, Gr. *H. Steph.* 1558. *mar.*   *5:*

1186   Eædem Juftiniani Novellæ Conftitutiones, Lat.
interpr. Juliano Patricio ac Anteceffore CP. *Lugd.*
1561. *1:*

1187   Eædem , Lat. cum fcholiis Ant. Auguftini. *Baf.*
1576. *mar.*

1188   Tabulæ five Introductiones in IV. libros Inftitutionum, per Cl. Moron. *Par.* 1553.

1189   Theophilus in Inftitutiones Juris Civilis , Gr.
Baf. 1534.

1190 { Inftitutionum libri IV. cum comm. Eguina-
rii Baronis. *Par. Vafcofan.* 1562.

Ejufd. Baronis comm. ad varios Digeftorum
titulos, & libri tres de Nobilitate. *Ibidem.* 6—19

1191   Viglii Zuichemi comm. in 10. titulos Inftitutionum. *Baf.* 1552.

1192   Illuftrium Jureconfultorum Imagines, per Marcum Mantuam Benavidium. *Roma* 1566. 14—6

1193   Corpus Juris Civilis , cum comm. Accurfii,
fcholiis Contii , & paratitlis Cujacii. *Par. Nivel.*
1576. 5. *vol. mar.* 68—5

1194   Bartoli à Saxo Ferrato opera. *Venet. apud Juntas*, 1615. 4. *vol.*

1195   Ejufdem Diftinctiones quibus tota ferè Juris
Civilis fcientia continetur. *Baf.* 1563. 13:

1196   Baldi Ubaldi comm. in Jus Civile, necnon in
tres priores libros Decretalium. *Augufta Taurinorum* 1576. 5. *vol.* 20

1197   Ejufdem Confilia. *Venet.* 1609. 5. *tom in* 2. *vol.*

1198   Angeli Ubaldi comm. in Corpus Juris Civilis.
Venet. 1580. 2. *vol.*

1199   Ejufdem Confilia. *Aug. Taurinorum* 1582.

1200   Pauli Caftrenfis comm. in Corpus Juris Civilis. *Venet. apud Juntas*, 1593. 6. *vol.*

1201   Ejufdem Confilia. *Venet.* 1570. 2. *vol.* 60—10

1202   Jafonis Mayni comm. in Corpus Juris Civilis.
Venet. apud Juntas, 1579. 4. *vol.*

1203   Ejufdem Confilia. *Francof.* 1611. 4. *tom. in* 1.
vol.

1204   Philippus Decius in Digeftum vetus & Codicem. *Lugd.* 1559.

1205   Ejufdem Confilia. *Francof.* 1588.

1206   Jac. Cujacii opera , ex edit. Car. Annib. Fa-
broti. *Par.* 1658. 10. *vol.* 140:

1207   Fr. Ripæ opera in Jus Civile & Canonicum, &
Refponfa. *Venet.* 1602. 2. *vol.*

1208   Francifci de Accoltis comm. in Jus Civile &
Canonicum. *Venet.* 1589. 3. *vol.*

1209   Bart. à Saliceto opera, feu comm. in Codicem
& Digeftum vetus. *Francof.* 1615. 2. *vol.*

1210 Ant. Fabri Rationalia in Pandectas. *Lugd.* 16,59. 5. *tom. in* 4. *vol. mar.*

1211 Ejufdem Jurifprudentiæ Papinianeæ Scientia. *Lugd.* 1658. *mar.*

1212 Ejufd. Codex Fabrianus. *Lugd.* 1661. *mar.*

1213 Idem de erroribus Pragmaticorum & Interpretum Juris. *Lugd.* 1658. 2. *vol. mar.*

1214 Ejufdem Conjecturæ Juris Civilis. *Lugd.* 1661. *mar.*

1215 Hier. Borgiæ inveftigationes Juris Civilis in Conjecturas Ant. Fabri. *Neap.* 1678. 2. *vol. mar.* |00:

1216 Petri à Bella-pertica comm. inDigeftum novum. *Francof.* 1571.

1217 Bart. Bolognini comm. fuper Authentica Conftitutione habita C. ne filius pro patre. *Ingolft.* 1542.

1218 { Summa Placentini in Codicem. *Mogunt.* 1536.
Progymnafmata Fori, per Fridericũ Schenck. *Halæ Suevorum* 1537.
Ejufdem viridarium Conclufionum juridicarum. *Halæ Suev.* 1537. ſ:

1219 { Mariani Socini junioris repetitiones In quafdam leges Juris. *Bonon.* 1551.
Caroli de Guarnatiis quæftiones in rubr. de verborum obliga. *Venet.* 1541.

1220 And. Barbatiæ Confilia five Refponfa. *Venet.* 1581. 2. *vol.* Iſ:

1221 Confilia Guidi Panciroli. *Venet.* 1578.

1222 Ejufdem thefaurus variarum Lectionum utriufque Juris. *Venet.* 1610. Iô:

1223 Jacobi Menochii Confilia. *Francof.* 1628. 4. *vol.*

1224 Idem de Arbitrariis Judicum; & de adipifcenda, retinenda, recuperanda Poffeffione. *Lugd.* 1583. 2. *vol.*

1225 Idem de Præfumptionibus, Conjecturis, Signis & Indiciis. *Geneva* 1670. 2. *vol. mar.* ſO:

1226 J. B. Ferreti Confilia feu Refponfa. *Venet.* 1601.

1227 Tiberii Deciani Refponfa. *Venet.* 1602. 3. *vol.* 6-10

1228 Matthæi Wesenbecii Consilia Juris. *Witteb.* 1633. 4. *vol.* 10.

1229 Jo. Wamesii Consilia seu Responsa ad Jus Civile pertinentia. *Antuerp.* 1639. 2. *vol.* 10-1

1230 Ejusd. Consilia de Jure Pontificio. *Lovan.* 1643. 2. *tom. in* 1. *vol.* 4.

1231 Hier. Palma junioris liber primus Allegationum. *Lucæ* 1680. 3-10

1232 And. Fachinei Controversiæ Juris. *Ingolst.* 1600.

1233 Eædem. *Lugd.* 1623. 6.

1234 Josephi Altogradi Controversiæ forenses. *Genua* 1664.

1235 Desiderii Heraldi Quæstiones quotidianæ; necnon ejusdem observationes ad Jus Atticum & Romanum, seu animadversiones in defensiones miscellaneas Salmasii. *Par.* 1650. 4.

1236 Jac. Ph. Massolæ Trismegistus legalis: accedit centuria Decisionum Romanæ Rotæ. *Genua* 1673. mar. 3-7

1237 Guillelmi Durandi Ep. Mimatensis speculum Juris. *Francof.* 1612. 2. *vol. mar.* 12-5

1238 Fr. Connani comm. Juris. *Par. Vascosan.* 1553. 2. *vol.* 4-18

1239 P. Gregorii Tolosani Syntagma Juris universi. *Lugd.* 1606. 3.

1239* Les Loix Civiles dans leur ordre naturel, avec le Droit Public, & Legum Delectus; par M. Domat. *Par.* 1713. 15-5

Tractatus generales & singulares Juris Civilis.

1240 Tractatus Tractatuum Juris universi. *Venet.* 1584. 28. *vol.* 681.

1241 P. Bellugæ speculum Principum ac Justitiæ. *Par.* 1530.

1242 De Advocatia armata, sive clientelari Patronorum Jure & Potestate, auctore Mart. Magero à Schoenberg. *Francof.* 1625. 11.

1243 Ph. Paschalis de viribus patriæ Potestatis. *Neap.* 1621. 6.

1244　Idem. *Venet.* 1669. *mar.* 6 tt

1245　P. Peckii opera. *Antuerp.* 1666. 3 tt

1246　Fr. Sarmiento Ep. Aftoricenfis Interpretationes felectæ : accedit ejufdem liber de Redditibus Ecclefiafticis. *Antuerp.* 1616. *mar.*

1247　P. Fr. Pafferini Problemata Legalia. *Placentiæ* 1678. *mar.* 6–10

1248　De incompatibilitate Regnorum ac Majoratuum, auctore Hermenegildo de Roxas. *Lugd.* 1669. 3

1249　Fr. Maria Pecchius de Aquæ ductu. *Ticini Regii* 1670. *mar.* 4

1250　Jo. à Fanis de Servitutibus. *Tolofæ* 1557. 1

1251　Traité des Fiefs & de leur origine, par L. Chantereau le Febvre. *Par.* 1662. 10–1

1252　And. de Ifernia comm. in ufus Feudorum. *Francof.* 1598. 10 tt

1253　De l'ufage des Fiefs & autres Droits Seigneuriaux, par Denys de Salvaing : feconde edition avec le Traité du Plait Seigneurial & de fon ufage en Dauphiné. *Grenoble* 1668. *mar.* 32–1

1254　P. Jordanus Urfinus de fucceffione Feudorum, maxime Neapolitani Regni. *Neap.* 1639. 6–1

1255　J. Ant. Bellonus de jure accrefcendi. *Aug. Taur.* 1637. 2. *vol. mar.*

1256　Julii Clari opera. *Lugd.* 1579. 12–7

1257　Eadem. *Francof.* 1588. 8

1258　Jac. Caimi Lucubrationes variæ. *Patavii* 1654. 3–10

1259　De Herede fimplici & beneficiato in ordine ad folutionem debitorum defuncti, auctore A. Conciolo : accedunt ejufdem Confilia criminalia. *Macerata* 1656.

1260　Confilium de hereditate Dotis. 1641. 9–15

1261　Traité des Donations entre-vifs & teftamentaires, par J. Marie Ricard. *Par.* 1669. 4–10

1261*　Traité des Succeffions, par Denis le Brun : troifiéme edition. *Par.* 1714. 15–1

1262　J. Dauth de Teftamentis. *Franc.* 1670. *mar.* 8

1263　Teftament de la Marquife de Maignelay. 1650. 15

1264　Fr. Mantica de conjecturis ultimarum Voluntatum. *Geneva* 1645. *mar.* 16–11

1265   M. A. Peregrinus de Fideicommissis. *Norimb.* 1668. 7-10

1266   De ratiociniis Administrationum & aliis variis Computationibus, auctore Fr. Muñoz de Escobar. *Metymnæ à Campo* 1603. 3 tt

1267   De Interesse Contractuum & ultimarum Voluntatum, auctore J. B. Staibano. *Neap.* 1654. 10:

1268   Leonardus Duardus de Societatibus. *Neap.* 1644. 5

1269   Sigismundus Scaccias de Commerciis & Cambio. *Venet.* 1669. *mar.* 6:

1270   De Mercatura, Cambiis, Sponsionibus, &c. auctore Benevenuto Straccha, cum additionibus ejusdem argumenti. *Amst.* 1669. *mar.*

1271   J. Marquardus de jure Mercatorum & Commerciorum. *Franc.* 1662. 9-11

1272   Consuetudo vel Lex Mercatoria, cum comment. Gerardi Malynes: *Anglicè. Lond.* 1622. 3:

1273   Eadem, cum speculo Mercatorum & aliis argumenti ejusdem: *Anglicè. Lond.* 1656.

1274   Tabulæ geographicæ ad Commercium spectantes, cum comment. Lewis Roberts: *Anglicè. Lond.* 1677. 8-1

1275   Fr. Ansaldus de Jurisdictione. *Lugd.* 1643. 11-19

1276   Rob. Lancellottus de attentatis & innovatis lite & appellatione pendente. *Franc.* 1652. *mar.* 6-10

1277   Hector Æmylius de Testibus. *Franc.* 1588. *mar.* 5-15

1278   Emanuel Roman Valeron de Transactionibus. *Lugd.* 1665. *mar.* 4-4

1279   Alphonsus de Olea de Cessione Jurium & Actionum. *Lugd.* 1669. *mar.* 8-10

1280   Sigismundus Scaccias de Appellationibus. *Venet.* 1667. *mar.* 6:

1281   J. Millæi Boii Praxis Criminis persequendi. *Par.* 1541. 3-19

1282   Sigism. Scaccias de Judiciis causarum civilium, criminalium, hæreticalium. *Venet.* 1653. 3. *vol. mar.* 14-10

1283   { Raphaël de Vilosa de Fugitivis. *Neap.* 1674 { Ejusdem variæ Juris dissertationes. *Neap.* 1674. *mar.* 6-2

1284 Obras posthumas de Jo. de Solorzano Percy-
ra. *Zaragoza* 1676. *mar.* 4-5

1285 Barn. Brissonius de Formulis & solemnibus ver-
bis Populi Romani. *Paris. Nivel.* 1583.

1286 Idem de verborum quæ ad Jus pertinent signi-
ficatione. *Ibid.* 1596. 16:

1287 De regulis Juris Scriptores varii, collecti per
J. B. Nicolaum. *Franc.* 1586. 3-12

1288 Dictionarium Juris tàm Civilis, quàm Canonici, per Albericum de Rosate. *Venet.* 1581. 6-14

1289 Lexicon juridicum Simonis Schardii. *Colon.*
1616. 5-19

1290 Lexicon juridicum Jo. Calvini, aliàs Kahl. *Geneva* 1665. *mar.* 16-4

1291 Lexicon Juris Civilis, J. Spiegelii. *Bas.* 1569. 14-19

1292 Promptuarium Juris divini & humani, per
Jo. Montholonium. *Par. H. Steph.* 1520. 19-1

1293 Summa seu praxis Judicum & Advocatorum,
per Ant. Cardosum do Amaral. *Ulysipone* 1610. 6:

1294 Dictionnaire Civil & Canonique, par J. Thau-
mas. *Par.* 1632. 12ᵃ

Jus Gallicum.

1295 Originum ac Germanicarum Antiquitatum libri, Leges videlicet Salicæ, Allemannorum, Saxonum, Angliorum, Thuringorum, Burgundio-
num, Francorum, Ripuariæ, Boioariorum, We-
stphalorum, Werinorum, Frisionum, Langobar-
dorum, & Theutonum ; editore Basilio Jo. Herold. *Bas.* 1557. *mar.* 24:

1296 Codex Legum antiquarum, per Frider. Linden-
brogium. *Franc.* 1613. 35-9

1297 Edits & Ordonnances des Rois de France, recueillis par Ant. Fontanon. *Paris.* 1583. 2. *vol.*
sans frontispices. 4:

1298 La même Collection de Fontanon, augmentée
par Gab. Michel. *Par.* 1611. 4. *tom.* en 3. *vol.* 44:

1299 Edits & Ordonnances sur le fait de la Justice,
recueillis par P. Neron & Est. Girard. *Par.* 1666,

1300 Code Henry III. *Par.* 1587.

1301   Autre Code Henry III. de Barnabé Briſſon ; augmenté par L. Charondas le Caron. *Pariſ.* 1601. 6-5

1302   Code Louis XIII. par Jacques Corbin. *Pariſ.* 1628. 10:

1303   Les Baſiliques ou Ordonnances des Rois de France, avec les Conferences de Nic. Frerot. *Par.* 1624. 3:

1304   Conference des Ordonnances & Edits Royaux, par P. Guenois. *Par.* 1678. 3. *vol.* 30:

1305   Des Offices de France, par E. Girard & Jacq. Joly. *Par.* 1638. 2. *vol.* 24-10

1306   Des Parlemens de France, par Bernard de la Roche-Flavin. *Bordeaux* 1617. 20:

1307   Requeſte de M. de la Reynie contre M. l'Archevêque de Reims, pour la place de Doyen du Conſeil d'Eſtat. 10

1308   Traité de la Cour des Monnoyes, par Germain Conſtans. *Par.* 1658. 45 tt

1309   Ordonnances concernant la Juriſdiction de la Cour des Monnoyes ſur les Orfevres.

1310   Arreſt du Conſeil d'Eſtat, qui enjoint aux Receveurs des Tailles & Taillon de Chaalons & Soiſſons, de rapporter leurs Eſtats arreſtez au Bureau des Finances en 1655.

1311   Impoſition de 30000. liv. ſur les Elections de la Generalité de Soiſſons en 1660.

1312   Arreſt de Reglement pour les debets des Fermes des Gabelles de Ph. Hamel & J. Dattin, en 1658. 5 tt

12:1313   Jugemens Souverains du Bourg d'Ault. 1660.

1314   Arreſt du Conſeil d'Eſtat pour l'impoſition des frais neceſſaires pour le Mariage du Roy, en 1660. 1-1

1315   Onze pieces concernans M. Fouquet.

1316   Declaration du Roy pour le Reglement des Peages, en 1663.

1317   Memoire pour les Rentiers de l'Hôtel de Ville.

1318   Relation de ce qui s'eſt paſſé touchant les propoſitions faites au Roy en ſon Conſeil par aucuns

de ses principaux Creanciers ; avec les Requestes
desdits Creanciers. *20*^tt^

1319 Edits & Ordonnances , Coutumes & Regle-
      mens des Eaux & Forests, recueillis par le Sieur
      de Sainct-Yon. *Par.* 1610. *24*^tt^

1320 Recueil d'Arrests touchant les Eaux & Forests.
      mar. *12*^tt^

1321 Arrest du Conseil d'Estat portant reglement
      pour les Bois de Normandie , en 1645.

1322 Ordonnance pour les Bois de Haute-Futaye de
      Bourgogne transportez aux Païs étrangers , en
      1661.

1323 Cinq Jugemens Souverains rendus par Jacques-
      Honoré Barentin, touchant les Bois, contre plu-
      sieurs particuliers à Fontenay-le-Comte , en 1667. *3*^tt^

1324 Coutumes generales & particulieres de France
      & des Gaules. *Par.* 1635. 2. *vol.* *12-10*

1325 Le nouveau Coutumier General , par M. Ch.
      A. Bourdot de Richebourg. *Par.* 1672. 4. *vol.*

1325* Conference des Coutumes de France , par P.
      Guenoys. *Par.* 1620. *24*^tt^

1326 Coutume de Paris , commentée par Julien Bro-
      deau. *Par.* 1669. 2. *vol.* *9:*

1327 Ordonnances Royaux de la Jurisdiction de la
      Prevôté des Marchands , & Echevinage de Paris.
      Par. gotiq. *9:*

1328 Les mêmes, avec les Privileges, &c. *Par. mar.*
      1644. *5:*

1329 Ordonnance de Louis XIV. concernant la Ju-
      risdiction des Prevôt des Marchands & Echevins
      de Paris, en 1669. *Par.* 1676.

1330 Coutumes de Reims, avec le comm. de J. B.
      de Buridan. *Par.* 1665. G. P. *mar.* *19-1*

1331 { Assises & bons Usages du Royaume de Jeru-
        salem, avec les notes de Gaspar Thaumas de
        la Thaumassiere. *Bourges* 1690.
        Coutumes de Beauvoisis, de Phil. de Beau-
        manoir, & autres anciennes Coutumes ; avec
        les notes du même de la Thaumassiere. *Bour-
        ges* 1690. *mar.* *5*^tt^

1332 Consuetudines Bituricenses, Aurelianenses, &

Turonenſes, cum comm. N. Boërii, Pyrrhi En-
glebermei, & J. Saiſon. *Franc.* 1575. 6-1

.1333 Anciennes & nouvelles Coutumes locales de
Berry, & Lorris, avec les comm. de Gaſpar Thau-
mas de la Thaumaſſiere. *Bourges* 1679. *mar.* 12-1

1334 Reſponſa Jo. Boſſelli Borderii, & Jo. Conſtan-
tii in Conſuetudinem Pictonum. *Auguſtoriti Pictonum* 1659. 8:

1335 Obſervations & queſtions ſur la Coutume d'Anjou, par Gab. du Pineau. *Angers* 1646. 3-10

1336 Privileges, Franchiſes & Immunitez octroyées
aux Conſuls, Echevins & Habitans de Lyon, recueillis par Cl. de Rubis. *Lyon* 1574. 2 tt

1337 Commentaires ſur la Coutume de Normandie,
par Guill. Terrien. *Rouen* 1654. 14 tt

1338 Coutume reformée de Normandie, avec les
comm. de Joſias Berault. *Roüen* 1660.

1339 Coutume reformée de Normandie, avec les
comm. de H. Baſnage. *Roüen* 1681. 2. *tom. en* 1.
vol. 10 tt

1340 Bertrandi d'Argentré comm. in Conſuetudines
Britanniæ. *Par.* 1628. 1.5-4-

1341 Ejuſd. comm. in titulum Juris Britannici de
Donationibus. *Par.* 1580. 1 tt

1342 Ordonnances de Charles V. publiées au Parlement de Dole. *Dole* 1554. 4-3

1343 Recueil des Ordonnances, Edits & Coutumes
de la Franche-Comté de Bourgogne, par J. Pe-
tremand. *Dole* 1619. 16:

1344 Placita Summæ apud Gallos Curiæ, per Jo. Lucium. *Par. C. Steph.* 1559. 8-1

1345 Recueil d'Arreſts du Parlement de Paris, par
George Loüet; augmenté par Julien Brodeau. *Pariſ.* 1668. 3. *vol.*

1346 Le même : nouvelle edit. *Par.* 1678. 2. *vol.*

1347 Journal des Audiences du Parlement, par J. du
Freſne. *Par.* 1658.

1348 Le même, avec la continuation de Fr. Jamet
de la Gueſſiere. *Par.* 1665. & 67. 2. *vol.* 10-3

1349 Queſtions notables de Droit decidées par Arreſts

rests du Parlement, recuellis par Cl. le Prestre. *Par.* 1645. 6 tt

1350 Les mêmes. *Par.* 1652.

1351 Nic. Boërii Decisiones Burdegalenses : accedunt ejusdem Consilia & alia opera, & Ægidii Magistri Decisiones. *Lugd.* 1579. 3—2

1352 Arrests notables du Parlement de Provence, Cour des Comptes, Aydes & Finances ; recueillis par Hyacinthe de Boniface. *Par.* 1670. 2. *vel. mar.* 21 tt

1353 Guidonis Papæ Decisiones Gratianopolitanæ. *Geneva* 1654. *mar.* 4 tt

1354 Mémoires recueillis, & extraits des plus notables Arrests de Bretagne, par Noël du Faill. *Rennes* 1579. *mar.* 4.

1355 Jo. Grivelli Decisiones Sequanorum Senatus Dolani. *Geneva* 1631. 5—1

1356 Bibliotheque des Arrests de tous les Parlemens de France, par Laur. Jovet. *Par.* 1669. 3—5

1357 Dictionnaire des Arrests, par M. P. Jacq. Brillon. *Par.* 1711. 3. *vol.* 35—1

1358 Caroli Molinæi opera. *Par.* 1612. 3. *vol.* 10—19

1359 Eadem Molinæi opera : editio postrema auctior. *Par.* 1681. 5. *vol. mar.* 200—1

1360 Petri Rebuffi opera. *Lugd.* 1576. *& seqq.* 5. *vol.* 50 tt

1361 Ejusdem Praxis Beneficiorum ; cum variis Additionibus similis argumenti. *Par.* 1664. 21—5

1362 Oeuvres de Fr. Grimaudet. *Amiens* 1669. *mar.* 25.

1363 Renati Choppini opera. *Par.* 1609. 4. *vol.* 36.

1364 Oeuvres de René Choppin, trad. par Jean Tournet. *Par.* 1635. 3. *vol.* 12 tt

1365 Bibliotheque ou Thresor du Droit François, par Laurent Bouchel ; augmenté par J. Bechefer. *Par.* 1667. 3. *vol.* G. P. *mar.* 55—5

1366 Oeuvres de Jean Bacquet. *Par.* 1603. 2—5

1367 Oeuvres de Guy Coquille. *Par.* 1646.

1368 Les mêmes, augmentées. *Par.* 1665. 2. *vol.* 12—5

1369 Oeuvres d'Antoine d'Espeisses. *Lyon* 1660. 3. *vol.* 20.

H

1370   Oeuvres de Charles Loyſeau. *Par.* 1640. 2. *vol.* *mar.* 12—5

1371   Oeuvres de C. le Bret. *Par.* 1635. *mar.* 8—1

1372   Traité de l'Abus, par Ch. Fevret. *Dijon* 1653.

1373   Le même : ſeconde edit. *Lyon* 1667.

1374   Plaidoyez & Harangues d'Ant. le Maiſtre. *Par.* le Petit, 1657.   13:

1375   Deux Recueils de differens Procès. 3—3

1376   Factums contre M. Fouquet. 5—1

1377   Défenſe apologetique pour Alexandre de Bournonville, contre Ambroiſe ſon frere, pour la Duché de Bournonville, &c. 1

1378   Ecritures du Prince d'Epinoy, contre le Prince de Bournonville, en 1695. 2

1379   Liaſſe de differens Factums & Memoires, contenant 15. pieces. 1

Jus Italicum.

1380   Statuta almæ Urbis Romæ. *Roma* 1580. 2:

1381   Annotationes in Statuta ſive Jus municipale Romanæ Urbis, per J. B. Fenzonium: accedunt Deciſiones Rotæ ad Statuta Urbis. *Roma* 1636.

1382   Statuta Urbis Ferrariæ nuper reformata. *Ferraria* 1567. 6:

1383   Statuta civilia Civitatis Bononiæ, cum annot. Lud. Gozadini. *Venet.* 1566. 3:

1384   Statuta & Privilegia almæ Univerſitatis Juriſtarum Gymnaſii Bononienſis. *Bon.* 1561.
Philoſophiæ ac Medicinæ Scholarium Bononienſis Gymnaſii Statuta. *Bon.* 1612.
Theſaurus Artis Piſtoriæ, ſeu gratiæ ac privilegia à Summis Pontificibus Piſtoribus almæ Urbis conceſſa, cum notis P. Aug. Antolini. *Roma* 1635.
Eſtats de Tours en 1483. *Gotiq.*
Statuta Collegii S. Clementis Hiſpanorum Bononiæ conditi.
Ceremonias y coſtumbres uſadas y guardadas en Collegio mayor de S. Clemente de los Eſpañoles de Bolonia. *Bol.* 1627. 30

1385 { Inftructio eorum quæ fcire opportet præfen-
taturos & præfentandos ad Collegium S. Clementis Hifpanorum. *1tt*

1386   Statuti dell'Univerfità de' Mercatanti di Bologna. *Bol.* 1550. *1tt*

1387   Statuta civitatis Urbini. *Pifauri* 1559. *3tt*

1388   Statuta civitatis Eugubii, cum annot. A. Con-
cioli. *Macerata* 1678.

1389   Statuta Firmanorum. *Firmi* 1589.

1390 {   Statuta Sabaudiæ. *Gebenis* 1513.
Ordonnances du Duc de Savoye aux Eftats
de Moftier en Tharentcyfe, en 1522.

1391   Ant. Solæ comm. in Conftitutiones antiquas
Ducatus Sebaudiæ ac Principatus Pedemontium.
Aug. Taurinorum 1582. *5tt*

1392   Ordinationes regiæ continentes formam & fti-
lum procedendi coram Curia regii Parlamenti
Taurinenfis. *Taurini* 1550.

1393   Antiqua Ducum Mediolani Decreta. *Mediol.*
1654.

1394   Statuta Mediolanenfia. *Mediol.* 1502. *4tt*

1395 {   Conftitutiones Dominii Mediolanenfis. *Mediol.* 1574. *&* 75.
Statuta Sabaudiæ. *Taurini* 1505.

1396   Statuta Ducatûs Mediolanenfis, cum comm.
Horatii Carpani. *Francof.* 1611. *1tt*

1397   Statuta civitatis Papiæ. *Papia* 1505.

1398   Codex Statutorum Communitatis Alexandri-
næ. *Alexandria* 1547.

1399   Statuta & Decreta Communis Genuæ. *Genua*
1498.

1400 {   Leges novæ Reipublicæ Genuenfis. *Genua*
1576.
Leggi delle Compere di S. Giorgio. *Genova*
1568. 1605. *&* 1625.

1401 {   Le medefime Leggi delle Compere di S. Gior-
gio. *Genova* 1625.
De Immunitatibus conceffis à Magiftratu S.
Georgii. *Genua* 1553.
Nuovo Portofranco in Genova. *Genova*
1623. *6tt*

1402 Deciſiones Rotæ Genuæ de Mercatura. *Genua* 1582. *mar.*

1403 Statuta criminalia Reipublicæ Januenſis. Ge. *nua* 1653.

1404 { Conceſſioni, Decreti e Ordini della citta di Savona. *Genova* 1610.
Statuta criminalia civitatis Saonæ. *Genua* 1610.

1405 Statuta civilia, ſyndica, criminalia Tridenti. *Tridenti* 1528. *6:*

1406 Statuta Patavina. *Venet.* 1528.

1407 Statuta civitatis Veronæ. *Venet.* 1561.

1408 Statuti, Ordini & parti del buon governo del Territorio Veroneſe. *Verona* 1613. *mar.*

1409 Jus Civile Leniacenſium. *Venet.* 1555. *4tt*

1410 Statuta Brixiæ. *Brixia* 1535.

1411 Statuta totius Communitatis Riperiæ Lacus Bænaci Brixienſis. *Venet.* 1536.

1412 Jus municipale Vicentinum. *Venet.* 1567.

1413 Statuta Civitatis Feltriæ. *Venet.* 1551. *4tt*

1414 Statuta & Proviſiones Ducales Terræ Coneglani. *Coneglani* 1610.

1415 Statuta Cadubrii.

1416 Statuto di Cherſo & Oſſero. *Venet.* 1640.

1417 J. Ant. Boſſelli annotationes ad Statuta Civitatis Parmæ. *Parma* 1599. *3tt*

1418 Statuta Civitatis Mutinæ. *Mutina* 1547.

1419 Leges municipales Piſtorienſium. *Florent.* 1647.

1420 Liber Statutorum Arretii. *Florent.* 1580.

1421 Lucenſis Civitatis Statuta. *Luca* 1539.

1422 Statuti della Citta di Lucca. *Lucca* 1539.

1423 Statuti della Corte de' Mercadanti della Citt della di Lucca. *Lucca* 1557. *6tt*

1424 Pragmaticæ, Edicta, Regiæ Sanctiones Neapolitani Regni, collecta per Proſperum Caravitam. *Venet.* 1580. *2tt*

1425 Eadem, collecta per Blaſium Altimarum. *Nea* 1682. 3. *vol.*

1426 P. Follerii comment. ſuper Conſtitutionibus Capitulis, Pragmaticis & Ritibus Regni Neapolit. *Venet.* 1568.

1427 Caroli de Rosa glossographia & scriptiones ad Consuetudines Neapolitanas. *Neap.* 1677. Mutius Ant. Grossus de Successionibus ab intestato, ad interpretat. Consuetudinum Neapolit. *Ibid.* 1678. *mar.*

1428 Vinc. Brillæ Nomothecium Parthenopæum, sive promptuarium Juris Neapolitani. *Neap.* 1679. *mar.*

1429 Decisiones regii Consilii Neapolitani, editæ per Ant. Capycium. *Venet.* 1546. Hier. Butigellæ comm. in primam partem Codicis. *Ibid.* 1558.

1430 Decisiones regii Consilii Neapolitani, cum additionibus Vinc. de Franchis. *Venet.* 1626.

1431 Decisiones supremi Italiæ Senatus, collectæ per Car. Tapiam. *Neap.* 1626.

1432 Pauli Staibani junioris Resolutiones Forenses. *Neap.* 1645. *&* 54. 2. *vol.*

1433 Dominici Manfrellæ observationes ad Decisiones Consilii regii Parthenopæi Hectoris Capycii. *Neap.* 1681. *mar.*

1434 Ant. Barræ Controversiæ Forenses, cum Decisionibus supremorum Tribunalium Regni Neapolit. *Neap.* 1680. *mar.*

1435 Constitutiones Regni utriusque Siciliæ, cum comm. And. de Isernia & Bart. de Capua; quibus accedunt Capitula Regni Siciliæ, cum glossis; Ritus Magnæ Curiæ, cum commentariis; necnon Pragmaticæ Regni Neapolit. *Lugd.* 1560.

1436 Constitutioni Prammaticali del Regno di Sicilia. *Palermo* 1583.

1437 Commentaria Marii Mutæ in Consuetudines Panhormitanas. *Panhormi* 1644.

1438 Ant. de Amato variæ Forenses & practicabiles Juris Resolutiones. *Venet.* 1655. *mar.*

1439 L'alta & la bassa Corte, le Assise & bone Usanze del Reame de Hyerusalem. *Venet.* 1535.

Jus Hispanicum.

1440 Codex Legum Wisigothorum: accedit Isidori

Hifpalenfis Epifc. Chronicon de Gothis, Wanda-
lis & Suevis. *Par. Nivel.* 1579. *4-5*

8441   Forus antiquus Gothorum Regum Hifpaniæ ,
olim liber Judicum, hodie Fuero Juzgo, comm. illuftratus per Alfonfum à Villadiego. *Madriti* 1600.

1442   Fuero Real de Efpaña del Rey D. Alonfo IX.
glofado por Alonfo Diaz de Montalvo. *Medina
del Campo.* 1544.

1443   Las fiete Partidas del Rey Alfonfo IX. con la
gloffa del mifmo Alfonfo Diez de Montalvo.
Lyon de Francia 1550. 7. *tom. en* 1. *vol. 10:*

1444   Pragmaticas y Leyes recopiladas por mandado
de D. Fernando y Ifabel, por Diego Perez. *Medina del Campo* 1549. *2-10*

Leyes de los Avogados y Procuradores, de los
mifmos D. Fernando y Ifabel. *Salamanca* 1550.

Capitulos hechos por el Rey Fernando y la
Reyna Ifabel. *Salamanca* 1558.

Quaderno de las Ordenanzas hechas por
Sus Altezas Fernando y Ifabel cerca de la Orden judicial y aranzeles de los derechos que
1445   las Jufticias y Efcrivanos del Reyno han de
llevar. *Toledo* 1551.

Leyes de Toro, de Doña Juana Reyna. *Salamanca* 1554.

Quaderno de Alcavalas, de Fernando y Ifabel. *Alcala de Henares* 1560. *3-15*

Leyes del Toro glofadas, cum gloffa Didaci
Caftelli. *Burgis* 1527.
1446   Nova lectura in dictas Leges, Mich. de Cifuentes. *Salmantica* 1536.

1447   Ant. Gomefii comment. ad Leges Tauri. *Francof.* 1591.

1448   Ejufdem comm. & variæ refolutiones Juris Civilis communis & regii. *Francof.* 1596. *5 tt*

1449   Recopilacion de algunas Bullas del Summo
Pontifice concedidas en favor de la Juridicion
Real, con todas las Pragmaticas y algunas Leyes
del Reyno. *Toledo* 1550. *1-2*

Las Cortes de Valladolid de l'año 1523. *Madrid* 1528.

Capitulos concedidos por la Mageſtad del Emperador y Rey en las Cortes de Toledo. 1539.

Ordenanças cerca del o que han de hazer y guardar los Alcaldes mayores & juezes de reſidencia de los tres Adelantamientos de Burgos, Leon, y Palencia, &c. 1543.

Cortes de Valladolid. 1548.

Pragmatica de los Paños. 1549.

Prematica de 1552. para el remedio de la grand Careſtia que havia en el calçado.

1450 { Pregmatica del obraje de los Paños, &c. en las Cortes de Madrid. 1552.

Inſtrucion de la orden que ſa ha de tener en las condenaciones y pena que ſe hizieren y aplicaren a la Camara y Fiſco de ſu Mageſtad. 1552.

Ordenanças del Conſejo real, y Aranzeles, &c. 1553.

Suſpenſion de ciertas Pregmaticas, tres Pregmaticas de 1552. 1558.

Cortes de Madrid 1552. Valladolid 1555. y 1558.

Cortes de Toledo 1559. con algunas Pregmaticas, &c.

Pregmatica de las Minas. 1559. {—|

Las Cortes de Valladolid 1523. de Madrid 1528. de Segovia 1532. de Madrid 1534. de Valladolid 1548. de Toledo 1525.

Leyes del eſtilo e declaraciones ſobre las Leyes del Fuero.

1451 { Gloſa de Miguel de Cifuentes ſobre las Leyes del Foro, Lat. *Medina del Campo.*

Aranzel de los Eſcrivanos. *Salamanca* 1554.

Deciſiones criminales Lud. à Peguera. *Barcinone* 1585. 3.

1452   Recopilacion de las Leyes deſtos Reynos, hecha por mandado de Felipe II. con las Leyes que deſpues ſe han publicado por Felipe IV. *Madrid* 1640. 3. *vol.* 12—10

1453　Alfonfus de Azevedo in Hifpaniæ regias Conftitutiones novæ recopilationis. *Antuerp.* 1618. 6. *tom. in* 2. *vol.* 6:

1454　Libro de las Leyes, Privilegios, y Provifiones Reales del Confejo general de la Mofta y Cabaña Real deftos Reynos. *Madrid* 1595. 2:

1455　El mifmo. *Madrid* 1639. 2:

1456　Efcrituras que el Reino otorgo del fervicio de los doze millones y del de los quinientos mil ducados de renta de juros con que firvio a fu Mageftad en las Cortes que fe propufieron en 6. de Abril 1623. &c. *Madrid* 1626. 1:

1457　Ordenanças de Sevilla. *Sevilla* 1527. 2:

1458　Las mifmas. 1632.

1459　Ordenanças de la Real Audiencia y Chancilleria de Granada. *Granada* 1601. 3:

1460　El Fuero, Privilegios, Franquezas y Libertades de los Cavalleros hijos dalgo del Señorio de Vizcaya. *Medina del Campo* 1575.

1461　Recopilacion de las Leyes y Ordenanças, &c. del Reyno de Navarra, hafta 1566. por Pedro Pafquier. *Eftella* 1567. 2:

1462　Ordenanças del Confejo Real del Reyno de Navarra. *Pamplona* 1622.

1463　Fueros y Obfervancias del Reyno de Aragon. *Caragoça* 1624. 5—1

1464　Actos del Cortés de Reino de Aragon. *Cafarau-gufta* 1554. 1—10

1465　{ Tomus primus Decifionum Regiæ Audientiæ caufarum civilium Regni Aragonum, per Mart. Monter à Cueva. *Cafaraug.* 1601.
Jof. Cumiæ repetitio de Succeffione Feudalium. *Panormi* 1609. 2:

1466　Jof. de Sefe Tractatus Inhibitionum & Magiftratûs Juftitiæ Aragonum. *Barcinone* 1608. 2:

1467　Ordinaciones, Pragmatica y Edictos reales del Valle de Aram, recopilados por Fr. de Gracia. *Huefca* 1617. 1—10

1468　Conftitucions de Catalunia, defpues 1481. hafta 1585. *mar.* 4:

1469   Conſtitucions y altres Drets de Cathalunya.
Barcelona 1588. 6 tt

1470   Th. Mieres apparatus ſuper Conſtitutionibus
Curiarum generalium Cathaloniæ. Barcinone
1621. 2. tom. in 1. vol. ſ:

1471   Deciſiones Senatus Cathaloniæ, per Jo. Pet.
Fontanellam : tomus primus. Barcinone 1639. 3:

1472   Deciſiones Cancellarii & Senatus Cataloniæ,
ſive praxis contentionum judicialium & compe-
tentiarum Regnorum Coronæ Aragonum, per
Mich. de Cortiada. Lugd. 1677. 2. tom. in 1. vol. 2.

1473   Libre de Conſolat dels fets maritims. Barcelona 1645. 2:

1474   De Tertiis debitis Regibus Hiſpaniæ ex fructibus & rebus omnibus quæ decimantur, auctore
Jo. del Caſtillo Soto Mayor. Matriti 1634. 3:

1475   De regia protectione vi oppreſſorum appellan-
tium à cauſis & Judicibus eccleſiaſticis, auctore
Fr. Salgado de Somoza. Lugd. 1647.

1476 { Lud. de Molina de Hiſpanorum primoge-
niorum origine ac natura. Lugd. 1588.
Joannis Petri Ferrarii aurea praxis variæ
formæ Libellorum. ſ tt

1477   Collectio tractatuum juridicorum vel politico-
rum lingua Hiſpanica ad regimen & politiam Regnorum Hiſpaniæ pertinentium, qui ſimul com-
pacti ſunt & quorum hæc eſt exterior inſcriptio:
Materias de Govierno de Eſpaña. 3. vol. mar.

1478   Faſciculus quatuordecim opuſculorum ejuſdem
argumenti, etiam Hiſpanicorum. 37 — ſ

Memorial de Juan Alonſo Calderón repre-
ſentando ſus ſervicios perſonales. Madrid
1651.

1479 { Memorial de la Igleſia Catedral de la Puebla
de los Angeles en la Nueva Eſpaña, ſobre re-
ſtituirla los Armas reales de Caſtilla, Leon,
Aragon y Navarra que puſo en la Capilla mayor
de ſu Igleſia, de que ha ſido deſpojada injuſta-
mẽte; por el miſmo Calderon.

1480   Memorial del pleyto de tenuta que trata en el

Confejo el Duque de Medina de las Torres con el Marques de Leganes, y el Marques de Morata fu hijo. 2:

1481 Thefaurus Indicus, feu generalis inftructor pro regimine confcientiæ in iis quæ ad Indias fpectant, auctore Didaco de Avandaño. *Antuerp.* 1668. *mar.* 38—10

1482 Collectio tractatuum fimul compactorum, quorum infcriptio hæc eft : Materias de Govierno de las Indias. 2. *vol. mar.*

1483 Ordenanzas varias del Confejo de las Indias. 80:

1484 Ordenações. *Lifboa* 1521. 8:

1485 Ordenações o Leys do Reyno de Portugal confirmadas e eftablecidas per D. Juam IV. *Lifboa* 1643. 6—14

1486 Repertorio de Ordinaçoens do Reyno de Portugal, novamente recopiladas per Manoel Mendez de Caftro. *Coimbra* 1661. 4—15

1487 Regimento & Ordinaçoes de Fazenda. *Lifboa* 1548. 3—15

1488 Regimento dos Encabeçamentos das Sizas defte Reyno. *Lifboa* 1674. 1:

1489 Foral real da Alfandega da Cidade de Lisboa. *Lifboa* 1674. *mar.* 8—19

1490 Regimento que Su Mageftade manda que aja na feytoria do Linhocanhamo da Cidade de Coimbra. *Lifboa* 1659.

1491 Regimento dos Contos. *Lifboa* 1669.

1492 Regimento da Junta do Comercio geral do Eftado do Brafil. *Lifboa* 1673. 11—10

1493 Decifiones fupremi Senatus Portugalliæ, collectæ per Gabriel. Pereira da Caftro. *Ulyfipone* 1621. 3:

1494 Prima & fecunda pars Practicæ Lufitanæ, auctore Emmanuele Mendes de Caftro. *Ulyfippone* 1641. 1:

Jus Anglicum.

1495 Statutorum Angliæ Collectio, ab Henrico III. ad annum primum Henrici VIII. Anglicè. *Lond.* 1543. 10—1

1496 Collectio Statutorum, complectens Acta integra quæ prius fuerant publicata diversis temporibus ad annum 16. Regis Jacobi I. Anglicè. *Lond.* 1618. 2. *vol.* 9:

1497 Statutorum Collectio, quorum usus frequentior, cum notis marginal. Ferdinandi Pulton : Anglicè. *Lond.* 1640. 3:

1498 Collectio Actorum & Decretorum generalium in Parlamentis editorum, ab anno 1640. ad 1656. cum notis marginal. in supplementum Collectionis Pultonianæ, per Henr. Scobell : Anglicè. *Lond.* 1658. 2:

1499 Institutiones Legum Angliæ, seu comm. Edwardi Coke in Littletonum : Anglicè. *Lond.* 1639. 3. *vol.* 6 *tt*

1500 Regiam Majestatem Scotiæ, seu veteres Leges & Constitutiones ex Archivis publicis & antiquis Monumentis collectæ, cum notis, per Jo. Skenæum. *Lond.* 1613. 14-1

1501 { Leges & Acta Parlamenti Scotiæ, à Jacobo I. Scoticè. *Edimburgi* 1597.
      Series Regum Scotiæ : Scoticè.
      Jo. Skenæus de verborum significatione : Scoticè. *Edimburgi* 1599. 2 *tt*

1502 Statuta Regni Hiberniæ, ab Edwardo ad Jacobum I. Anglicè. *Dublinii* 1621. 2 *tt*

Jus Belgicum.

1503 Ordinationes, Statuta, Edicta, &c. Comitum Flandriæ ad Carolum V. Belgicè. *Gandavi* 1559. 9-19

1504 Eorumdem alia collectio : Belgicè. *Gandavi* 1629. 3 *tt*

1505 Alia. *Gandavi* 1639. 3 *tt*

1506 Ant. Anselmo comment. ad Edictum perpetuum Alberti & Isabellæ anni 1611. *Antuerp.* 1656. *mar.* 6 *tt*

1507 Les Coutumes & Loix des Villes & des Châtellenies du Comté de Flandres, en Flamand & Franç. avec les notes de Laurent vanden Hane, trad. du Latin & du Flamand ; & des observations:

par M. le Grand. *ambray* 1719. 3. *vol.*

1508   Paulus Chriftinæus in Leges municipales Civitatis & Provinciæ Mechlinienfis. *Antuerp.* 1642.

1509   Ejufd. Decifiones quæftionum practicarum, rerumque in fupremis Belgarum Curiis actarum & obfervatarum. *Antuerp.* 1636. 6. *tom. in* 4. *vol.* 12.

1510   Joannis Deckeri Differtationes & Decifiones Juris in Confiliis Belgii. *Brux.* 1631.

1511   Decifiones Curiæ Brabantiæ, per Pet. Stockmans. *Brux.* 1670. *mar.* 4—1

1512   Refponfa five Confilia Juris, Henr. Kinfchotii : accedunt ejufdem de Refcriptis Gratiæ à fupremo Brabantiæ Senatu nomine Ducis concedi folitis tractatus VII. *Brux.* 1653.

1513   Confuetudines Bruxellenfes, Lat. & Gallicè, cum comment. J. B. Chriftinæi. *Brux.* 1689. 3.

1514   Collectio magna Ordinationum, Edictorum & Statutorum Provinciarum Belgii Confœderati, per Cornel. Caus : Belgicè. *Hagæcom.* 1658. & 64. 4. *vol.* C. M. *mar.* 180—1

1515   .Privilegia & Confuetudines Urbis Amfterodamenfis : Belgicè. *Amft.* 1663. *mar.* 5 tt

1516   Car. de Mean ad Jus Civile Leodienfium obfervationes & res judicatæ. *Leodii* 1654. 56. 60. & 64. 4. *vol.* 10 tt

Jus Germanicum.

1517 {
Conftitutiones Imperiales, collectæ & editæ per Melchiorem Goldaftum Haiminsfeldium. *Francof.* 1615.

Ejufdem Collectio Confuetudinum & Legum Imperialium. *Francof.* 1613. 3. *tom. in* 1. *vol.* 12 tt
}

1518   Aurea Bulla Caroli IV. *Mogunt.* 1548. 10 f

1519   Conftitutiones Caroli V. de capitalibus Judiciis, & de Pace publica; Latinè cum comm. Juftini Gobleri : cujus accedit explanatio in L. Refpiciendum ff. de pœnis. *Bafil.* 1543.

1520   Phil. Knipfchildt de juribus & privilegiis Civitatum Imperialium. *Ulma Suevorum* 1657. 3.

1521   Davidis Mevii comm. in Jus Lubecenfe. *Francof.* 1664. 3.

1522 { Speculum Juris Saxonici : Germanicè. *Lipfia* 1535.
   Edictum Caroli V. Imp. in rebus criminalibus : Germanicè. *Meyntz.* 1533. 2-5

1523   Statuta Pragenfia : Bohemicè. 1594.

1524   Jus Provinciale Ducatûs Prufliæ , publicatum anno 1620. *Roftochii* 1623. 10-5

1525   Leges Regni Sueciæ : Suecicè. *Holmiæ* 1666.

1526   Sueciæ Leges Provinciales & civiles Regis Caroli IX. Lat. per Jo. Loccenium ; cum proceffu judiciali. *Holmiæ* 1672. 4tt

1527   Statuta & Conftitutiones Poloniæ : Polonicè & Lat. *Cracoviæ* 1600. 4-1

1528   Statuta Regni Poloniæ in ordinem alphabeti digefta, per Jo. Herburtum de Fulftin. *Dantifci* 1620. 7-5

1529   Proceffus judiciarius Regni Poloniæ, per Theodorum Zawackum. *Varfavia* 1637. 6-5

1530   Tripartitum opus Decretorum, Conftitutionum & Articulorum Regni Ungariæ. *Vienna Auftria* 1628. *mar.* 8tt

HISTORIA, *in folio.*

GEOGRAPHI.

1531 CL. Ptolemæi Cofmographia , Lat. Jac. Angelo interprete ; cum tabulis. *Bononiæ, anno* 1462. 23. *die Junii.* [*Editio anterior Bibliis Moguntinis.*] 61—5

1532 Claudii Ptolemæi Cofmographia, Lat. Jacobo Angelo interpr. fine tabulis. *Vicentiæ* 1475. 5

1533 { Cl. Ptolemæi Cofmographia, Lat. ex verfione Donis Nic. Germani ; cum tabulis. *Vlmæ* 1482. De locis ac mirabilibus Mundi. 8—5

1534 { Cl. Ptolemei Cofmographia , Lat. cum tabulis. *Romæ* 1490. De locis ac mirabilibus Mundi. 5—12

1535 Idem Ptolemæus, Lat. cum tractatu de locis & mirab. Mundi. *Romæ* 1507. 5

1536 Idem Ptolemæus, Lat. cum tabulis. *Venet.* 1511.

1537 Idem Ptolemæus , Lat. cum tabulis. *Argent.* 1522. 3—6

1538 Idem Ptolemæus , Lat. ex verfione Bilibaldi Pirckeymheri; cum tabulis. *Argent.* 1525.

1539 Idem, Lat. eod. interprete. *Lugd.* 1535. 3—3

1540 Idem, Lat. eod. interprete. *Lugd.* 1541.

1541 Idem, Gr. Lat. per Gerardum Mercatorem & Petrum Montanum; cum tabulis : accedunt Abr. Ortelii Parergon five veteris Geographiæ aliquot tabulæ , & Nomenclator Ptolemaïcus. *Amft.* 1605. 11—19

1542 Theatrum Geographiæ veteris Petri Bertii , in quo Ptolemæi Geographia Gr. Lat. cum tabulis & annot. Gerardi Mercatoris; Itineraria aliquot; Tabulæ Peutingerianæ; & Abrahami Ortelii Parergon, five tabulæ aliquot. *Amft.* 1618. C. M. 60

1543 Strasbonis Geographia , Gr. Lat. interprete

Guill. Xylandro ; cum comm. Isaaci Casauboni. *Par.* 1620. *12–1*

1544 Eadem , Lat. interprete Conrado Heresbachio. *Baf.* 1523. *1 ᵗᵗ*

1545 C. Julii Solini Polyhistor ; L. Florus de Roma-norum Rebus ; & Tabula Cebetis , cum comm. Jo. Camertis : & Pomponius Mela de situ Orbis, cum comm. Joachimi Vadiani. *Basil.* 1557.

1546 Julius Solinus de situ & memorabilibus Orbis. *Venet.* 1473. *4 ᵗᵗ ret.*

1547 C. Julii Solini Polyhistor , & in eum Plinianæ exercitationes Cl. Salmasii. *Par.* 1629. 2. *vol.* C. M. *8 ᵗᵗ ret*

1548 Novum Orbis terrarum Schema in plano sic descriptum ut graduum tum circa polos dilatatio, tum circa æquatorem coarctatio excludatur , per Daniel. Angelocratorem.

1549 Sette giornate della Geographia, di Francesco Berlingheri , con tavole. *Antica edizione.* ſ–12

1550 Dominici Marii Nigri Geographia : accedunt Laurentii Corvini Geographia ; & Strabonis epi-tome , per Hier. Gemusæum. *Basil.* 1557.

1551 ⎰ Le grand Atlas , ou Cosmographie Blavia-ne , enrichie de cartes & figures enluminées. *Amsterd. Blaeu,* 1663. *& suiv.* 12. *vol. in fol. majori.*

Atlas Maritime, avec les cartes & les figu-res enluminées. *Amsterd. Janſſon,* 1650. *in fol. majori.* 1051:

Atlas Cœlestis And. Cellarii ; cum figuris de-pictis. *Amstelod. Janſſon.* 1661. *in fol. majori.*

1552 Atlas Historique , par M. Gueudeville : avec figures. *Amst.* 1721. 7. *vol.* 167–10

1553 Recueil des Cartes generales & particulieres de Nicolas Sanson ; avec les Tables & les Divisions geographiques. *In fol. majori* 9. *vol.* 130 ᵗᵗ

1554 Atlas nouveau, Tables & Cartes geographiq. du même Sanson. *Paris* 1681. *in fol. majori. mar.* 48:

⎰ Tableaux methodiques de la Geographie royale, par Ph. Labbe. *Par.* 1646.

1555 { Ejufdem Labbei Geographia ecclefiaftica , &
       brevis & accurata Hiftoria Synodorum, Con-
       ciliorumque Galliæ. *Ibid.*

1556   Hercules Siculus, five Studium Geographicum,
       cum tabulis, auctore J. B. Nicolofio. *Roma* 1670.
       2. *tom. in* 1. *vol. mar.* 16–5

1557   Cofmographia univerfalis Seb. Munfteri. *Baf.*
       1550. 1.

1558   Cofmographie univerfelle d'AndréThevet. *Par.*
       1575. 2. *vol.* 4.

1559   Cofmographie univerfelle de Fr. Belleforeft.
       Par. 1575. 2. *vol.* 3.

1560   Speculum Orbis terræ, per Jo. Natalium Me-
       tellum. *Urfellis* 1602. 2.

1561   Fafciculus geographicus five tabularum geo-
       grap. *Colon.* 1608.

1562   Le Monde ou la defcription generale de fes
       parties, par P. Davity; augmentée par J. B. de Ro-
       coles. *Par.* 1660. 7. *vol. G. P. mar.* 60–13

1563   Archontologia Cofmica J. Lud. Gotofredi; cum
       figuris Meriani. *Francof.* 1649. 2. *vol.* 20.

1564   Petri Heylin Cofmographia ; Anglicè: cum ta-
       bulis. *Lond.* 1677. 4.

1565   Civitates Orbis terrarum , defcriptæ per Geor-
       gium Braun ; cum tabulis. *Col.* 1612. 6. *tom. in*
       2. *vol. C. M.* 27.

1566   Ifolario di Benedetto Bordone ; con tavole. *Ve-*
       net. 1547. *mar.*

1567   L'Ifole più famofe del Mondo , da Thomafo
       Porcacchi ; con tavole. *Venet.* 1576. 6 th

1568   Theatre geographique de l'Europe , par Ph.
       Briet; avec des cartes. *Par.* 1653. 1–14

1569   Gabr. Richardfon ftatus feu defcriptio Euro-
       pæ : Anglicè. *Oxon.* 1627.

1570   Pauli Merulæ Cofmographia, præfertim Hifpa-
       niæ, Galliæ, Italiæ ; cum tabulis depictis. *Amft.*
       1621. 4–6

1571   Stephanus de Urbibus, Gr. *Venet. Aldus,* 1502.

1572   Idem, Gr. *Bafil.* 1568. 10

1573   Idem, Gr. Lat. cum obfervationibus Thomæ

de Pinedo. *Amst.* 1678. *mar.* 14 ++

1574　Lucæ Holstenii notæ & castigationes in Stephanum Byzantium de Urbibus : accedunt Fr. Guieti
notæ in eumdem Stephanum ; Scymnichii Fragmenta, &c. Gr. Lat. & Theodori Ryckii Dissertatio de primis Italiæ colonis, & Æneæ adventu,
& de Gigantibus. *Lugd. Bat.* 1684. 12-5

1575　Abrahami Ortelii Thesaurus Geographicus.
Antuerp. 1596.

1576　Lexicon Geographicum Phil. Ferrarii : accedunt ejusdem tabulæ longitudinis & latitudinis.
Lond. 1657.

1577　Ejusdem Ferrarii Lexicon Geographicum, emendatum & auctum à Mich. Ant. Baudrando. *Par.*
1670. *mar.* 12-10. *C.*

1578　Ejusdem Baudrandi Geographia litterarum ordine disposita. *Par.* 1682. 2. *vol. C. M.* 22-15　*B.*

CHRONOLOGI.

1579　Ægidii Bucherii comm. de doctrina Temporum in Victorium Aquitanum & alios Canonum
Paschalium Scriptores. *Antuerp.* 1634. *mar.* 4-10

1580　Paulina de recta Paschæ celebratione, & de die
Passionis Christi ; auctore Paulo de Middelburgo
Episc. Forosemproniensi. *Forosempr.* 1513. *exem-
plar elegans.* 32 ++

1581　Josephus Scaliger de emendatione Temporum.
Geneva 1629. 6.

1582　Explicatio Calendarii Romani à Gregorio XIII.
restituti , per Christophorum Clavium. *Roma*
1603.

1583　Calendarium Romanum novum, & Astronomia Aquicinctina , auctore J. Despieres. *Duaci*
1657. 2-15

1584　L'Atlas des Temps , par Jean Louis d'Amiens
Capucin. *Amiens, & Par.* 1683. 2-5

1585　Dionysii Petavii opus de doctrina Temporum.
Par. 1637. 2. *vol. C. M. mar.*

1586   Uranologion, five Syftema variorum Auctorum qui de Sphæra ac Syderibus, eorumque motibus commentati funt, Gr. Lat. per Dion. Petavium : cujus accedunt variæ Diſſertationes ad Uranologium, five auctuarium operis de doctrina Temporum. *Par.* 1630. C. M. *mar.* 124

1587   J. B. Riccioli Chronologia reformata. *Bonon.* 1669. 3. *tom. in* 1. *vol. mar.*   25.

1588   Chronica univerfal hafta Ozias Rey de Juda 777. años antes de Chrifto, por Alonſo Maldonado. *Madrid* 1624.

1589   Chronicus Canon Ægyptiacus, Hebraïcus, Græcus, & Difquifitiones J. Marshami à diluvio ad finem tranfmigrationis. *Lond.* 1672. *mar* 40

1590   Clemens Schubertus de fcrupulis Chronologorum, ad Alexandrum Magnum. *Argent.* 1575.

1591   Edwardi Simfonii Chronicon catholicum, ad everfionem Jerufalem. *Oxon.* 1652.

1592   Thefaurus Temporum, complectens Eufebii Pamphili Chronicon à creatione ad annum Chrifti 327. Gr. Lat. & Auctores derelicta ab Eufebio continuantes ; ex editione & cum animadv. & notis Jofephi Scaligeri. *Lug. B.* 1606. 4

1593   Ejufdem Thefauri Temporum editio altera auctior. *Amft.* 1658. 9.

1594   Eufebii Pamphili, S. Hieronymi, & S. Profperi Chronica ab Abraham ad annum Chrifti 449. (quorum illud Eufebii Latinè tantùm ex S. Hieronymi verfione ;) cum notis Arnoldi Pontaci Epifc. Vazatenfis. *Burdigalæ* 1604.

1595   Eufebii Pamphili & aliorum Chronica, ad annum 1549. Lat. *Baf.* 1549.

1596   Jo. Temporarii Demonftrationes Chronologicæ, à creatione ad annum Chrifti 800. *Rupellæ* 1600.

    Pantheon five univerfitatis libri chronici à creatione ad annum Chrifti 1186. per varios Auctores ; ex editione Gotfridi Viterbienfis. *Baf.* 1559.

    Mariani Scoti Chronicon, cum appendice

1596* { Dodechini Abbatis à creatione ad annum
Chrifti 1200. accedit Martini Poloni Chronicon, cum appendice à creatione Mundi ad
annum Chrifti 1320. *Baf.* 1559.

Chriftop. Milæus de fcribenda univerfita-
tis rerum Hiftoria. *Baf.* 1551. ſ:

1597 Chronicon Abbatis Urfpergenfis, à Nino ad ad-
num Chrifti 1230. cum continuatione ad 1538.
Arg. 1538.

1598 Martini Poloni Archiep. Confentini Chronicon Summorum Pontificum & Imperatorum, ad
1268. *Col.* 1616. 2ᵗᵗ

1599 Erhardi Ratdolt Fafciculus Temporum à creatione ad annum Chrifti 1481. *Venet.* 1484.

1600 Chronicon Jo. Carionis à creatione ad annum
Chrifti 1519. *Witeb.* 1572.

{ Catalogus annorum & Principum fiveMonar-
narcharum Mundi, à creatione ad annum Chrifti 1550. per Valerium Anfelmum Ryd. *Bernæ* 1550.

1601 { Temporum à condito Mundo ufque ad ul-
timam ipfius ætatem, annor. 1558. Supputatio
exactior; auctore Theodoro Bibliandro. *Baf.*
1558. 2-3

1602 Bibliotheque hiftoriale, depuis la creation jufqu'à l'an de J. C. 1560. par Nic. Vignier. *Par.*
1587. & 1650. 4. *vol. G. P.* 26:

1603 Chronologia, feu Temporum Demonftratio
exactiffima ab initio Mundi ad an. Domini 1568.
per Gerardum Mercatorem. *Col.* 1569.

1604 Chronologia, feu Temporum & Regnorum
feries, ab initio Mundi ad annum Chrifti 1578.
auctore Jo. Funccio. *Witeb.* 1578.

1605 Chronologia univerfalis omnium rerum memorabilium ab initio Mundi ad an. Chrifti 1585.
auctore Sebaft. Franc. Werdenfi, feu van Word;
edita per Calonium Ghonneirum. 1585.

1606 Chronologia catholica ab initio Mundi ad annum Chrifti 1590. per H. Buntingum. *Magdeburgi* 1608. ſ-12

1607 Ratio temporum & rerum totius Orbis memorabilium ab initio Mundi ad annum Christi 1606.
auctore Daniele Angelocratore. *Heidelb.* 1611.

1608 Chronographia Gilberti Genebrardi ab initio
Mundi ad annum Christi 1609. accedit ejusdem
Chronologia Hebræorum major quæ Seder Olam
Rabba. *Lugd.* 1609. 8—11

1609 Opus chronographicum Orbis universi à Mundi exordio ad annum Christi 1611. auctoribus P.
Opmeero, & Laur. Beyerlinck. *Antuerp.* 1611.

1610 Jac. Gordoni opus chronologicum ab initio
Mundi ad an. Christi 1613. *Col.* 1614. *& Augu-
storiti Pictonum* 1613. 2. *vol.*

1611 Sethi Calvisii opus chronologicum à creatione
Mundi ad annum Christi 1619. *Francof.* 1650.

1612 Opus chronologicum Ubbonis Emmii ad 1619.
Groningæ 1619. 4—1

1612* Christop. Helvici Theatrum Historicum, sive
Chronologiæ Systema novum, à creatione ad annum Christi 1665. *Francof.* 1666. *mar.* 3—17

1613 Anales chronologicos, desde el principio del
Mundo hasta el año 1630. por Martin Carrillo.
Zaragoza 1634. 3—5

1614 Table chronographique de l'estat du Christia-
nisme, depuis la Naissance de J. C. jusqu'à 1651.
par Jacques Gaultier. *Lyon* 1651. 3—5

8—19 1615 La même, jusqu'en l'an 1672. *Lyon* 1673. *mar.*

1616 Theatrum historico-politicum à creatione ad
1660. auctore Conrado Theodoro Linckers. *Marpurgi* 1664. *mar.* 2—12

1617 Phil. Labbei Concordia Chronologica technica
& historica ad ann. 1666. *Par. è Typ. Regia,* 1670.
5. *vol. mar.* 150 lt

1618 Chaisne Historique, ou l'Histoire sacrée & pro-
fane en Tables, depuis la creation jusqu'à 1666.
par Ignace Poindreux. *Par.* 1668. G. P. *mar.* 10-2

GENEALOGIÆ.

1619 Reineri Reineccii Syntagma de Familiis quæ in Monarchiis tribus prioribus rerum potitæ sunt; necnon de Familiis duorum Ægypti Regnorum. *Baf.* 1574. 14

1620 Ejufdem Hiftoria Julia, five Syntagma heroïcum, pars prima continens Monarchiam primam & Regna 53. *Helmæftadii* 1594. 4—1

1621 Hier. Henninges Theatrum Genealogicum, oftentans omnes omnium ætatum Familias Monarcharum, Regum, &c. *Magdeburgi* 1598. 5. *vol. mar.* 201—1

1622 Nic. Rittershufii Genealogiæ Imperatorum, Regum, &c. Orbis Chriftiani, ab anno 1400. ad 1658. *Tubingæ* 1658. 10

1623 Phil. Jac. Speneri Theatrum Nobilitatis Europeæ : pars prima & fecunda. *Francof.* 1668. *mar.*

1624 Ejufdem pars tertia. *Francof.* 1673. *bl.* 12

1625 Compendi hiftorici del Conte Alfonfo Lofchi. *Venet.* 1652. 3—10

1626 Delle Corone de' Prencipi Chriftiani, da Michel Lonigo. *Roma* 1601.

1627 Ant. Albizii Principum Chriftianorum Stemmata. *Aug. Vind.* 1612.

1628 Jo. Herold Genealogiæ Principum Franciæ, Germaniæ, & aliorum. *Baf.* 1556.

1628* Guill. Imhoff Genealogiæ Procerum Italiæ, Germaniæ, Galliæ, Hifpaniæ, &c. 6. *vol.* 14

HISTORICI UNIVERSALES.

1629 Reineri Reineccii Methodus legendi cognofcendique Hiftoriam facram & prophanam : accedunt alia ejufdem argumenti. *Helmæftadii* 1583. 1

1630 Athanafii Kircheri Arca Noë, feu de rebus ante Diluvium, ipfo durante, & poftea geftis. *Amft.* 1675. *figur. mar. beau* 24

1631   Hug. Robinfon Annales mundi à creatione ad everfionem Jerufalem à Nabuchodonofor. *Lond.* 1677. *mar.* 6-5

1632   Anales del Mundo desde la creacion hafta Chrifto, por Carlos Martel. *C aragoça* 1662. *f.*

1633   Antiquitatum variarum volumina feu libri XVII. ex variis vetuftis Scriptoribus in unum collectis, Philone, Berofo, Manethone &c. editore cum comment. Jo. Annio Viterbienfi. *Par.* 1515. 2.

1634   { Wolfgangus Lazius de Gentium aliquot migrationibus &c. *Francof.* 1600.
    Ejufd. hiftoricæ commemorationes Rerum Græcarum. *Hanovia* 1605. 4:

1635   { Freculphi Epifc. Lexovienfis Chronica à creatione ad Bonifacium III. *Col.* 1539. 2-6
    Witichindi Saxonis Hiftoriæ: accedunt varia Chronica de Rebus Germanicis. *Bafil.* 1532.

1636   Ottonis Frifingenfis Epifp. Chronicon à creatione ad 1152. accedunt idem Otto, necnon Radevicus, & Guntherus de Friderico I. Ænobarbo; & Chronicon Alberti Argentinenfis à Rudolpho I. Habfpurgio ad 1349. *Bafil.* 1569. 4-19

1637   Vincentii Bellovacenfis Speculum Hiftoriale à creatione ad 1444. *Editio anni* 1474. 3. *vol.* 30.

1638   { Oratio de Hiftoria ejufque dignitate, Reineri Reineccii. *Francof.* 1580.
    Cofmodromium feu Chronicon univerfale à creatione ad 1418. auctore Gobelino Perfona. *Francof.* 1599.
    Vita Viperti Marchionis Lufatiæ, per Monachum Pegavienfem: accedunt Jo. Garzonius de bellis Friderici Magni, feu Res Saxonicæ; & Vita Adolfi II. Comitis Nordalbingiæ, Holfatorum, & Stormariorum. *Francof.* 1580. 2.

1639   S. Antonini Archiep. Florentini Chronicorum opus à creatione ad 1459. *Lugd. apud Juntas* 1586. 3. *vol. mar.* 32-10

1640   Liber Chronicarum de Hiftoriis ætatum mundi à creatione ad 1493. per Hartmannum Schedel. *Nuremb.* 1493. *C. M. figur. exemplar hetero-mallo coopertum.* *V.* 10.

1641 La Mer des Histoires depuis la creation jusqu'à l'an 1498. *Par. Verard,* 2. *vol. impr. sur velin, avec miniatures. mar.* 14 ƚ

1642 La même, avec des additions jusqu'en 1535. *Par.* 1536. 2. *tom. en* 1. *vol.* 18 ƚ

1643 Chronique Martiniane, (ou de Martin Polonois) depuis la ruine de Troyes , avec les additions de Verneron Chanoine de Liege , Castel , Gaguin, & autres Chroniqueurs, jusqu'en 1503. le tout translaté du Latin, par Seb. de Mamerot. *Paris, Verard. G. P.* 31.

1644 Chronica Joannis Naucleri ab initio mundi ad 1500. *Col.* 1579. 2-14

1645 M. A. Coccii Sabellici opera historica ad 1503. continuata ad 1560. *Baf.* 1560. 4. *vol.* 6 ƚ

1646 { Joannis Laziardi epitome Historiæ universalis ad annum 1503. continuata ad annum 1520. per Hubertum Velleium. *Par.* 1521. De claris Mulieribus, Plutarchus Lat. versus, & Jacobus Philippus (Forestus) Bergomensis. *Par. Colinæus,* 1521. 13-19

1647 Joan. Trithemii opera historica. *Francof.* 1601. 5-10

1648 Chronicon Rerum gestarum ad an. 1545. Germanicè. *Tiguri* 1548. 2. *vol. C. M. mar.* 16.

1649 Pauli Jovii Historia sui temporis à 1494. ad 1547. *Par. Vascosan.* 1553. 2. *tom. in* 1, *vol.* 12-15

1650 Chronica di Marco Guazzo dal principio del mondo fin à 1553. *Venet.* 1553.

1651 Oeuvres de Jean Sleïdan qui concernét les Histoires qu'il a écrites , trad. du Latin. *Geneve,* Crespin, 1566. 3 ƚ

1652 Istoria de' suoi tempi, di Giovam Batista Adriani, da 1536. fin à 1574. *Firenze, Giunti,* 1583. 13-10

1653 Natalis Comitis Hist. universa sui temporis ab anno 1545. ad 1581. *Arg.* 1612.

1654 Jo. Wolfii Lectiones memorabiles & reconditæ à Christo ad 1600. *Lavinga* 1600. 2. *vol. figur.* 28-19

1655   Julii Cæsaris Bulengeri Historiæ sui temporis
à 1560. ad 1612. *Lugd.* 1619.

1656   Jo. Phil. Abelini Theatrum Europæum ab anno 1618. ad 1638. Germanicè ; cum figuris Meriani. *Francof.* 1635. 37. & 39. 3. *vol.* 28—10

1657   Jo. de Parival Historia hujus sæculi ferrei, ab
anno 1500. ad 1659. è Gallico Anglicè versa,
per B. Harris. *Lond.* 1659. 2:

1658   Historia Orbis maritimi sive rerum in mari &
littoribus gestarum ; auctore Cl. Bart. Morisoto,
Divione 1643. 2:

HISTORIA MISCELLANEA.

1659   Jo. Goropii Becani opera. *Antuerp. Plantin.*
1569. & 80. 2. *vol. mar.* 15tt

1660   Prosopographie des Hommes illustres, par Ant.
du Verdier de Vauprivas. *Lyon* 1605. 3. *vol.* 18-19

1661   Pourtraits & Vies des Hommes illustres, par
And. Thevet. *Par.* 1584. *figur.* G. P. 30:

1662 { Vitæ & Elogia illustrium Virorum, per Paulum Jovium. *Bas.* 1578. 10:
Ejusdem descriptiones regionum, insularum, locorum, &c. *Ibidem*, 4. tom. in 3. vol.

1663   Elogia Virorum quorum imagines in Musæo
Joviano spectantur. *Venet.* 1546. 3:

1664   Imagines Imperatorum, Regum, &c. qui cum
imperio bellorum duces fuerunt, aut in iisdem
præfecturis laudabiliter functi sunt ; per Jac.
Schrenckhium. *Oeniponti* 1601. 25—5

1665 { Auctores de claris Mulieribus. *Par. Coli-
næus,* 1521.
Valerii Flacci Argonautica, cum comm.
Joan. Pii. *Bonon.* 1519. 18tt

1666   Jac. Phil. (Forestus) Bergomensis de claris Mulieribus. *Ferrariæ* 1497. 12—15

2—7 1667   Jo. Boccatius de claris Mulieribus. *Bernæ* 1539

1668   Baptistæ Fulgosii collectanea de dictis, facti-
que memorabilibus, à Camillo Gilino Latina ia-
cta. *Mediol.* 1509. 8—19

1669 Synthema vetustatis, seu Flores Historiarum per ordinem dierum anni , ab Orbe condito ad annum 1667. auctore Nic. Angelo Caferrio. *Romæ* 1667. *mar.* 9 ^{tt}

1670 Dictionarium historicum, geographicum, poëticum Caroli Stephani ; auctum à Nic. Lloydio. *Oxon.* 1671. *mar.* 21–13

1671 Jo. Jac. Hofmanni Lexicon universale historico-geographico-chronologico - poëtico - philologicum. *Baf.* 1677. 2. *vol. mar.* 26–5

1672 Ejusdem Hofmanni Lexicon historicum. *Lugd. Bat.* 1698. 4. *vol.* 80–5

1673 Grand Dictionnaire historique de Louis Moreri. *Lyon* 1674. *mar.* 14–1

1674 Le même : quatriéme edit. *Lyon* 1687. 2. *vol.* 15 ^{tt}

1675 Le même : cinquiéme edit. *Lyon* 1688. 3. *vol.* 18 ^{tt}

1675* Le même : derniere edition. *Paris* 1724. 7. *vol.* G. P. 324–19

1676 Dictionnaire historique & critique, par Pierre Bayle : seconde édition. *Rotterdam* 1702. 3. *vol.* 90 ^{tt}

HISTORIA ECCLESIASTICA.

Historia Ecclesiastica generalis, tàm Vet. quam N. Testamenti.

1676* Car. à S. Paulo Geographia sacra, & Notitia antiqua Episcopatuum Ecclesiæ universæ : accedunt variæ Notitiæ antiquæ tam Græcæ quàm Latinæ. *Par.* 1641. *pro. a 4.*

1677 Orbis Christianus , opus à Sammarthanis edendum. *Par.* 1664. *broch. de 2. feuil. de peu de valeur*

1678 Jac. Usserii Annales Veteris Testamenti à prima mundi origine ad eversionem Jerusalem. *Lond.* 1650. 2. *vol. mar.* 50 ^{tt}

1679 H. Pantaleonis Chronographia christianæ Ecclesiæ ad 1561. accedunt Nicephori Arch. CP. Chronologia secundum Græcorum rationem, Lat. per Joach. Camerarium ; & ejusdem Camerarii narratio de Synodo Nicæna. *Basil.* 1561.

K

1680 Flavii Josephi opera, Gr. *Baf.* 1544. *mar.* 6—

1681 Eadem, Gr. Lat. interprete Sigifmundo Gelenio. *Geneva* 1611. *mar.* 15-10

1682 Flavii Josephi Antiquitates Judaïcæ, & Bellum Judaïcum, Lat. *Editio vetuftiffima abfque anno,* C M. *mar.* 50-2

1683 Idem Josephus, Lat. *Augufta* 1470. 62

1684 Oeuvres de Joseph, trad. par Rob. Arnauld d'Andilly. *Par. le Petit,* 1667. & 68 2. vol. *mar.*48.c

1685 Antiguedades Judaycas, Martyrio de los Machabeos, y vida de Flavio Josepho. traduc. en Efpañol. *Anvers* 1554. 20:

1686 Joseph ben Gorion Hift. Judaïca à captivitate Babylonica ad Neronem ; Hebr. Lat. cum notis Seb. Munfteri. *Baf.* 1541. 2:

1687 Fioritti extratti de la Biblia, dalla creatione fin alla natività di Chrifto. 1473. 2:

1687* Hift. de l'Ancien Teftament, par Rob. Arnauld d'Andilly. *Par. le Petit,* 1675. *mar.*14-19

1688 Aug. Tornielli Annales facri ab orbe condito ad paffionem Chrifti. *Antuerp.* 1620. 2. *vol.*4:

1689 Jac. Saliani Annales ecclefiaftici Veteris Teftamenti, ab orbe condito ad mortem Chrifti. *Par.* 1611. 6. *vol.* C. M.

1690 Ejufdem epitome Annalium ecclefiafticorum. *Rothom.* 1655. 30: *rare*

1691 Rob. Baillii Opus hiftoricum & chronologicum à creatione Mundi ad mortem Chrifti ; cum diatribis de autocatacrifi Hæreticorum , de Dei fimplicitate, de Prædeftinatione. *Amft.* 1663. 2

1692 Vita Chrifti , per Ludolphum Carthufienfem. *Par.* 1534. 2:

1693 Hiftoire fainte du Nouveau Teftam. par N. Talon. *Par.* 1669. 6:

1694 Rich. Montacutii Origines ecclefiafticæ , cum apparatibus & exercitationibus ecclefiafticis. *Oxon.* 1635. & *Lond.* 1640. 2. *vol.* 18:

1695 Hiftoriæ Ecclefiafticæ Scriptores Græci, Eufebius, Socrates, Theodoretus, Theodorus Lector, Sozomenus, & Evagrius; Gr. *Par. R. Step.* 1544. *mar.* 14:

1696   Iidem, Gr. Lat. per Jo. Christophorsonum. *Geneva* 1612. ſ-ſ

1697   Iidem, Lat. interpretibus variis. *Basil.* 1549.

1698   Eusebii Historia Ecclesiastica. Lat. cum continuatioue Ruffini. *Mantuæ* 1479. 4-1

1699   Eadem Eusebii Historia, Lat. cum continuatione Ruffini ad Arcadium & Honorium : accedunt Cassiodori Historia tripartita ex Theodoreto, Sozomeno, & Socrate ; Nicephori Monachi Historia Ecclesiastica; Victor Vitensis Episcopus de Persecutione Vandalica ; & Theodoriti Historia, Gr. *Basil.* 1535. *mar.* 4-17

1700   Eadem quæ suprà , sed Theodoriti Hist. Lat. per Joach. Camerarium. *Par.* 1541. 6-1

1701   Eadem. *Basil.* 1544. ſ-ſ

1702   Eadem. *Basil.* 1549. 6-12

1703   Eusebii, Socratis, Sozomeni, Theodoreti, Evagrii, Philostorgii, & Theodori Lectoris , Historia Ecclesiastica, Gr. Lat. cum annot. H. Valesii. *Par. Vitray,* 1659. *& le Petit.* 1668. *&* 1673. *mar.* 4-15

1704   Eadem Hist. Ecclesiastica Eusebii & aliorum, Lat. cum annot. ejusdem Valesii. *Par. le Petit,* 1677. 12-10

1705   Histoire Ecclesiastique des 4. premiers siecles, par Fr. Bourgoing. *Geneve* 1560. 2. *vol.* 13:

1706   Nicephori Callisti Hist. Ecclesiastica ad Heraclium, Gr. Lat. per J. Langum. *Par.* 1630. 2. *vol.* C. M. *mar.* 30-4

1707   Progressi della Chiesa Occidentale per sette secoli, da Paolo Britio Vesc. d'Alba. *Torino* 1652.

1708   Histoire de la délivrance de l'Eglise par l'Emp. Constantin, & de la grandeur & souveraineté temporelle donnée à l'Eglise Rom. par les Rois de France, par J. Morin. *Par.* 1630. 15 tt

1709   Hist. de l'Eglise contenant neuf siecles , par Ant Godeau Ev. de Vence. *Par.* 1657. 63. *&* 78. 5. *tom. en* 3. *vol.* G. P. 48 tt

1710   Luitprandi Episcopi Cremonensis opera , cum notis Laurentii Ramirez de Prado. *Antuerp.* 1640. 3-1

1711   Historia christiana veterum Patrum, per varios

K ij

+ le theodoret est tres rare.

4. auctores ; editore Laur. de la Barre. *Par.* 1583.

1712   Ecclesiastica Hist. per Magdeburgenses scripta centuriis tredecim. *Baf.* 1564. 8. *vol. mar.*

1713   Eadem. *Basil.* 1624 3. *vol.* 30 tt

1714   Guillelmi Eysengreinei centenarius primus adversus Magdeburgenses. *Ingolst.* 1566. 4 tt

1715   Cæs. Baronii Card. Annales Ecclesiastici ad annum 1197. adversus Magdeburgenses. *Romæ* 1593. 12. *vol.*

1716   Odorici Raynaldi Continuatio Annalium Ecclesiasticorum Baronii ad annum 1565. *Romæ* 1646. 10. *vol.*

1717   Ejusdem Raynaldi Epitome ab anno 1198. ad 1534. *Romæ* 1667. *mar.* 319 tt B.

1718   Abr. Bzovii Hist. Ecclesiasticæ compendium ex Annalibus Baronii. *Col.* 1617. 2. *vol.* 4-1

1719   Ejusdem Continuatio Annalium Baronii ad 1572. *Antuerp.* 1617. & *Colon.* 1618. & *seqq.* 9. *vol. mar.* 92-10

1720   H. Spondani Annales sacri à creatione ad Christum, epitome Baronii, & ejus continuatio ad annum 1640. *Par. de la Nouë,* 1639. & 41. 6. *vol.* C. M. 32 tt B

1721   Eadem Spondani Continuatio Baronii, cum additione ad an. 1646. *Par.* 1647. 2. *vol.* 4-1

1722   Isaaci Casauboni exercitationes in Baronium usque ad annum 34. *Lond.* 1614. 2 tt

1723   Antibaronius Magenelis, seu animadversiones in Baronii Annales, cum epitome Criticæ Casauboni ; auctore And. Magendeo : accedunt Dav. Blondelli quædam ad Baronium animadvers. *Lugd. B.* 1679. *mar.* 11 tt

1724   Julii Cæsaris Bulengeri diatribæ in Casaubonum. *Lugd.* 1617. 1-10

1725   Richardi Montacutii antidiatribæ ad priorem partem diatribarum Bulengeri. *Ex Officina Hulsiana* 1625. 1-10

1726   Recueil de l'Hist. de l'Eglise, depuis le Baptême de J. C. jusqu'à l'an 1519. par Nic. Vignier. *Leyden* 1601. 4-1

1727 Patricii Symfon Hift. Ecclefiaftica , ad annum 1612. Anglicè. *Lond.* 1634. *5—4*.

1728 Matthiæ Chefneux Ecclefiæ Catholicæ Speculum chronographicum , à creatione ad 1660. *Leodii* 1661. *mar.* *7:*

1729 Hift. Ecclefiaftica de nueftros tiempos , de la converfion de Idolatras y reducion de Hereges ; por Alonfo Fernandez. *Toledo* 1611. *6:*

Hiftoria Summorum Pontificum & Cardinalium.

1730 Bonifacii Symonetæ libri fex de perfecutionibus Chrift. Fidei & Romanorum Pontificum, ad Innocentium VIII. *Baf.* 1509. *6:*

1731 Onuphrii Panvinii epitome Romanorum Pontificum & Cardinalium ad Paulum IV. *Venet.* 1557.

1732 Mich. Bucchingeri Hift. Ecclefiaftica nova Romanor. Pontificum ad Paulum IV. *Lovan.* 1560. *3:*

1733 Platina de Vitis Summorum Pontificum ad Sixtum IV. 1479. *10 lt*

1734 Idem Bap. Platinæ opus de Vitis ac geftis Romanorum Pontific. ad Paulum II. & continuatum ab Onuphrio Panvinio ad Pium IV. accedunt ejufdem alia opufcula. *Colon.* 1562. *mar.* *6:*

1735 Hiftoria Pontifical y Catholica hafta Urbano VIII. por Gonçalo de Illefcas, Luis de Bavia, Marco de Guadalajara y Xabierr. *Barcelona* 1602, *Madrid* 1608. *& 30. y Çaragoça* 1612. *5. tom. en 4. vol.* *r. 10 lt*

1736 Alph. Ciaconii Vitæ & res geftæ Pontificum Romanorum & Cardinalium ad Urbanum VIII. *Roma* 1630. 2. *vol. figur. mar.* *24 lt B.*

1737 Eædem ad Clementem IX. productæ ; cum notis Auguftini Oldoini. *Roma* 1677. 4. *vol. figur. mar.* *130 lt B.*

1738 Hiftoire des Papes , jufqu'à Innocent X. par And. du Chefne. *Par.* 1645. *3:*

1739 La même, enrichie des Portraits, & revûë par

Fr. du Chesne. *Par.* 1653. 2. *vol. G P. 30:*

1740 {
Abr. Bzovii Silvester II. Pontifex Max. *Ro-ma* 1629. *1:*

Vita & Passio S. Adalberti Ursini Archiep. & Martyris, auctore Silvestro II. Pontifice Max. cum notis ejusdem Bzovii. *Roma* 1629.

1741   Narratio Concordiæ inter Alexandrum III. & Fridericum I. Imper. *Par.* 1632. *1:*

1742   Historia Theodorici de Niem Ep. Verdensis de Schismate Avenionensi : accedit Jo. Marius de
12: Schismatum & Conciliorum Ecclesiæ universalis differentia, & præstantia Conciliorum Ecclesiæ Gallicanæ ; è Gallico Latinè. *Basil.* 1566. *mar.*

1743   Pii II. Pontif. Max. Commentarii rerum memorabilium sui temporis, à Joanne Gobellino compositi, & à Fr. Bandino Piccolomineo Arch. Senensi recogniti : accedunt Jacobi Piccolominei Cardinalis Papiensis Commentaria & Epistolæ. *Francof.* 1614. *10—6*

1744   Vita Pii II. & Andreæ Brachii, per Jo. Ant. Campanum. *Vetus editio.*

1745   Vite d'Innocentio VIII. & Bonifazio IX. & del Cardinale Innocentio Cibo, da Fr. Maria Vialardo. *Venet.* 1613. *mar. 4:*

1746   De Vita & rebus gestis Pii V. auctore Jo. Ant. Gabutio. *Roma* 1605.

1747   Clementis IX. Icon, per Samuelem Sorberium. *Par.* 1667. *2:*

1748   Lud. Donii d'Attichy Ep. Æduensis Flores Historiæ Cardinalium à Leone IX. sive ab anno 1049. ad 1627. *Par.* 1660. 2. *vol. C. M. r. 10*tt

1749   Seminarii Romani Pallas purpurata, sive Cardinales qui è Seminario Romano prodiere ; autore Hannibale Adamo Firmano. *Roma* 1659.

1750   Effigies, nomina & cognomina Cardinalium Alexandri Papæ VII. per Jo. Jac. de Rubeis. *Roma* 1658. *mar. 9:*

Martyrologia & Historia Sanctorum.

1751   Acta primorum Martyrum sincera & selecta ;

edita cum notis à Theodorico Ruinart: editio secunda auctior. *Amstel. Wetstein*, 1713. C. M. 16-15

1752 Vetustius Occidentalis Ecclesiæ Martyrologium, cum notis & exercitationibus Fr. Mariæ Florentinii. *Lucæ* 1668. *mar.* - 17 10

1753 Usuardi Martyrologium. *Parif.* 1490. *mar.* 5:

1754 Martyrologium Romanum, cum notationibus Cæsaris Baronii. *Romæ* 1586.

1755 Idem, cum additionibus Heriberti Rosweydi. *Antuerp.* 1613. 2. *vol.* 6:

1756 Lombardica Historia, seu Legenda Sanctorum, auctore Jacobo de Voragine Episc. Januensi; cum aliis Legendis superadditis. *Argent.* 1483. *mar.* 24-3

1757 Eadem Historia Lombardica, auctiùs edita per Cl. à Rota. *Rothom.* 1546. 21-5

1758 Sanctuarium, seu Vitæ Sanctorum, per Boninum Monbritium. *Editio vetustissima.* 2. *vol. mar.* 439-1

1759 Petri de Natalibus Catalogus Sanctorum. *Lugd.* 1542. 2

1760 Aloysii Lipomani Historia de Vitis Sanctorum. *Lovan.* 1571. 2. *tom. in* 1. *vol. mar.* 4-1

1761 Flos Sanctorum, o libro de las Vidas de los Santos, por P. de Ribadeneyra. *Madrid* 1604.

1762 Laur. Surius de probatis Sanctorum Historiis. *Colon.* 1576. 7. *vol.* c'est Surius qui est de prix

1763 Epitome Historiæ Sanctorum ex Surio, per Fr. Haræum. *Colon.* 1675. 56-19

1764 Acta Sanctorum, à mense Januario ad Maium incluf. collecta & additionibus & notis illustrata, per Jo. Bollandum, Godefridum Henschenium, Daniel. Papebrochium, Fr. Baërtium, & Conradum Janningum. *Antuerp.* 1643. *& seqq.* 19. *vol. manq.* 12. volumes 512:

1765 Vies de plusieurs Saints illustres de divers siecles, choisies & trad. par Rob. Arnauld d'Andilly. *Par le Petit*, 1664. 13

1766 Histoire Catholique, ou Vies des Hommes & Dames illustres en sainteté dans les 16. & 17. siecles, par Hilarion de Coste. *Par.* 1625. *mar.* 6-14

Historia Ordinum Monasticorum & Religiosorum.

1767   Historia Sacra, intitolata Mare Oceano di tutte le Religioni del Mondo, da Silvestro Maruli. *Mesina* 1613.   2:

1768   Antiquarium Monasticum , auctore Nebridio à Mundelheim. *Vienna Austriæ* 1650. 9-19

1769   Vitæ Patrum, seu Historiæ Eremiticæ Scriptores varii, editi cum annot. Heriberti Rosweydi; editio secunda. *Antuerp.* 1628.

1770   Vitæ & Sententiæ Patrum Occidentis , studio Benedicti Gononi. *Lugd.* 1625. 8:

1771   S. Benedictus illustratus , sive Disquisitiones Monasticæ Benedicti Haesteni. *Antuerp.* 1644. 2. *vol. mar.*   10 tt

1772   Joannis Trithemii Abbatis Spanhemensis opera pia & spiritualia. *Mogunt.* 1605. 3-1

1773   Coronica general de la Orden de S. Benito hasta 1169. por Ant. de Yepes. *En la universidad de Nuestra Señora la Real de Yrache* 1609. *y* 1610. *y Valladolid* 1613. 15. 17. *y* 21. 7 *vol.* 14 tt

1774   Gabr. Bucelini Annales Benedictini , ad 1635. *Aug. Vind.* 1656. 3-16

1775   Jo. Mabillon Annales Ord. S. Benedicti, ad 1066. *Par.* 1703. *& seqq.* 5. *vol.* 132:

1776   Acta Sanctorum Ord. S. Benedicti, ad IV. sæculum incœptum ; collecta & edita cum notis per Joan. Lucam d'Achery, & Jo. Mabillon. *Par.* 1668. *& seqq.* 5. *vol. mar.*

1777   Eorumdem sæculum VI. per eundem Mabillonium. *Par.* 1701. 2. *vol.* 470: +

1778   Gab. Bucelini Menologium Benedictinum : accedit ejusdem Sacrarium sive Reliquiarium Benedictinum. *Aug. Vind.* 1656. 5-2

1779   Chronica Casinensis, auctore Leone Cardinale Ostiensi; continuatore Petro Diacono ; cum notis Angeli de Nuce. *Par.* 1668. *mar.* 10-10

1780   Bullarium Casinense , editum à Corn. Marga-

+ manque le 2e vol. du 4e siecle et le vol. du 5e qui font en tout 9 vol.

rino. *Venet.* 1650. *& Tuderti* 1670. 2. *vol. mar.* 6.

1781   Elogia Abbatum Monasterii Casinensis, auctore M. A. Scipione. *Neap.* 1630. 3—6

1782   Bullarium Cluniacense. *Lugd.* 1680. *mar.* 9—10

1783   Memoire pour servir à l'établissement de la Jurisdiction des Abbez generaux de Cluny sur tout l'Ordre de Cluny, (par M. Vaillant.) *Par.* 1706.

1784   Primera parte de las Fundaciones de los Monasterios que los Reyes de España fundaron, hasta 714. por Prudencio de Sandoval. *Madrid* 1601. 3.

1785   Benedictina Lusitana, per Leão de S. Thomas. *Coimbra* 1644. 4.

1786   Car. Stengelii Monasteriologia, in qua insignia aliquot Monasteria S. Benedicti in Germania. *Aug. Vind.* 1619. *figur.* 3.

1787   Clem. Reyneri Apostolatus S. Benedicti in Anglia. *Duaci* 1626. 15.

1788   Nova typis transacta Navigatio Novi Orbis Indiæ Occidentalis Monachorum S. Benedicti, auctore Honorio Philopono. 1621. *figur.* 4.

1789   Vita B. Brunonis. *Basil. editio vetusta.* 10 tt

1790   Statuta Ordinis Carthusiensis, à Guigone Priore Cartusiæ edita ; cum additione novorum Statutorum, & Privilegiorum. *Basil.* 1510. 60. C.

1791   Gasp. Jongelini Origines ac progressus Ordinis Cisterciensis Abbatiarum. *Colon.* 1641. *in fol. max.* 3—4. B.

1792   Ejusdem Notitia Abbatiarum Ordinis Cisterciensis per Orbem universum. *Colon.* 1641. 3.

1793   Ang. Manrique Annales Cistercienses, ad 1173. *Lugd.* 1642. 2. *vol.* 4.

1794   Primera parte de la Coronica del Orden de Cistere Instituto de S. Bernardo, por Bernabe de Montalvo. *Madrid* 1602.

1795   Primeira parte da Chronica de Cister, per Bernardo de Brito. *Lisboa* 1602.

1796   Chrys. Henriquez Menologium, Regula, Constitutiones, & Privilegia Ord. Cisterciensis. *Antuerp.* 1630. 6 tt

1797   Gasp. Jongelini Purpura D. Bernardi repræ-
  sentans Elogia & Insignia gentilitia Pontificum,
  Cardinal. & Præsulum ex Ord. Cistertiensi. *Colon.*
  1644.

1798   Pour le Chapitre general de Cisteaux , contre
  les Abstinens du même Ordre. *Par.* 1660. 2.

1799   B. Joachim Abbatis Florensis mirabilium veritas defensa, & ejusdem Vaticiniorum de Rom.
  Pontificibus explicatio ; necnon Vita B. Joannis
  à Caramola Conversi Sagittariensis Monasterii ;
  auctore Greg. de Laude aut de Lauro. *Neap.*
  1660.   13.

1800   Chrys. Henriquez Lilia Cistercii, sive sacrarum
  Virginum Cisterciensiu morigo, instituta, res gestæ. *Duaci* 1633. 2.

1801   Pour les Religieuses de Gomerfontaine, contre A. de Mailly.

1802   Croniche di Monte Vergine, da Gio. Jac. Giordano. *Nap.* 1649.   4-10

1803   Forma institutionis Canonicorum & Sancti-
  monialium canonicè viventium ex Concilio
  Aquifgranensi anni 816. cum notis edita per
  Aub. Miræum. *Antuerp.* 1638.
  Regulæ & Constitutiones Clericorum in
  Congregatione viventium , studio ejusdem
  Aub. Miræi. *Antuerp.* 1638.

1804   Gab. Pennotti Hist. tripartita Ordinis Clericorum Canonicorum. *Roma* 1624.

1805   Eadem sub titulo : Facula veritatis circà natu-
  ram & differentiam Status Clericalis & Mona-
  chalis &c. *Colon.* 1644.   4.

1806   Factum pour les Administrateurs de l'Hôtel-
  Dieu de Roüen, contre Claude Chauvet Prieur.

1807   Liber Beatæ Dei Genitricis & S. Joannis Baptistæ Ecclesiæ Præmonstratensis. *Par.* 1518. 2-11

1808   Antonianæ Historiæ compendium. *Lugd.* 1534

1809   Segunda y tercera parte de la Historia de la Orden de S. Geronimo, por Joseph de Siguença. *Madrid* 1600. y 1605. 2. *vol.*   24-1

1810   Defensa por la Religion Geronyma de España

su antiguedad , por Hermenegildo de S. Pablo.
Zaragoça 1672. *mar.*

1811   Desempēno Hieronimiano , por el mismo Hermenegildo de S. Pablo. *Valencia* 1678. *mar.* 6:

1812   Archang. Gianii Annales Ordinis Servorum B. Mariæ Virginis, ab anno 1233. ad 1610. *Florent.* 1618. 2. *vol.* 14-5

1813   Bonav. Baronis Annales Ordinis Sanctissimæ Trinitatis pro Redemptione Captivorum, ab anno 1198. ad 1297. *Roma* 1684.

1814   Bullarium Ordinis B. Mariæ de Mercede, cum scholiis Seraphini de Freitas. *Matriti* 1636. 8-6

1815   Hist. general de la Orden de Nuestra Señora de la Merced Redencion de Cautivos , por Alonso Remon. *Madrid* 1618. 3:

1816   Recuerdos de los servicios que la Religion de la Merced ha hecho a los Reyes de España desde su Fundacion que fue el año 1218. hasta 1640. por Marcos Salmeron. *Valencia* 1646. 3-1

1817   Vida y echos de Doña Maria de Cervelon, llamada Maria Socos , de la Orden de la Merced; por Estevan de Corbera. *Barcelona* 1629. 2-5

1818   Constitutiones, Declarationes, & Ordinationes Capitulorum generalium Ordinis Prædicatorum, ab anno 1220. ad 1650. digestæ & evulgatæ per Vincentium Mariam Fontanam. *Roma* 1655. 2. tom. in 1. *vol.* 10-10

1819   Th. Malvendæ Annales Ordinis Prædicatorum, ab anno 1246. ad 1246. & ab anno 1170. ante Ordinem conditum. *Neap.* 1627. 6-10

1820   Hist. general de S. Domingo y de su Orden hasta 1611. por Hernsado de Castillo , y Juan Lopez Obispo de Moropoli. *Valladolid* 1612. 13. y 15. 4. tom en 3. *vol.* 9:

1821   Hist. generale di S. Domenico è dell'Ordine suo de' Predicatori , tradotta dal Spagnuolo di Fernando del Castiglio, per Timoteo Bottoni & Jacinto de Genova. *Palermo* 1626. 2. tom. in 1. *vol.* 3:

1822   Della progenie di S. Domenico in Italia, da

Gio. Mich. Pio. *Bologna* 1615. 3:

1823 Hiſt. de la Provincia de Aragon de la Orden
3. de Predicadores, por Fr. Diago. *Barcelona* 1599,

1824 Hiſt. de S. Domingos particular do Reyno e
Conquiſtas de Portugal, per Luis Cabeças. *No
Convento de S. Domingos de Benſica*, 1623. 3. *vol.*
mar. 14:

1825 Hiſt. de la fundacion y diſcurſo de la Provincia de Santiago de Mexico de la Orden de Predicadores, por Aug. Davila Padilla. *Bruſſelas* 1625.

1826 Hiſt. de la Provincia de S. Vicente de Chyapa
y Guatemala de la Orden de S. Domingo, por
Ant. de Remeſal. *Madrid* 1619. 3:

1827 Teſoros verdaderos de las Indias, Hiſt. de la
Provincia de S. Juan Bapt. del Peru de la Orden
de Predicadores, por Juan Melendes. *Roma*
1681. 3. *vol.* 15-1

1828 Vinc. Mariæ Fontanæ ſacrum Theatrum Do-
minicanum. *Roma* 1666. 4:

1829 Leander Albertus de Viris illuſtribus Ordinis
Prædicatorum. *Bonon.* 1517. 8-5

1830 Vite de gli Huomini illuſtri di S. Domenico,
da Gio. Michele Pio. *Bologna* 1620. 2. *tom.* in 1.
vol. 6-18

1831 Alph. Fernandez Concertatio Prædicatoria pro
Ecclesia Catholica contrà Hæreticos, Gentiles,
Judæos, & Agarenos : accedit ejuſdem notitia
Scriptorum Prædicatoriæ Familiæ. *Salmantica*
1618. 11ᵗᵗ

1832 Requeſte des Jacobins du Grand Convent de la
ruë S. Jacques, pour montrer le droit qu'ils ont
ſur les Foſſez de la Ville de Paris, depuis la porte
S. Jacques juſqu'à la porte S. Michel. 5-1

1833 Fr. Gonzaga de origine Seraphicæ Religionis
Franciſcanæ, ejuſque progreſſibus. *Roma* 1587,

1834 Liber aureus inſcriptus liber Cōnformitatum
vitæ B. Franciſci ad vitam Jeſu Chriſti, (auctore
Barthol. de Piſis;) correctus & illuſtratus à Jere-
mia Bucchio. *Bonon* 1590. *mar.* 64-19 †

1835 Pet. Rodulphi Toſſinianenſis Hiſtoria Seraphi-

† *la bon. ed. est De milan chez gothard pontio
en 1510.*

cæ Religionis. *Vonet.* 1586. *mar.* 10-1

1836. Chronicas de la Orden de los Frayles Menores, por Diego Navarro, y Luis de Rebolledo.
Alcala de Henares 1609. *y Sevilla* 1603. 2. *vol.* 10.

1837 Lucæ Waddingi Annales Minorum , ab anno
1108. ad 1540. *Lugd.* 1647. & 48. & *Roma* 1654.
8. *vol. mar.* 260.

1838 Pauli Britii Seraphica Subalpinæ Provinciæ Monumenta. *Taurini* 1647.

1839 Fundacion y progreſſo de la Provincia de Caſtilla de la Orden de S. Franciſco, por P. de Salazar.
Madrid 1612. 4

1840 Hiſt. de la Provincia de los Angeles de la regu-
lar Obſervancia de S. Franciſco , por Andres de
Guadalupe. *Madrid* 1662. C. M. 5-10

1841 Henr. Sedulii Hiſt. Seraphica Vitæ S. Franciſci
illuſtriumque Virorum & Fœminarum qui ex tribus ejus Ordinibus relati ſunt inter Sanctos: accedunt ejuſdem illuſtria Martyria Minorum Provinciæ inferjoris Germaniæ. *Antuerp.* 1613. 3

1842 Arturi à Monaſterio Martyrologium Franciſca-
num, cum annot. *Par.* 1638. 2.

1843 Chrographica deſcriptio Provinciarum & Con-
ventuum Fratrum Minorum S. Franciſci Capuçi-
norum. *Aug. Taurinorum* 1649. *in fol. oblongo.* 3-1

1844 Chronicas de los Frailes Menores Capuchinos,
trad. del Latino de Zacharia Boverio , por Antonio de Madrid Moncada. *Madrid* 1644. 3.
vol 12-6

1845 Flores Seraphici, ſive Icones, vitæ & geſta Virorum illuſtrium Capucinorum ab anno 1525. ad
1612. auctore Carolo de Aremberg. *Colon.* 1640.
& 42. 2. *vol. figur.* 28-19

1846 Hiſt. de las vidas y milagros del B. Pedro de
Alcantara, y de los Religioſos inſignes en la Reforma de Deſcalços de la Orden de S. Franciſco,
por Martin de S. Joſeph. *Arevalo* 1644. 2. *vol.* 10-2

1847 Hiſt. general profetica de la Orden de Nueſtra
Señora del Carmen , por Franciſco de S. Maria
Carmelita Delcalço. *Valencia* 1643. 3

L

1848 {
    De Inſtitutione & peculiaribus geſtis Reli-
    gioſorum Carmelitarum ; cum Speculo hiſto-
    riali ejuſdem Ord. Baptiſtæ Veneti de Catha-
    neis. 1507.
    Mare magnum, id eſt, Indulgentiæ, Privi-
    legia & Indulta ejuſd. Ord. per Joan. Mariam
    de Poluciis de Novolaria. *Vetus editio.* 3-16

1849 Ordinale divinorum Officiorum Carmelita-
    rum. *Venet.* 1544. *1.*

1850 Reforma de los Delcalços de Nueſtra Señora
    del Carmen de la primitiva Obſervancia , desde
    1560. haſta 1594. por Fr. de Santa Maria. *Ma-*
    drid 1644. *y* 1655. 2. *vol.* 6-1

1851 Hiſt. generalis Fratrum Diſcalceatorum Ordi-
    nis de Monte Carmelo , ab anno 1562. ad 1612.
    auctoribus Iſidoro à S. Joſeph , & Petro à S. An-
    drea. *Roma* 1668. 2. *vol.* 8.

1852 Joan. Caramuelis Dominicus , ſeu Vita Domi-
    nici à Jeſu Maria Carmelitæ Excalceati. *Vienna in*
    Auſtria 1655. 5.

1853 Canones Aurelii Auguſtini juxtà triplicem
    quam edidit Regulam omni Statui modum vi-
    vendi præſtantes ; cum interpretatione Ambr. Co-
    riolani. *Argent.* 1490. 3-2

1854 Nic. Cruſenii Monaſticon Auguſtinianum, ſeu
    Origines & incrementa omnium Ordinum ſub
    Regula S. Auguſtini militantium. *Monachii* 1623.

1855 Th. de Herrera Alphabetum Auguſtinianum ,
    in quo præclara Eremitici Ordinis germina , Vi-
    rorumque & Fœminarum domicilia recenſentur.
    Matriti 1644. 3.

1856 Bullarium Ordinis Eremitarum S. Auguſtini,
    collectum & editum à Laur. Empoli. *Roma* 1628.

1857 Origen de los Frayles Eremitaños de la Orden
    de San Auguſtin, por Joan Marquez. *Salamanca*
    1618. 2-2

1858 Tempio Eremitano de' Santi e Beati dell'Or-
    dine Agoſtiniano, per Ambrogio Staibano. *Nap.*
    1608. *figur.*

1859 Hiſt. del Convento de S. Auguſtin de Salamanca, por Thomas de Herrera. *Madrid* 1652. 3:

1860 Chronica da antiquiſſima Provincia de Portugal da Ordem dos Eremitas de Saʒto Agoſtinho, per Ant. da Purificaçao. *Liſboa* 1642. 2. *vol.* 6:

1861 Chronica de la Vida y Milagros de San Franciſco de Paula fundador de los Minimos, por Pedro de Mena. *Madrid* 1596.

1862 Fr. Lanovii Chronicon generale Ordinis Minimorum ab anno 1416. ad 1627. *Par.* 1635. 3:

1863 Accurata diſtributio ſacrarum Ceremoniarum juxtà Romanum ritum, ex uſu Clericorum Regularium, auctore Andrea Piſcara Caſtaldo. *Neap.* 1613.

1864 Diſquiſitiones Franciſci Mariæ Maggio Clerici Regularis de ſacris Cæremoniis obiri ſolitis in Dei Templis & Monaſteriis. *Panormi* 1654. *mar.* 5:

1865 Hiſt. della Religione de' Padri Cherici Regolari, da 1524. ſin à 1609. per Gio B. del Tufo. *Roma* 1609.

1866 Joſ. Silos Hiſtoria Clericorum Regularium à Congregatione conditâ 1524. ad 1626. *Romæ* 1650. & 1655. 2. *vol.*

1867 Julio Mazarino dedicatio Hiſtoriæ Clericorum Regularium. 6:

1868 Vita e inſtituto di S. Ignatio fundatore della Compagnia di Gieſu, da Daniello Bartoli. *Roma* 1659. *mar.* 11

1869 Hiſt. da vida do Padre Franciſco de Xavier, per Joam de Lucena. *Liſboa* 1600. 6:

1870 Imago primi ſæculi Societatis Jeſu. *Antuerp.* 1640. 18: B. *varie*

1871 Nic. Orlandini Hiſtoria Societatis Jeſu, ab anno 1540. ad 1556. *Roma* 1615.

1872 Eadem Societatis Jeſu Hiſtoria ad annum 1580. auctoribus Nic. Orlandino & Fr. Sacchino. *Antuerp.* 1520. *Roma* 1649. & *Inſulis* 1661. 4. *tom.* in 3. *vol.* 40:

1873 Chronica da Companhia de Jeſu na Provincia de Portugal, per Balthazar Tellez. *Liſboa* 1645. 3:

1874 Henr. Mori Hiſt. Provinciæ Anglicanæ Societatis Jeſu. *Audomari* 1660. 32:   L ij

1875 Hift. della Compagnia di Giefu : Inghilterra parte dell'Europa ; per Daniello Bartoli. *Roma* 1667. *mar* .

1876 Hift. de la Compagnia di Giefu : l'Afia ; per il medefimo Dan. Bartoli. *Roma* 1667. 3. *vol. mar.*

1877 Hift. de las Miffiones que han hecho los Religiofos de la Compafiia de Jefus en la India Oriental y en los Reynos de la China y Japon, por Luis de Gufman. *Alcala* 1601. 2. *vol.*

1877* Chronica da Companhia de Jefu do eftado do Brafil , per Simão de Vafconcellos. *Lisboa* 1663.

1878 Ideas de virtud en algunos claros Varones de la Compañia de Jefus, por Juan Eufebio Nieremberg. *Madrid* 1643. 4. *vol.*

1879 Requefte des Habitans de Breft contre les Jefuites.

1880 Vida de Doña Marina de Efcobar , por Luis de la Puente. *Madrid* 1665. *mar.*

1881 Cofmi Lentii Annales Clericorum Regularium miniftrantium infirmis, ab anno 1550. ad 1640. *Neap.* 1641.

Hiftoria Ordinum Equeftrium feu Militarium.

1882 { Volumen Stabilimentorum Rhodiorum Militum Ordinis Hofpitalis S. Joannis Hierofolymitani. *Venet.* 1495.
     Statuta Ord. Domûs Hofpitalis Hierufalem. *Roma* 1556. *mar.*

1883 Volumen Stabilimentorum Rhodiorum Militum Ordinis Hofpitalis S. Joannis Hierofolymitani ; Gallicè. *Editio circà annum* 1493.

1884 Statuta Hofpitalis Hierufalem : necnon Effigies Magiftrorum Hofpitalis. *Roma* 1588.

1885 Statuti, Ordinationi, e Privilegii della facra Religione di S. Giovanni Gerofolimitano. *Borgo nuovo del Marchefato di Rocca forte* 1674.

1886 Coronica de la Milicia de S. Juan Bautifta de Jerufalem, desde 1048. hafta 1565. por Juan Au-

guſtin de Funes. *Valencia* 1626. *y C̨arogoſa* 1639.
2. *vol.* 4:

1887   Hiſt. della Religione di S. Giovanni Gieroſoli-
mitano, da 1099. fin à 1523. da Giac. Boſio. *Roma* 1594. 2. *tom. in* 1. *vol.* 14-10

1888   Ia medeſima, fin à 1571. *Roma* 1621. *&c.* 3.
vol. 20:

1889   Hiſt. des Chevaliers de l'Ordre de S. Jean
de Jeruſalem juſqu'à 1571. par Jean Baudoin ;
augmentée par A. de Naberat. *Par.* 1643. 2. *vol.*
figur. G. P. 10 tt

1890   Henr. Pantaleonis Hiſtoria nova Militaris Ordinis Joannitarum ad 1581. *Baſil.* 1581.

1891   Guillelmi Caourſin obſidionis Rhodiæ urbis
deſcriptio. *vlmæ* 1496. *mar.* 5:

1892   Jac. Fontanus de Bello Rhodio, cum additionibus aliquot. *Par.* 1540.

1893   Deſcrittione di Malta, da Gio. Fr. Abela. *Malta*
1647. 26:

1894   Vite de' Gran Maeſtri della Religione Giero-
folimitana, da Geronimo Marulli. *Nap.* 1636.5:

1895   Martyrologe des Chevaliers de Malte, par Matthieu de Gouſſancourt. *Par.* 1654. 2. *tom. en* 1.
vol.figur. 20:

1896   Noms & Armes des Chevaliers du S. Eſprit,
avec les Ordonnances & Statuts de l'Ordre. *Par.*
1643.

1897   Le Blaſon des Armoiries de tous les Chevaliers
de l'Ordre de la Toiſon d'or, par J. B. Maurice,
avec les Regles, Conſtitutions & Ordonnances de
l'Ordre de la Toiſon d'Or. *La Haye* 1667. 18:

1898   Chronica de las tres Ordenes de Santiago, Calatrava, y Alcantara, por Fr. de Rades y Andrada. *Toledo* 1572. 5-15

1898*   Hiſtoria de las miſmas Ordenes de Santiago,
Calatrava, y Alcantara, por Fr. Caro de Torres.
Madrid 1629. 10:

1899   Regla y Eſtablecimientos de la Orden de la Cavalleria de Santiago del Eſpada, con la Hiſtoria
del origen y principio della ; por Ant. de Morales.
Alcala de Henares 1565. 14-19   L iij

1900   El mifmo. *Madrid* 1627.

1900*   El mifmo. *Madrid* 1629.

1901   Regra, Statutos & Diftinçoës da Ordem de San-
ctiaguo. *Setuvale* 1509.

1902   Expofitio Bullæ Alexandri III. de confirmatio-
ne Ordinis Militiæ S. Jacobi , per Jo. Ramirez,
Burgis 1599.

1903   Modo de armar Cavalleros de Santiago , con
notes y adiciones de Gr. de Tapia y Salcedo. *Za-
racoça* 1669.

1904   Memorial del Comendador mayor de Montal-
van.

1905   Definiciones y Eftablecimientos de la Orden
de Alcantara. *Madrid* 1609.

1906   Privilegia felectiora Militiæ S. Juliani de Pe-
reiro hodie de Alcantara Ciftercienfis Ordinis ,
ftudio Joan. Calderon de Robles. *Matriti* 1627.

1907   Compendio de las tres gracias de la Santa Cru-
zada , Subfidio , y Efcufado , por Alonfo Perez de
Lara. *Madrid* 1610.

1908   Regra da Cavalleria e Ordem Militar de S. Ben-
to de Avis annexa a de Calatrava. *Lifboa* 1631.

1909   Definiçoes e Eftatutos dos Cavalleiros da Ordem de N. S. Jefu Chrifto. *Lifboa* 1628.

1910   Eliæ Ashmole Hiftoria feu inftitutio , leges &
cerimoniæ Ordinis Militaris Garterii ; cum appendice Statutorum & Actorum : Anglicè. *Lond.*
1672. *figur. mar.*

1911   Noms & Armes des Chevaliers de la Jartiere.
Par. 1647.

1912   Thomæ Bartholini differtatio de origine Ordinis Equeftris Danebrogici. *Hafniæ* 1676.

1913   Catalogue des Chevaliers de l'Ordre du Col-
lier de Savoye, dit de l'Annonciade, avec leurs Armes, par Fr. Capré. *Turin* 1654.

HISTORIA ANTIQUA.

Hiſtoria antiqua proëmialis, ſeu de Antiquitatibus & Ritibus Populorum.

1914 Arriani Periplus Ponti Euxini & Maris Erythræi, Gr. Lat. cum ſcholiis Guill. Stuckii. *Geneva* 1577. 4.

1915 Nic. Gerbelii declaratio picturæ ſive deſcriptionis Græciæ Sophiani. *Baſil.* 1550. 3.

1916 Pauſaniæ accurata Græciæ deſcriptio, Gr. Lat. *Hanovia* 1613. 4-1

1917 Philippi Cluverii Italia, Sicilia, & Germania antiqua, cum tabulis geograph. *Lugd. B.* 1624. 4. *vol. mar.* 13-5

1918 Notitia Orientis & Occidentis ultrà Arcadii Honoriique tempora. *Baſil.* 1552. *cum figuris de pictis. mar.*

1919 Eadem, cum comm. Guidi Panciroli. *Venet.* 1593. 4.

1920 J. B. Caſalius de Urbis ac Romani Imperii olim Splendore, Romanorumque Ritibus. *Roma* 1650. 10-5

1921 Bart. Marliani topographia Urbis Romæ. *Roma* 1543. 12-15

1922 Onuphrii Panvinii, Bart. Marliani, P. Victoris, & Jani Jac. Boiſſardi topographia Romæ, Antiquitates, &c. *Francof.* 1627. 3. *vol. figur.* 50 tt

1923 Jac. Lauri antiquæ Urbis ſplendor. *Roma* 1612. *figur.* 8.

1924 { Veſtigi dell'Antichita di Roma, da Stefano du Perac. *Roma* 1575. *figur.*
Præcipua aliquot Romanæ Antiquitatis Ruinarum monimenta. 1551. *figur.* 30 tt

1925 { Ruinarum varii proſpectus, Ruriumque aliquot delineationes, per Ph. Gallæum. *figur.*
Veſtigi delle Antichità di Roma, Tivoli, Pozzuolo, &c. da Egidio Sadeler. *Praga* 1606. *figur.* 18 tt

{ Alii Ruinarum prospectus. *figur.*

1926   Discorsi sopra l'Antichità di Roma, da Vincenzo Scamozzi. *Venet.* 1582. *figur.* 18—15

1927 {
Fragmenta vestigii veteris Romæ, per P. Bellorium. *Roma* 1673. *figur.*

Arcus Septimi Severi anaglypha cum explicatione Jos. Mariæ Suaresii Ep. Vasionensis, *Roma* 1676 *figur.*

Vetus pictura Nymphæum referens, commentariolo explicata, per Lucam Holstenium. *Roma* 1676. *figur.* 29

1928   Les Edifices antiques de Rome, par Ant. des Godets. *Par.* 1682. *figur. mar.* 40:

1929   Columna Trajana, exposita ab Alfonso Ciaconio; ære expressa à Franc. Villamena. *Roma* 1616. *figur.*

1929*   Colonna Trajana, da Pietro Santi Bartoli. *Roma* 1673. *figur. mar.*

1930   Columna Antoniniana, à Petro Sancti Bartolo æri incisa; notis illustrata à Jo. Petro Bellorio. *Rome, figur. mar.* uendu auec les estampes

1931   Epigrammata antiquæ Urbis : accedit Valerius Probus de Notis antiquarum litterarum. *Roma* 1521.

1932   Marmora Oxoniensia, cum comm. Humphridi Prideaux : accedit Sertorius Ursatus de Notis Romanorum. *Oxon.* 1676. *mar.* 60

1933   Bartolomæi Marliani Annales Consulum ab Urbe condita ad Tiberium Cæsarem : accedit ejusdem comm. in Romanorum Triumphos. *Roma* 1560. 14—15

1934   Car. Sigonii comm. in Fastos Consulares & Triumphos, ad Tiberium : accedit idem Sigonius de Nominibus Romanorum. *Basil.* 1559.

1935 {
Iidem Sigonii tractatus. *Hanoviæ* 1609.

Idem Sigonius de Occidentali Imperio ab anno 284. ad 565. *Francof.* 1593.

Idem de regno Italiæ ab anno 570. ad 1200. *Francof.* 1591. 8—5

1936   Steph. Vinandi Pighii Annales Magistratuum

& Provinciarum , ab Urbe condita ad 821. *Antuerp.* 1599. & 1615. 3. *tom. in* 2. *vol.* 20 tt

1937 { Onuphrii Panvinii Fasti , à Romulo ad Carolum V. cum comm. & appendice. *Ven. Valgrisius*, 1558.
Idem Onuphrius de Ludis Sæcularibus, de Sybillis & Sybillinis Carminibus,& de antiquis Romanorum Nominibus. *Ibid.* 5 tt

1938 Ejusd. Romani Principes, & ii quorum maxima in Italia Imperia fuerunt : accedunt idem Sigonius de Comitiis Imperatoriis ; & aurea Bulla. *Basil* 1558. 2 tt

1939 { Joan. Rosini Antiquitates Romanæ. *Basil.* 1583.
Notitia Orientis & Occidentis. *Basil.* 1552. *figur.* 3-12

1940 Tresor des Antiquitez Romaines , par Cesar Egasse du Boulay. *Par.* 1650. G. P. 19 tt

1940* Jac. Gronovii & Joan. Georg. Grævii Corpus Antiquitatum Græcarum , Romanarum, & Italicarum ; cum novo Thesauro Alberti Henr. de Sallengre ; & Sam. Pitisci Lexico Antiquitatum Roman. *Lugd. Bat. & Hagacom.* 1697. & *seqq.* 36. *vol. figur.* 1031 tt

1941 L'Antiquité expliquée & representée en figures, par D. Bernard de Montfaucon : premiere edition ; avec le Supplément. *Paris* 1719. & 1724. 15. *tom. en* 10. *vol.* G. P. *figur.* 300 tt

1941* Ceremonies & Coutumes religieuses des Nations, representées en figures gravées par B. Picart; avec les explications. *Amsterd.* 1723. 3. *vol.* G. P. 148:

1942 Discours de la Religion , & de la Castrametation & Discipline militaire des Romains, & des Bains & antiques Exercitations Grecques & Romaines, par Guil. du Choul. *Lyon, Roville* 1556. *figur.* 18:

1942* Wolfg. Lazii commentaria Reip. Romanæ. *Basilea* 1551. 5-10

1943 Julius Cæsar Bulengerus de Imperatore & Imperio Romano : accedit ejusdem de Officiis Re-

gni Galliæ & Ecclefiæ CP. *Lugd.* 1618. 2-5
1944   Car. Sigonius de antiquo Jure Civium Roma-
        norum. Italiæ, & Provinciarum, & Judiciis Roma-
        næ Jurifprudentiæ; de Republica Athenienfium,
        & Athenienfium Lacedemoniorumque tempori-
        bus; de Republica Hebræorum; & comment. in
        Sulpitii Severi Hiftoriam. *H.noviæ* 1609. 6 lt
1945   Fr. Robortellus de vita & victu Populi Roma-
        ni fub XV. primis Imperatoribus: accedunt ejuf-
        dem difputationes novem de Romanis. *Bonon.*
        1559. 8-10
        ⌈   P. Manutii Antiquitatum Roman. liber de
1946 ⦃ Legibus. *Ven.* 1557.
        │   Dominic. Cyllenius de vetere & recentiore
        ⌊ Scientia Militari. *Venet.* 1559. 4-2
1947   Ejufd. Manutii liber de Comitiis Romanorum.
        Bonon. 1585. 5 lt
1948   Nic. Gruchius de Comitiis Romanorum. *Par.*
        Vafcofan. 1555. 4-11
1949   Onuphrius Panvinius de Ludis Circenfibus &
        Triumphis, cum notis J. Argoli & Nic. Pinelli.
        Ven. 1600. *figur.* 10-5
1950   Idem, adjectis notis & figuris Joach. J. Made-
        rini in Triumphos. *Pat.* 1681. *mar.* 18-10
1951   Richardi Streinnii Gentium & Familiarum
8-14 Romanarum Stemmata. *H. Steph.* 1559. *mar.*
        ⌈ - Eliæ Reufneri Genealogicum Romanorum
        │ de Familiis præcipuis Regum &c. ab Urbe con-
        │ dita ad hæc tempora. *Francof.* 1589.
1952 ⦃   Levoldi Northof Origines Marcanæ, feu
        │ Chronicon Comitum de Marca & Altena,
        ⌊ cum notis H. Meibomii. *Hanoviæ* 1613. 2 lt
1953   J. B. Fonteius de prifca Cæfiorum Gente, cum
        Julii Jacobonii appendice. *Lonon.* 1582. 13-5

Hiftoria Græca.

1954   Herodoti Hiftoriarum libri IX. Gr. *H. Steph.*
        1570. 3-10
1955   Herodoti Hiftoriæ, & de vita Homeri. Gr.
        Lat. cum excerptis ex Ctefia de Rebus Perficis &

Indicis , Gr. Lat. *Geneva, P. Step.* 1618. 4-18

1956 Eædem Herodoti Hiftoriæ , cum iifdem Excerptis , Gr. Lat. accedunt Henrici Stephani Apologia pro Herodoto ; & Chronologia Herodoti. *Lond.* 1679. *mar.* 30-1

1957 Les Hiftoires d'Herodote , trad. par P. du Ryer. *Par.* 1658. *G. P.* 12 tt

1958 Diodori Siculi Bibliotheca Hiftorica , Gr. Lat. cum chronologia & notis Laur. Rhodomanni. *Hanovia* 1604. *mar.* 80 tt

1959 Hift. de Diodore de Sicile , traduite por Jacq. Amyot. *Par.* 1585. 18 tt

1960 Hift. Grecque , par P. de Marcaffus. *Par.* 1647. 2. *vol. G. P.* 30 tt

1961 Thucydides de Bello Peloponnefiaco , Gr. Lat. interprete Laur. Valla ; cum comm. & annot. Æmilii Porti & Chronologia Chytræi. *Francof.* 1594. 18-2

1962 Hift. de Thucydide , continuée par Xenophon, trad. avec des remarques , par Nic. Perrot d'Ablancourt. *ar.* 1662 *G. P.* 32 tt

1963 Xenophontis opera , Gr. cum annot. H. Stephani. *Typis ejufd. Stephani. C. M. mar. Exemplar elegans quod fuit Jacobi VI. Regis Scotorum.* 24-16

1964 Xenophontis opera , Gr. Lat. cum annot. J. Leunclavii & aliorum. *Par.* 1625. 30 tt

1965 Cyroped:e ou Hiftoire de Cyrus , de Xenophon, trad. par Fr. Charpentier ; avec l'Eloge d'Agefilaus, du même Xenophon , trad. par le même. *Par.* 1659. *G. P. mar.*

1966 Arrianus de expeditione Alexandri Magni, Gr. Lat. interprete Bonav. Vulcanio : accedit Plutarchus de vita & fortuna Alexandri , Gr. Lat. *H. Steph.* 1575. 6-15

1967 Gefta Alexandri Magni , per Q. Curtium. *Editio perantiqua Georgii Laver.* 24 tt

1968 Q. Curtius de geftis Alexandri Magni , cum annot. Def. Erafmi. *Arg.* 1518. *mar.* 5-5

Historia Romana.

1969   J. Glandorpii Onomasticon Historiæ Romanæ.
Francof. 1589. 9-1

1970   Historiæ Romanæ Scriptores Latini minores,
& Græci minores, Gr. Lat. studio Frid. Sylburgii. Francof. 1588. & 90. 3. vol 12-3

1971   And. Cirino de Urbe Roma & Romulo. Panormi 1665. mar. 10 tt

1972   Dionysii Halicarnassæi opera, Gr. Par. R. Steph.
1546. & 47. 2. tom. in 1. vol. mar. 13:

1973   Dionysii Halicarnassæi Antiquitates Romanæ
ad annum Urbis 311. & alia ejus opera, Gr. Lat.
cum Glareani Chronologia, & notis Frid. Sylburgii. Francof. 1586. mar. 30 tt

1974   Titi Livii Historiæ ad annum Urbis 527. Romæ 1472. 2. vol. M. mar. 241 tt

1975   Eædem. Mediolani 1480. C. M. 40:

1976   Eædem, cum variis doctorum virorum lucubrationibus, & figuris. Francof. 1568. mar. 20:

1977   Eædem, cum diversorum annotationibus. Par.
1625. 9:

1978   Les Decades de Tite-Live, trad. avec des annot. par Blaise de Vigenere. Par. 1606. 2. vol.
G. P. mar. 40:

1979   Les mêmes, trad. par P. du Ryer. Par. 1653. 4.
vol G. P. 20:

1980   Guil. Bellendenus de tribus Luminibus Roma-
40 tt norum, ad annum Urbis 710. Par. 1634. mar.

1981   P. Velleii Paterculi Historia Romana, ad Tiberium Augustum; cum emendationibus Alberti
Burerii. Bas. 1520. 1:

1982   Appiani Historiæ Romanæ, Gr. Par. C. Steph.
1551. 2:

1983   Eædem, Gr. Lat. cum annot. H. Stephani. Typis ejusdem H. Steph. 1592. 4-2

1983* Polybii Historiæ Romanæ, Gr. Lat. cum
comm. Is. Casauboni : accedunt Æneæ Tactica,
Gr. Lat. cum comm. ejusdem Casauboni. Par.
1609. C. M. 58 tt uabit 10 tt il y a quelques années
1984

1984 Hist. de Polybe, traduite par P. du Ryer. *Par.*
1655. *G. P.* 27-1

1984* Guerra sacra de' Liguri in Oriente, o Guerra
Latina, da Epiphanio Ferrari.

1985 C. Crispi Salustii opera, cum diversarum comm.
accedunt Marci Tullii Ciceronis & Porcii Latro-
nis Orationes in Catilinam. *Basil.* 1564. 2-1

1986 C. Julii Cæsaris Commentarii, & Auli Hirtii
Commentarii. *Roma* 1472. *C. M. mar.* Ed. anc. 200 #

1987 Iidem. *Par. Vascosan.* 1543. 48-5

1988 Iidem, cum scholiis Fr. Hotomani, Fulvii
Ursini & Aldi Manutii. *Lugd. Vincent.* 1574. *mar:* 8-5

1989 Iidem, cum annot. Henr. Glareani, Fr. Hotomani, Fulvii Ursini, & Aldi Manutii. *Francof.*
1575. 6-5

1990 Julii Cæsaris quæ extant, cum annot. Sam.
Clarke, & figuris æneis elegantissimis. *Lond.* 1712.
in fol. magno. 150 #

1991 La Guerre des Suisses, traduite de Cesar, par
LOUIS XIV. *Par. de l'Impr. Royale,* 1651. *figur.*
mar. 54 #

1992 Cenotaphia Pisana Caii & Lucii Cæsarum, Dis-
sertationibus illustrata, per H. Noris. *Venet.* 1681.
mar. 38 #

1993 Corn. Taciti opera. *Spirensis editio perantiqua.*
mar. 59.

{ Cornelii Taciti opera, à libro undecimo Annalium. *Venet.* 1497.

1994 { Lactantius de divinis institutionibus & de
irâ Dei. *Imp.* 2 #

1995 P. Corn. Taciti opera, cum castigationibus
Beati Rhenani. *Basil.* 1544.

1996 Taciti & Velleii Paterculi opera, cum comment. & notis Justi Lipsii. *Antuerp.* 1627. 9-10

1997 Eadem Taciti & Velleii Paterculi opera, cum
variorum comment. *Paris.* 1608. 2. *vol.* 6 #

1998 Oeuvres de Tacite, & les Vies de Tite Vespa-
sian, Nerva, & Trajan ; trad. par Rodolphe le
Maistre. *Paris* 1636.   2-1

1999 C. Suetonius Tranquillus, cum variis comment. & annot. *Parisiis* 1610. 3 #   M

2000 Historiæ Augustæ Scriptores , cum notis Cl. Salmasii & Is. Casauboni. *Paris.* 1620. 15:

2001 Dionis Cassii Historiæ , Gr. *Par. Rob. Steph.* 1548. 16—10

2002 Eadem, Gr. Lat. cum diversorum notis. *Ha-novia* 1606. 31:

2003 Commentaires historiques des Empereurs Ro-mains, depuis Jules Cesar jusqu'à Jovien ; illustrez par les Medailles ; par Jean Tristan de Saint-Amant. *Paris* 1657. 3. *vol.* 70—5

2004 Hist. d'Herodien, traduite en François par Jac-ques des Contes de Vintemille. *Lyon, Roville,* 1554. 4:

2005 Ammiani Marcellini Historia à Constantio Au-gusto ad Gratianum & Valentinianum , edita & quinque ultimis libris aucta per Mariangelum Accursium. *Aug. Vindel.* 1533. 2:

2006 Eadem, cum notis Henr. Valesii & observat. Frid. Lindenbrogii. *Paris.* 1681. C. M. *mar.* 40:

2007 Jo. Cuspiniani Imperatores à Julio Cæsare ad Ma-ximilianum , cum annot. Wolphgangi Hungeri. *Basil.* 1561.

2008 Ejusdem Cuspiniani opera, cum iisdem Hungeri annot. ad Imperatores. *Francof.* 1601. 6:

2009 Vivos retratos de los Imperadores desde Julio Cesar hasta Fernando , por Huberto Goltzio. *Anvers* 1560. *figur.* 4—10

2010 Les mêmes Portraits des Empereurs, de Golt-zius, avec l'explication en François. *Anvers* 1561. *figur.* 9:

2011 Histoire Romaine, de Florus jusqu'à Auguste, trad. & continuée par Nic. Coëffeteau jusqu'à Constantin, & par Cl. Malingre dit de S. Lazare, jusqu'à Ferdinand II. en 1629. *Paris* 1621. & 1630. 3. *vol.* 10

2011* Historia Augusta Imperatorum Romanorum à Julio Cæsare ad Josephum , studio Christiani Henninii Duisburgens. *Amst.* 1710. *figur.* 25—10

Vitæ illustrium Veterum.

2012 Imagines & Elogia Virorum illustrium & eruditorum, per Fulvium Ursinum. *Roma* 1570. *18e*

2013 { Illustrium Virorum, ut extant in Urbe, expressi vultus. *Roma* 1569.
Pictorum, Sculptorum, Architectorum Icones. *32–15*

2014 Iconografia , cio è disegni d'imagini de' famosissimi Monarchi, Regi, Filosofi, Poëti, Orator: dell'Antichità, da Gio. Angelo Canini. *Roma* 1669.   *25–10*

2015 Cornelius Nepos de Vitâ excellentium Imperatorum Græcorum ac Romanorum, cum Diversorum comm. & annot. *Francof.* 1608. *6:*

2016 Plutarchi paralellum vitæ Romanorum & Græcorum, Gr. *Florent.* 1517. *5:*

2017 Plutarchi opera, Gr. Lat. cum notis doctorum Virorum. *Par.* 1624. 2. *vol.* *93:*

2018 Oeuvres de Plutarque , trad. par Jac. Amyot. *Paris,* 1618. & 19. 2. *vol* G. P. *240–1*

2019 Plutarchi Vitæ & aliorum quorumdam , Lat. *Editio perantiqua.* 2. *vol.* *120–1*

2020 Vite di Plutarcho tradotte di Bapt. Alexandro Jaconello. *Aquila* 1482.

2021 Valerius Maximus de Dictis & Factis memorabilibus. 1471.

HISTORIA ORIENTALIS.

Historia Byzantina, & Græca recens.

2022 Fr. Quaresmii elucidatio Terræ Sanctæ. *Antuerp.* 1639. 2. *vol.*

2023 Transmarina Peregrinatio Bernhardi de Breydenbach. *Mogunt.* 1486. *5–11*

2024 Peregrination de outremer en la Terre Sainte, par Nicole le Huen. *Lyon* 1488. *8–19*

2025 Nic. Christ. Radzivili Jerosolimitana Peregrinatio. *Antuerp.* 1614. *4–2*   M ij

2026　Trattato delle piante e imagini de' sacri edificii di Terra Santa, disegnate in Jerusalem da Bernardino Amico, & intagliate in rame da Giac. Callot. *Firenze* 1620. 24-10

2027　Il Regno tutto di Candia, delineato da Marco Boschini 1651. 8-10

2028　{ Mart. Crusii Turco-Græcia, Gr. Lat. *Basil.* 1584.
{ Ejusdem Germano-Græcia. *Basil.* 1584. 24.

2029　Navigations & Peregrinations Orientales de Nic. Nicolay. *Lyon* 1598. *figur.* 15-15

2030　Pauli Ricaut præsens status Imperii Ottomanici : Anglicè. *Lond.* 1670. 4-1

2031　{ Corpus Historiæ Byzantinæ , seu Imperii CP. à Constantino M. ad captam à Turcis Constantinopolim , ex variis Scriptoribus simul collectis & editis Græcè & Latinè cum notis, comment. &c. per varios doctos Viros. *Parif. è Typogr. Regia,* 1648. *& seqq.* 25. *vol.* *Cartâ Imperiali. mar.*

Georgii Pachymeris Michaël & Andronicus Palæologi, ab anno 1255. ad 1308. Gr. Lat. cum notis & observ. Petri Possini. *Romæ* 1666. *& 69.* 2. *vol. C. M. mar.*

Car. du Fresne D. du Cange Familiæ Byzantinæ & CP. Christiana , seu Stemmata Impp. CP. cum eorum Iconibus & Numismatibus &c. *Par.* 1680. *C. M. mar.*

Hist. de l'Empire de Constantinople sous les Empereurs François, contenant la Conqueste de CP. par les François & les Venitiens en 1204. écrite par Geoffroy de Villehardoin ; avec la suite de cette Histoire jusqu'en 1240. tirée du MS. de Phil. Mouskes ; & une histoire des actions mémorables des François dans cet Empire jusqu'à l'Empire des Turcs : le tout avec les observat. de Ch. du Fresne Sieur du Cange. *Paris , de l'Impr. Royale ,* 1657. *mar.* 1731

2032　Procopii Cæsariensis Historiæ, & de ædificiis Justiniani, Gr. *Aug. Vind.* 1607. 3-11

2033 Ejusdem Historiæ , Lat. per Raph. Volaterra-
num : accedunt Agathias de Bello Gothorum &c.
Lat. per Christoph. Personam; Leonardus Areti-
nus de Bello Italico adversus Gothos; Jornandes
de origine actuque Getarum & de temporum ac
regnorum successione ; & Procopius de ædificiis
Justiniani, Græcè. *Bas.* 1531.

2034 Ejusdem Procopii arcana Historia , Gr. Lat.
cum notis Nic. Alemanni. *Lugd.* 1623. 9-1

2035 Jo. Curopalatæ Scillizzæ Historiarum compendium, Latinè per J. B. Gabium. *Venet.* 1570.

2036 Joannis Zonaræ Annales, Gr. Lat. per Hieron.
Wolfium. *Basil.* 1557. *mar.* 12 tt

2037 Pauli Ramnusii Hist. de Bello Constantino-
politano, & Imperatoribus Commenis per Gallos & Venetos restitutis, ab anno 1199. ad 1207.
Venet. 1634. 4 tt

2038 Nicephori Gregoræ Historiæ Byzantinæ, à
Theodoro Lascare priore anno 1196. ad obitum
Andronici Palæologi posterioris anno 1341. Gr.
Lat. per Hieron. Wolfium : accedit Laonici Chal-
condylæ Hist. de origine & rebus gestis Turca-
rum , Lat. per Conradum Clauserum. *Basil.* 1562. 2 tt

2039 Requeste presentée à l'Assemblée du Clergé
pour l'Eglise d'Alep en Syrie. 1-10

Historia Turcica.

2040 Georgii Elmacini Historia Saracenica à Muha-
mede ad Atabacæum XLIX. Imperatorem; Arab.
& Lat. per Th. Erpenium : accedit Roderici Ximenez Hist. Arabum. *Lugd. Bat.* 1625. 9-5

2041 { Annales Sultanorum Othmanidarum , La-
tinè & redditi & continuati ad ann. 1588. per
Jo. Leunclavium. *Francof.* 1596.
Joach. Camerarii commentarii de Rebus
Turcicis. *Ibid.* 1598.
Guill. Brussii diarium de Tartaris. *Ibid.*
1598.
Cœlius Augustinus Curio de Hist. Sarace-
nica, Marochensi regno, Melitensi bello ; ac-

cedunt Wolfgangi Drechsleri Chronicon Saracenum ; & Helmoldi Annales Slavorum, cum supplemento Arnoldi Abbatis Lubecensis. *Ibid.* 1598. *9-10*

2042 Phil. Loniceri Hist. Turcica : accedunt de rebus & bellis Turcicis varii auctores ; necnon Georgii Castrioti Scanderbergi Epirotarum Principis vita & res gestæ, per Marinum Barletium. *Francof.* 1578. *9-5*

2043 Richardi Knolles Historia universalis Turcarum, ad ann. 1638. Anglicè. *Lond.* 1638. *5-19*

2044 Hist. des Turcs de Chalcondyle , traduite par Blaise de Vigenere, continuée par Th. Artus Sieur d'Embry, & par Fr. Eudes de Mezeray ; avec des Additions curieuses. *Paris* 1662. 2. *vol. G. P. figur.* *36-6*

2045 Gesta Dei per Francos, sive Historia Orientalium expeditionum & regni Francorum Hierosolymitani, conscripta per varios Auctores ; (ex edit. Jac. Bongarsii.) *Hanoviæ* 1611. *12 tt*

2046 La prima Crociata, da Gio. Fr. Negri. *Bologna* 1658. *5-19*

2047 Les passaiges d'outremer faits par les François. *Par.* 1518. *8-2*

2048 Marinus Barletius de Vita Georgii Castrioti Scanderbergi. *Argent.* 1537. 2:

2049 Bulla Innocentii VIII. cum executoriis Andreæ Cardinalis S. Martini in Montibus & Ludovici Episcopi Albiensis ad Carolum VIII. pro subventione contrà Turcas. 1491. *1-1*

HISTORIA ITALICA,

GENERALIS ET SINGULARIS.

2050 Theatre d'Italie. *Amsterd.* 1704. 4. *tom. en 2 vol. G. P. figur.* *101 tt*

2050* Jac. Hugonis Origo Italiæ ac Romanæ Urbis. *Roma* 1655. 3:

2051   Defcrittione di tutta l'Italia , da Leandro Alberti. *Bologna* 1550.

2052   Leandri Alberti defcriptio totius Italiæ, interprete Guill. Kyriandro. *Colon.* 1566. 5:

2053   Martini Zeilleri Itinerarium Italiæ novantiquæ : Germanicè; cum figuris Meriani. *Francof.* 1640. *mar.* 8:

2054   Laur. Schraderi Monumenta Italiæ. *Helmaftadii* 1592. *mar.* 10—10

2055   Italia illuftrata, feu Rerum Urbiumque Italicarum Scriptores. *Francof.* 1600. 12—5

2056   Ferdin. Ughelli Italia facra, five de Epifcopis Italiæ & Infularum adjacentium. *Roma* 1644. & 1662. 9. *vol.* 106:

2057   Epitome del regno d'Italia fotto i Barbari, da Emanuel Tefauro ; con le annotationi di Valeriano Caftiglione. *Torino* 1664. 10 tt

2058   Comentarios de los hechos de los Efpañoles, Francefes y Venecianos en Italia desde 1281. hafta 1559. por A. de Herrera. *Madrid* 1624. 4—5

2059   Hiftoria d'Italia di Francefco Guicciardini. *Firenze, Torrentino,* 1561. *mar.* 125:

2060   Francifci Guicciardini Hiftoriæ fui temporis , Lat. interprete Cœlio Secundo Curione ; accedunt Bart. Facius de geftis Alfonfi I. Regis; Neapolitani; necnon Jovianus Pontanus de Ferdinando I. Rege Neapolitano. *Bafil.* 1566. 3:

2061   Hiftoire d'Italie de François Guichardin , depuis 1494. jufqu'en 1532. trad. par Jerôme Chomedey. *Paris* 1568.

2062   Delle guerre e fucceffi d'Italia , da 1613. fin à 1630. da Luca Affarini. *Torino* 1665. *mar.* 6:

2063   Hiftoria de D. Hernando Avalos Marques de Pefcara, y otros fiete, por el Maeftro Valles. *Çaragoça* 1557.

2064   Della Nobiltà dell'Italia, da Franc. Zazzera. *Nap.* 1615. & 28. 2. *vol.* bon

Allobrogia.

2065   Theatre de Savoye & de Piémont. *La Haye* 1700. 2. *vol.* G. P. *figur.* 95 tt

2066 Phil. Pingonii Arbor gentilitia Saxoniæ Sa-
2-5 baudiæque Principum. *Augusta Taurinorum* 1581.

2067 Hist. genealogique de la Maison de Savoye,
75. par Samuel Guichenon. *Lyon* 1660. 2. *vol.* G.P.

2068 {
Trattato del titolo regio dovuto alla Sere-
nissima Casa di Savoia. *Torino* 1623.

Ristretto delle rivolutioni del Reame di Ci-
pri.

Pareve di Gaspero Giannotti sopra quelli
trattati. *MS.* 3:
}

2069 Les grandes Chroniques des Ducs & Princes
de Savoye & Piedmont, par Symphorien Cham-
pier. *Paris* 1516. 25—10

2070 Jo. Tonsi Vita Emmanuelis Philiberti Allo-
brogum Ducis. *Aug. Taurin.* 1596. 6:

2071 Lettre du Roy au Pape, contenant les motifs
de la guerre de Savoye. 1704.

2072 Philib. Pingonii Augusta Taurinorum. *Taurini*
1577. 19:

2073 Nicæa Civitas sacris monumentis illustrata, per
P. Jofredum. *Aug. Taurinorum* 1658. 30:

Monoecum.

2074 Car. de Venasque Genealogica & Historica Gri-
maldæ Gentis Arbor. *Paris.* 1647. 5:

Monsferratus.

2075 Consilia in favorem Ducis & Ducissæ Mantuæ
super Statu Montisferrati, per N. Aliprandum.
Ferrariæ 1536. 12:

2076 Ant. Possevini Hist. Belli Montisferatensis ab
anno 1612. ad 1618. *Geneva* 1637.

Mediolanum.

2077 Nuova descrittione dello Stato di Milano, da
Carlo Girolamo Cavatio della Somaglia. *Milano*
1656.

2078 Ambrosianæ Basilicæ ac Monasterii hodie Cif-
terciensis Monumenta, per J. P. Puricellum. *Mediol.* 1645. 12—1

2079 Per la facciata del Duomo di Milano. 4-19
2080 Donati Bossii Chronica Bossiana à creatione
Mundi ad 1489. *Mediol.* 1492. *mar.* 10-10
2081 Alleggiamento dello Stato di Milano per le im-
poste e loro ripartimenti, da Carlo Girolamo.
Cavatio. *Milano* 1653.
2082 Salvatoris Vitalis Theatrum triumphale Mediolanensis Urbis Magnalium annalistica proportione digestum. *Mediol.* 1644. 8.
2083 Erycii Puteani Hist. Insubrica, ab anno 595.
ante Christum ad 962. *Lovan.* 1630. 3-5
2084 { Cat. Basilicæ Petri brevis Historia Provinciæ Mediolanensis ab initio Mundi ad Christum. *Mediol.* 1623.
Successores S. Barnabæ in Ecclesia Medio-
lanensi ad 1584. *Ibid.* 1628. 3-6
2085 Tristani Calchi Hist. Mediolanensis ad 1322.
Mediol. 1627. *mar.* 15.
2086 { Hist. di Milano sin à 1498. da Bernardino
Corio. *Milano* 1503. C. M. *mar.*
Vitæ Cæsarum à Julio ad Fridericum Æno-
barbum. *Ibid.*   6 tt
2087 Josephi Ripamontii Historia Mediolanensis,
& reliqua opera historica. *Mediol.* 5. *vol. mar.* 50.
2088 { Georgii Merulæ Antiquitas Vicecomitum.
Mediol. 1629.
Pauli Jovii Vitæ duodecim Vicecomitum.
Ibid. 1630. *figur.*
Vita Philippi Mariæ Vice comitis, per P.
Candidum Decembrium. *Ibid.* 1623. 8 tt
2089 Sommario delle Vite de' Duchi di Milano, così
Visconti come Sforzeschi, da Scipion Barbuo
Soncino. *Venet.* 1574. *figur.* 3-6
2090 Jo. Simoneta de rebus gestis Francisci Sfortiæ.
Mediol. mar. 69-19
2091 Lettera di un Milanese ad un Napolitano ami-
co suo.
2092 J. P. Puricellus de SS. Martyribus Nazario,
Celso, Protasio, Gervasio, deque Basilicis in qui-
bus eorum corpora quiescunt. *Mediol.* 1656.

2093   Idem de SS. Martyribus Arialdo, Alciato & Herlembaldo Cotta Mediolanensibus veritati ac luci restitutis. *Mediol.* 1657.   *15.*

2094   Octavii Boldonii Theatrum temporaneum æternitati Cæsaris Montii Cardinalis Archiep. Mediolanensis. *Mediol.* 1638.   *6.*

2095   Anfiteatro Romano, overo la nobilta delle Famiglie antiche e nuove di Milano, da Gio. P. de' Crescenzi. *Milano.*

2096   Turrianæ propaginis Arbor explicita, per Aug. Lampugnanum. *Bon.* 1642.   *9-1*

2097   Hist. di Cremona, da Ant. Campo. *Cremona* 1585. *figur.*   *63.*

2098   Horatii Landi Obsidio Cremonensis soluta. *Mediol.* 1654.   *2 tt*

2099   Erycii Puteani Hist. Cisalpina rerum potissimè circà Lacum Larium gestarum à Jo. Jac. Medicæo: accedit Galeatius Capella de Bello Mussiano. *Mediol.* 1629.   *2-10*

2100   Breve Storia delle cose memorabili di Trevi, da Emanuele Lodi. *Milano* 1647.   *12 tt*

Venetia.

2101   Habiti d'Huomini e Donne Venetiane, da Giac. Franco. 1610.   *9-10*

2102   Il medesimo.   *5 tt*

2103   Bern. Justinianus de origine Urbis Venetiarum. *Venet.* 1492.   *8-1*

2104   M. A. Coccii Sabellici Res Venetæ ab Urbe conditâ. *Venet.* 1487. *C. M. mar.*   *82-1*

2105   P. Bembi Historiæ Venetæ. *Venet.* 1551.   *16.*

2106   P. Justiniani Hist. Rerum Venetarum ab Urbe conditâ, ad 1575. *Venet.* 1575.   *9-10*

2107   And. Mauroceni Hist. Veneta ab anno 1521. ad 1615. *Venet.* 1623.   *10-4*

2108   { Ritratti di tutti i Prencipi di Venetia, da 697. sin à 1612. da Fulgentio Manfredi. 1598. Rittatti di tutti gli Prencipi di Mantoua di Casa Gonzaga sin à 1658. Tirolensium Principum Comitum Effigies

| ab anno 1254. ad 1619. Germanicè. *Augustæ Vindelicorum.* 1629. *figur.* 12—10

2109 Leonis Matinæ Elogia Ducum Venetorum ab anno 697. ad 1659. *Venet.* 1659. *mar.* 10—5

2110 And. Mauroceni Senatoris Vita, per Nic. Crassum. *Venet.* 1621. 5—10

2111 Heliæ Capreoli Chronicon de Rebus Brixianorum ad 1500. *Brixiæ, vetustissima editio.* 2—1

2112 Torellus Sarayna de origine & amplitudine Urbis Veronæ. *Verona* 1540. *figur.* 25:

2113 Onuphrii Panvinii Antiquitates Veronenses. *Patavii* 1648. *figur.* 10—2

2114 Julii à Puteo Elogia Judicum Advocatorum Collegii Veronensis. *Verona* 1653. *figur.*

2115 Bernardinus Scardeonius de Antiquitate Urbis Patavii. *Basil.* 1560. 19—5

2116 Monumenta Patavina, collecta & explicata per Sertorium Ursatum. *Patavii* 1652. 12—1

2117 Della felicità di Padoua, da Angelo Portenari. *Padoua* 1623.

2118 Hist. di Padoua da 1234. avanti Christo & 1173. doppo la nascità di Christo, da Sertorio Ursato. *Padoua* 1678. *mar.* 19 ᵗᵗ

2119 Albertini Mussati Hist. Augusta Henrici VII. Cæsaris; cum additionibus variis Chronicorum & monumentorum; per Laur. Pignorium. *Venet.* 1636. 14 ᵗᵗ

2120 H. Palladii de Olivis Res Forojulienses ab Orbe condito ad 452. necnon de oppugnatione Gradiscana. *Utini* 1659. 6 ᵗᵗ

2121 Commentaria Aquileiensia, Jo. Candidi. *Venet.* 1521. 3—1

Tridentum.

2122 Janus Pyrrhus Pincius de gestis Ducum Tridentinorum, & origine Urbis Tridentinæ; necnon de gestis Pontificum Tridentinorum. *Mantua* 1546. 54:

Mantua.

2123　A. Possevini junioris Gonzaga ; addita Genealogia totius Familiæ. *Mantuæ* 1628. 9-5

2124　Processus in causa Castrigufredi nomine Ducis
Mantuæ.

Mutina.

2125　Hist. de' Prencipi di Este, sin à 1476. da Gio.
B. Pigna. *Ferrara* 1570. *mar.* 28-10

2126　J. B. Pignæ de Principibus Atestinis Histor.
libri VIII. ex Italico Lat. per Joan. Baronem. *Fer-*
raria 1584.　8-3

2127　Memorie de gli Eroi della Casa d'Este ch'eb-
bero il dominio in Ferrara, da Fr. Berni. *Ferrara*
1640. 3-4

2128　L'Idea d'un Prencipe christiano in Francesco
I. d'Este di Modona e Reggio Duca VIII. da Domenico Gamberti. *Modona* 1659.

2129　Osservationi fatte in Roma sopra un discorso
intitòlato, breve e sincerissima informazione di
quanto è successo ne gli emergenti ultimamente
occorsi per l'invasione seguita dall'Armi Spagno-
le ne' Stati del Duca di Modena, per Liberio Ve-
ritiere.

Placentia.

2130　Historia ecclesiastica di Piacenza, dal anno 44
sin all'anno 1435. da P. Maria Campi. *Piacenza*
1651. 3. *vol. mar.* 34 ##

2131　Dechiaratione dell'arbore e discendenza di Casa Landi prima detta di Andito, da 1216. sin à
1599. 2.

Genua.

2132　De dignitate Genuensis Reipublicæ disceptatio
P. Bapt. Burgi. *Genuæ* 1646. C. M,

2133　Palazzi di Genova, di P. Paolo Rubens. *Ant-*
versa 1622.　16-1

2134　Palazzi di Genova, cioe disegni di Palazzi e
Chiese, al numero di XXIII. 28-10　2135

2135 Uberti Folictæ Historiæ Genuensium ab anno 1100. ad 1528. *Genua* 1585. 34 [tt]

2136 Istoria di Genova, d'Uberto Foglietta , trad. dal Latino per Fr. Serdonati. *Genova* 1597. 5–5

2137 Annali di Genoa sin à 1528. per Agostino Giustiniano. *Genoa* 1537. 30–5

2138 Pet. Bizari Senatus Populique Genuensis Annales ad 1578. *Antuerp. Plantin.* 1579. 5 [tt]

2139 Articles de Paix entre le Duc de Savoye & la Repub. de Gennes, pour le differend de Zuccarello. 1634.

2140 Controversiæ Finariensis adversus Senatorem Lagunam Cyrologia , auctore Raphaële de Turri. *Genua* 1642.

2141 Arme delle Casate nobili della citta di Genova, da Agostino Fransone. *Genova* 1634. 19–5

2142 Della Famiglia Fiesca , da Federico Federici. *Genova.* 10:

2143 Arbor sive Genealogia Familiæ Scortiæ, Lavaniæ , Ravaschieræ, ab anno 1010. ad 1609. *Neap.* 1611. 9 [tt]

2144 Genealogia della Famiglia Scorza. *Napoli* 1611. 5:

2145 Memorial de la ilustre y antigua Familia Palavicina , por Rodrigo Mendez Sylva. *Madrid* 1649. 3:

Tuscia.

2146 Ethruscarum Antiquitatum fragmenta, reperta à Curtio Inghiramio. *Francof.* (*Florentia*) 1637. 20 [tt]

2147 Croniche di Gio. Villani sin à 1333. *Venet.* 1537. 16–1

2148 Ugolinus Verinus de illustratione Urbis Florentiæ. *Par. Patisson.* 1583. 4–11

2149 Leonardi Aretini Historiæ Florentinæ ad 1402. necnon Ejusdem comm. rerum suo tempore in Italia gestarum, & comm. rerum Græcarum. *Argent.* 1610.

    La medesima Hist. Fiorentina di Leonardo Aretino, tradotta da Donato Acciaioli. *Firenze* 1492.

N

2150 { Hist. Fiorentina di Poggio, da 1284. fin à 1453, tradotta da Giac. Poggio suo figliuolo, Firenze 1492. 5 *tt*

2151 Hist. Fiorentine, di Scipione Ammirato, fin à 1573. *Firenze* 1647. 2. *tom. in* 3. *vol. mar.* 68.

2152 Stephani Joaninensis pentateuchus in Mediceam Monarchiam. *Anchonæ* 1526. *mar.* 15-5

2153 { Vita di Cosimo Medici primo Gran Duca di Toscana, da Baccio Baldini. *Firenze* 1578.
Discorso dell'essenza del fato e delle forze sue sopra le cose del Mondo, dal medesimo Baccio Baldini. *Fiorenza* 1578. 8.

2154 Vita del medesimo Cosimo de' Medici primo Gran Duca di Toscana, da Aldo Manucci. *Bologna* 1586. 4.

2155 Hist. genealogica delle Famiglie nobili Toscane & Umbre, da Eugenio Gamurrini : tom. 2. & 4. *Fiorenza* 1671. & 79. *mar.* 5.

2156 Delle Famiglie nobili Fiorentine, da Scipione Ammirato : parte I. *Fiorenza* 1615. C. M.

2157 Albero della Famiglia de' Conti Guidi, dal medesimo Scipione Ammirato. *Firenze* 1640. C. M. 12.

2158 Ragguaglio dell'origine & antichità della Famiglia Diaceta, da Gioseppe Planzone. *Roma* 1645.

2159 Descendance de Scipion Diaceto d'Acquaviva d'Arragon Duc d'Atrye. 4-11

2160 Storia della citta di Montepulciano, da Spinello Benci. *Fiorenza* 1641. 4.

2161 Fasti Senenses ab Academia Intronatorum editi. 2.

2162 { Relatione d'alcuni successi occorsi alla Republica di Lucca ne gli anni 1638. 39. 40. da poi la venutà à quel Vescovato del Card. Franciotti, da Girolamo Beraldi. *Col.* 1640.
Difesa della Republica di Lucca contro le censure fulminate da Mgr Cesare Raccagni, dal medesimo Beraldi. *Col.* 1640. 2-4

2163 Compendiaria informatio in causa Principa-

tus Plumbini pro Alberico Aragonio Appiano à
Plumbino. *Placentiæ* 1614. 2:

Status Ecclesiæ.

2164 Jo. Genesii Sepulvedæ Historia de Bello admi-
nistrato in Italia à Cardinale Ægidio Alborno-
tio. *Bonon.* 1628. 4—5

2165 Athanasii Kircheri Latium vetus & novum.
Amst. 1671. *figur. mar.* 18:

2166 Roma in ogni stato, da Gasparo Alveri. *Roma*
1664. 2. *vol.* 14—10

2167 Roma Sotterranea, d'Ant. Bosio. *Roma* 1632.
figur. in fol. max. mar. 41 ᵗ

2168 Roma Subterranea novissima post Bosium, per
Paulum Aringhum. *Roma* 1651. 2. *vol. figur.* 15:

2169 Cæsar Rasponus de Basilica & Patriarchio La-
teranensi. *Roma* 1656. *C. M. figur.* 16:

2170 Della trasportatione dell'Obelisco Vaticano,
e delle Fabriche di Papa Sisto V. da Domenico
Fontana. *Roma* 1590. *figur. mar.* 34 ᵗ

2171 Basilica S. Mariæ Majoris de Urbe, descripta
per Paulum de Angelis. *Roma* 1621. *C. M. figur.* 16—10

2172 { Palazzi di Roma, da P. Ferrerio. *Roma.*
Nuova raccolta di Fontane di Roma, Ti-
voli, e Frascati, da Gio. Giac. Rossi.
Nuova raccolta de gli Obelischi e Colonne
antiche di Roma.
Vestigi delle Antichita di Roma, Tivoli,
Pozzuolo, e altri luoghi. *Roma* 1660.
Antiquæ Statuæ Urbis Romæ, per Ph. To-
masinum. *Roma.*
Imagines de Trajano &c.

2173 Ædes Barberinæ ad Quirinalem, descriptæ per
Hier. Tetium. *Roma* 1642. *figur. mar.* 31 ᵗ

2174 Felix Contelorius de Præfecto Urbis. *Roma*
1631. 4—15

2175 { Historia di Casa Orsina, da Fr. Sansovino.
Venet. 1565.
Gli Huomini illustri della Casa Orsina, dal
medesimo Sansovino. *Venet.* 1565. *figur. mar.* 8—1

148   *HISTORIA, in folio.*

2176   Hist. della Casa Colonna , da Filadelfo Mugnos. *Venet.* 1658. *figur.* 8-12

2177   Relazione delle ragioni del Duca di Parma con
  2:   tra la presente occupatione del Ducato di Castro.

2178   Ristretto delle ragioni della Casa d'Este colla Camera Apostolica per Ferrara. 2:

2179   Car. Sigonii Hist. de Rebus Bononiensibus ad 1267. accedunt ejusdem Vita Andreæ Doriæ ; & Emendationes adversùs Robortellum ; & Nic. Gruchius de Comitiis Romanis , cum adversùs illum Sigonii sententiis. *Francof.* 1604. 4:

2180   Hist. di Bologna sin à 1425. da Cherubino Ghirardacci. *Bologna* 1596. 2. *vol.* 35-10

2181   Hier. Rubei Historia Ravennatum ad 1567. *Venet.* 1572: 3-2

2182   Eadem ad 1588. accedunt Concilia antiqua Ravennatum. *Venet.* 1590. 14 *lt*

2183   La Reggia Picena, o de' Presidi della Marca sin à 1445. da Pompeo Compagnoni. *Macerata* 1661. 8-5

2184   Notitie historiche della città d'Ancona , sin à 1673. da Giuliano Saracini. *Roma* 1675. *mar.* 12:

2185   Vite de' Santi e Beati dell'Umbria , per Lod. Jacobilli. *Foligno* 1647. 4-5

Regnum Neapolitanum.

2186   Fr. de Magistris status rerum memorabilium, ac etiam ædificiorum Civitatis Neapolitanæ; cum supplemento Josephi de Magistris. *Neap.* 1678. *mar.* 16-1

2187   M. Ant. Surgentis Neapolis illustrata , cum annot. Mutii Surgentis. *Neap.* 1597. 19-1

2188   Privilegi e Capituli con altre Gratie concesse
  3:   alla citta e regno di Napoli sin à 1541. *Nap.* 1543.

2189   Li medesimi , sin à 1587. *Venet.* 1588. 3:

3: **2190**   Hist. Napoletana, di Fr. de' Pietri. *Nap.* 1634.

2191   Hist. del Regno di Napoli, da Angelo di Costanzo. *Aquila* 1581. 69-19

2192   Hist. de Naples & de Sicile , depuis 1127. jusqu'à 1559. par Matthieu Turpin. *Par.* 1630. 4:

2193 Coronica llamada, las dos Conquiftas del Reyno di Napoles. C*aragoça* 1559.   10 tt

2194 La mifma Cronica del gran Capitan Gonçalo
Fernandes de Cordoua y Aguilar. *Sevilla* 1580. 4-19

2195 Effigie di tutti i Rè che han dominato Napoli, da Henrico Bacco. *Napoli* 1602. 8:

2196 Regum Neapolitanorum Vitæ & Effigies. *Aug.
Vind.* 1605. 8:

2197 De Regni Neapolitani Jure pro Tremollio Duce. *Par.* 1648. 2-5

2198 Garciæ Barrionvevo Panegyricus fcriptus Petro Fernandes à Caftro Lemenfium & Andradæ
Comiti, Proregi Neapolitano. *Neap.* 1616. *figur.* 3:

2199 Lettera d'un Napolitano fcritta di Roma ad un
fuo amico à Napoli. 1647.

2200 Ant. Caracciolus de facris Ecclefiæ Neapolitanæ monumentis; editus & illuftratus à Fr. Bol-
vito. *Neap.* 1645. 5-1

2201 Vite de' fette Santi Protettori di Napoli, da
Paolo Regio. *Nap.* 1579. 2-5

2202 Bart. Chioccarelli Catalogus Antiftitum Neapolitanæ Ecclefiæ ad 1641. *Neap.* 1643. 3-1

2203 Memorie hiftoriche del Sannio chiamato Prin-
cipato d'Ultra, da Gio. Vincenzo Ciarlanti. *Ifernia* 1644.   13 tt

2204 { Jo. Juvenis de antiquitate & varia Taren-
tinorum fortuna. *Neap.* 1589.
Ragioni di precedentia trà il Duca di Ferrara & il Duca di Fiorenza.   50 tt

2205 Delle Famiglie nobili Napoletane, da Scipione Ammirato. *Firenze* 1580. & 1651. 2. *vol.* 16:

2206 Difcorfi delle Famiglie nobili del Regno di Napoli, da Carlo de Lellis. *Nap.* 1654. 4:

2207 Armi o Infegne de' Nobili, da Filiberto Campanile. *Nap.* 1610. 3:

2208 Hift. della Famiglia Gennara o Janara. *Nap.*
1620. 6:

2209 Delle Famiglie eftinte, foraftiere, o non com-
prefe ne' Seggi di Napoli, imparentate colla Cafa della Marra, da Ferrante della Marra Duca
della Guardia. *Nap.* 1641. 4:   N iij

2210 Hift. Familiæ de Morra, auctore M. Ant. de Morra. *Neap.* 1629. *3-14*

2211 Hift. della Famiglia di Sangro, da Filiberto Campanile. *Nap.* 1615. *2-1*

Sicilia.

2212 Th. Fazelli de Rebus Siculis decades duæ, ad 1556. *Panormi* 1560. *6-3*

2213 Due deche dell'Hiftoria di Sicilia, di Tomafo Fazello, trad. dal Latino da Marco Remigio, & accrefciute da Mattino Lafarina. *Palermo* 1608.

2214 Rerum Sicularum Scriptores, Th. Fazellus & alii. *Francof.* 1579. *15-19*

2215 Rocchi Pirri Notitiæ Sicilienfium Ecclefiarum, feu Sicilia facra, libris IV. *Panormi* 1644. *&* 47. 2. *vol. mar.* 20:

2216 Octavii Caietani Vitæ Sanctorum Siculorum. *Panormi* 1657. 2. *vol.* *8-10*

2217 Fr. Baronii ac Manfredis Panormitana Majeftas. *Panormi* 1630. *10 tt*

2218 Palermo antico, facro, nobile, da Agoftino Inveges. *Palermo* 1649. 3. *vol. mar.* *150 tt*

2219 Dichiarazioni della pianta dell'antiche Siracufe, da Vincenzo Mirabella e Alagona. *Nap.* 1613. figur. *390-19*

2220 Annales Meffanenfis Ecclefiæ ab anno 41. ad 483. auctore Car. Morabito. *Meffana* 1666. *5-1*

2221 Melch. Inchofer Epiftolæ B. Virginis Mariæ ad Meffanenfes veritas vindicata. *Meffana* 1629. *10-1*

2222 J. B. de Groffis Catanenfe Decachordum, feu noviffima Catanenfis Ecclefiæ notitia. *Catan.* 1642.

2223 Ejufdem Catana facra, five de Epifcopis Catanenfibus. *Catana* 1654.

2224 Ejufdem Agatha Catanenfis, five de Patria B. Agathæ. *Catana* 1656. *10-1*

2225 Memorie hiftoriche della Citta di Catana fpiegate, nelle quali fi difcorre della vita di S. Agathæ; da P. Carrera Agatheo. *Catania* 1641. *9-1*

2226 Teatro genalogico delle Famiglie nobili di

Sicilia, da Filiberto Mugnos. *Palermo.* 1647. &
1655. 2. *vol.* 14:

Sardinia.

2227   Salvat. Vitalis Annales Sardiniæ ab anno Mundi 1880. feu Diluvii 224. ad annum Chrifti 139.
feu Mundi 3952. *Florent.* 1639. 29

2228   Hiſt. general de la Iſla y Reyno de Sardeſia,
haſta 1640. por Fr. de Vico. *Barcelona* 1639. 2.
vol. 36—10

2229   Apologatio honorifica de Fr. de Vico à las ob-
jeciones que haze à ſu Hiſtoria general Salvador
Vidal. *Madrid* 1643. 1—10

2230   Triumpho de los Santos del Reyno de Cerdeña, por Dioniſio Bonfant. *Caller* 1635.

2231   Breve tratado del Primado de Cerdeña y Cor-
cega en favor de los Arçobiſpos de Caller, por
el miſmo Dioniſio Bonfant. *Caller* 1637.

2232   Defenſio Sanctitatis B. Luciferi Archiepiſcopi
Calaritani & aliorum Sanctorum quos colit Ca-
laritana Eccleſia, per Ambr. Machin Archiep.
Calaritanum ; cum ejuſdem defenſione Primatus
Archiepiſcopi Calaritani. *Calari* 1639.

HISTORIA GERMANICA,

ET VICINARUM AC SEPTENTRIONALIUM REGIONUM.

2233   Mich. Hertzii Bibliotheca Germanica, ſive
Notitia Scriptorum Rerum Germanicarum. *Fr-
furti* 1679.
        Jac. And. Cruſii Witikindus, ſive Vita Wi-
tichindi Ducis Saxonum. *Minda* 1679. *mar.* 24—10

2234   Matthæi Meriani Topographia Germaniæ : Germanicè. *Francof.* 1642. & *feqq.* 14. *vol. figur.*
mar. 3 50—1

2235   Fr. Irenici Germaniæ exegeſis. *Baſ.* 1567. 3—1

2236   Beati Rhenani Res Germanicæ. *Baſil.* 1551. 1:

2237.   J. Ang. à Werdenhagen de Rebuspublicis Han-

featicis; cum figuris Meriani. *Francof.* 1641. 2.
vol. 95:

2238   Gafp. Bruſchii MonaſteriorumGermaniæ Chronologia. *Ingolſtadii* 1551. 3-1

2239   Gab. Bucelini Germania topo-chrono-ſtem-
mato-graphica ſacra & prophana. *Ulma* 1655. 3.
vol. 9:

2240   Melch. Goldaſti Haiminsfeldii Politica Impe-
rialia. *Francof.* 1614.   10:

2241   Rerum Germanicarum Scriptores, editi à Jo.
Piſtorio. *Francof.* 1607. & 1613. 3. *vol.* 16-10

2242   Hiſtorici illuſtres Germaniæ, per Chriſtianum
Urſtiſium collecti. *Francof.* 1585. 6-5

2243   Veteres Scriptores de Cæſarum & Imperatorum Germanicorum rebus geſtis, à Juſto Reu-
bero editi. *Francof.* 1584. 6:

2244   { Germanicarum Rerum Scriptores aliquot
inſignes, ex edit. Marquardi Freheri. *Francof.* 1600. 1602. & 1611. 3 *tomis.*
Scriptores Rerum Germanicarum Septentrionalium, editi ab Erpoldo Lindenbrogio.
Francof. 1609. 2. *vol.* 24-5

2245   Alamannicarum Rerum Scriptores, per Mel-
chior.HaiminsfeldiumGoldaſtum. *Francof.* 1606.
3. *tom. in* 1. *vol.* 10-5

2246   Hiſtoricorum opus de Rebus Germanicis, ex re-
cenſione Simonis Schardii. *Baſil.* 1574. 3. *vol.*
mar. 80 #

2247   Corpus Hiſtoricum medii ævi, ſive Scriptores
de Rebus Germanicis à Carolo M. ad finem ſæculi XV. editi à Jo. Georgio Eccardo. *Lipſiæ* 1723.
2. *vol.* 36:

2248   J. Phil. à Vorburg Hiſt. Romano-Germanica
ab Orbe condito, ad annum Chriſti 423. *Francof.* 1645. 4. *vol.* 30:

2249   Reginonis Chronicon, à Chriſto ad 967. *Mog.*
1521. 10:

2250   Jo. Palatii Aquila inter Lilia, ſive Monarchia
Occidentalis Francorum Cæſarum à Carolo M.
ad Conradum Imperatorem X. *Venet.* 1671. *figur.*
mar. 40:

2251 Æneæ Sylvii (posteà Pii II. Papæ) Hift. rerum Friderici III. Imp. cum annot. Jo. Henr. Boëcleri ; & additionibus hiftoricis. *Argent.* 1685. *figur.* 10—10

2252 { Hift. Maximiliani I. per Juftinum Goblerum : Germanicè. *Francof.* 1566.
Hiftoria Brandenburgica, ab anno 768. ad 1279. carmine Germanico , per eundem Goblerum. *Francof.* 1566.
Leonharti Fronfpergeri Architectura civilis : Germanicè. *Francof.* 1564. 10—10

2253 Hiftoria y primera parte de la Guerra que Carlos V. movio contra los Principes y Ciudades rebeldes del Reyno de Alemania , por P. de Salazar. *Napoles* 1548. 6—9

2254 Ofeæ Schadæi continuatio Hift. Jo. Sleidani , ab anno 1518. ad 1620. Germanicè. *Argent.* 1625. 4. tom. in 2. vol. 15 ᵗᵗ

2255 Fama Auftriaca : Germanicè. *Colon.* 1627. 4.

2256 Julii Belli Laurea Auftriaca , five comment. de Bello Germanico ab anno 1617. ad 1628. *Francof.* 1627. *figur.* 4.

2257 Cornelii Danckaerts Hiftoria Bellorum Guftavi Adolphi in Germania : Belgicè. *Amft.* 1642. 3—10

2258 Benigni Julii de Bello Germanico inter Matthiam, Ferdinandum II. & III. & Guftavum Adolphum , Ludovicum XIII. & alios Principes, libri XIII. ab anno 1617. ad 1638. *Francof.* 1638. *figur.* 16.

2259 { Jufti Afterii (J. Stellæ) Examen Comitiorum Ratisbonenfium , feu difquifitio de nupera electione Regis Romanorum. *Hanoviæ (Parif.*) 1637.
Ejufdem Deploratio Pacis Germanicæ, feu differtatio de Pace Pragenfi anni 1635. *Par.* 1636. 1—14

2260 P. Lotichii Res Germanicæ fub Matthia, & Fernandis II. & III. ab anno 1617. ad 1643. *Francof.* 1646. 2. *vol. cum figuris Meriani.* 27—10

2261 Hift. di Leopoldo Cefare , da Galeazzo Gualdo Priorato. *Vienna d'Auftria* 1670. 2. *vol. figur. mar.* 60—1

2262   H. Pantaleonis Prosopographia illustrium Virorum totius Germaniæ. *Baf.* 1565. 3. *tom. in* 1. *vol.* 24.

Provincia Germanica.

2263   Chronicon Helveticum : Germanicè. *Basilex.*

2264   Annales Helvetici ab anno 1191. ad 1627. per Mich. Stettler : Germanicè. *Bernæ* 1627.

2265   Annales Basileenses, ab anno 200. ad 1580. per Christianum Wurstisen : Germanicè. *Basil.* 3.

2266   Christop. Hartmanni Annales Eremi Deiparæ Matris Monasterii in Helvetia, Ord. S. Bened. à 832. ad 1606. accedunt Vita S. Meginradi, auctore Bernone; & Vita Sanctæ Adelheidis. *Friburgi Brisgoviæ* 1612.

2267   Jo. Guleri Descriptio Rhetiæ : Germanicè. *Tiguri* 1616.

2268   Fr. de Rosieres Stemmata Lotharingiæ ac Barri Ducum, ab anno 440. ante Christum ad 1575. *Par.* 1580.

2269   Antiquitez de la Gaule Belgique, Royaume de France, Austrasie & Lorraine, depuis Jules Cesar jusqu'à 1545. par Richard de Wassebourg. *Par.* 1549.

2270   Considerations historiques sur la Genealogie de la Maison de Lorraine, par Louis Chantereau le Febvre. *Par.* 1642. *mar.*

2271   P. de Blarrorivo Nanceis, seu de Bello Nanceiano. *Ad S. Nicolaum de Portu, per   etrum Jacobi Presbyterum loci Paganum,* 1518. *figur.*

2272   Victoire d'Antoine Duc de Lorraine sur les Lutheriens du Pays d'Aulsays, par Nicole Volkyr de Serouville. *Par.* 1526.

2273   Hist. des Evêques de Metz, par Martin Meurisse Ev. de Madaure. *Metz* 1634.

2274   La veritable Origine des Maisons d'Alsace, Lorraine, Austriche, Bade &c. par Jerosme Vignier. *Par.* 1649.

2275   Chronicon Alsatiæ : Germanicè. *Argent.* 1592. *mar.*

2276 Mart. Crusii Annales Suevici ad 1594. *Fran-*
cof. 1595. 2. *vol.* 18–1

2277 Marci Velseri opera. *Norimb.* 1682. *figur. mar.* 22.

2278 Ejusdem Res Augustanæ Vindelicæ. *Venet.* 1594.
figur. mar. 14–2

2279 Imagines Sanctorum Augustanorum Vindelico-
rum, æneis tabellis eleganter expressæ, cum brevi descriptione. *Aug. Vind.* 1601. 3

2280 Basilica SS. Udalrici & Afræ, descripta cum
brevi chronico ab anno 46. ad nostra tempora,
per Bern. Hertfelder. *Aug. Vind.* 1627. *figur.* 3–1

2280* Fuggerorum & Fuggerarum Imagines, ære
expressæ per Lucam & Wolfgangum Kilianos.
Aug. Vind. 1618. 37–19

2281 Genealogia Ducum Bavariæ, Germanicè; cum
quorumdam imaginibus; per Wolfgang. Kilia-
num. *Augsburgi* 1623.

2282 Vaticinia Gloriæ Bavaricæ à nominibus in-
ditis Infanti Bavarorum Principi; auctore Josepho Maria Maraviglia: accedunt Instructio e-
jusdem Principis; & Series Principum, Regum,
Imperatorum à quibus ortum ducit Infans Bavarorum Princeps, ex Genealogia Christop. Gewoldi.
Venet. 1663. 3

2283 Joan. Adelzreiter assertio Electoratus Bavarici.
1643. 1.

2284 Joan. Aventini Annales Boiorum ad 1460. *In-
golstad.* 1554. 3.

2285 Iidem. *Basil.* 1580. 3.

2286 Jo. Adelzreiter Historia Bavarica, seu Annales Boïcæ Gentis ad 1652. *Monachii* 1662. 3. tom.
in 2. vol. 24–4

2287 Matthæi Raderi Bavaria sancta & pia. *Monaci*
1615. 24. & 28. 3. vol. cum figur. utriusque Sadeler. 102

2288 Metropolis Salisburgensis, auctore Wiguleo
Hund à Sultzenmos; cum notis Christophori Gewoldi. *Monachii* 1620. 3. vol.

2289 Chronicon Monasterii Scheirn, Ord. S. Bened.
auctore Conrado Schirensi Monacho; sedente cum

addit. & notis Stephano Abbate Schirensi. *Ingol-*
stadii 1623. 6:

6:2290   Marquardi Freheri Origines Palatinæ. 1613.

2291   Caroli Ludovici Comitis Palatini Epistolæ duæ,
1636. 10

2292   Vindiciæ Causæ Palatinæ pro Carolo Ludovico
Comite Palatino, per Jo. Joach. à Rusdorf. 1640.

2293   Vindiciæ à fœderatis Electoribus, Principibus,
Statibus, & immediato Equestri Ordine, opposi-
tæ Palatino Wildfangiatui. *Mog.* 1666. 2-10

2294   Antiquitates & Annales Trevirenses ad 1652.
auctoribus Christophoro Browero, & Jac. Mase-
nio. *Leodii* 1670. 2. *vol. figur. mar.* 60-3

2295   Will. Kyriandri Annales sive commentarii de
origine & statu civitatis Augustæ Trevirorum.
Biponti 1603. 2:

2296   Herm. Crombach Primitiæ Gentium, sive Historia & encomium trium Magorum Evangeli-
corum. *Col.* 1654. 23:

20:2297   Ejusdem Sancta Ursula vindicata. *Col.* 1647.

2298   Bart. FizenHist.Ecclesiæ Leodiensis ad an. 1252.
Leodii 1642.

2299   Ejusdem Flores Ecclesiæ Leodiensis, sive vita
vel elogia Sanctorum Diœcesis Leodiensis. *Insulis*
1647. 6:

2300   Le miroir des Nobles de Hasbaye, composé
en forme de Chronique, par Jacq. de Hemricourt,
où il traite des Genealogies de l'ancienne Noblesse de Liege, depuis l'an 1102. jusqu'en 1398.
mis en nouveau langage par le Sieur de Salbray.
Bruxel. 1673. *figur. mar.* 15-19

2301   Adelardi Erichii Chronicon Cliviense & Julia-
cense ad 1610. Germanicè. *Lipsiæ* 1611.

2302   Wernheri Teschenmacher Annales Cliviæ-Ju-
liæ-Montiæ, Marchiæ, Ravensburgiæ. *Arnhemii*
1638. 14:

2303   J.N. Sellii Vesaliæ obsequens. *Vesaliæ Clivorum*
1665.

2303*   Icones Ducum & Comitum Cliviæ, ad 1521.
cum synopsi historica : Germanicè. 3:

2304

2304 { Genealogiæ Regum, Electorum &c. qui origines suas à Saxonum Rege Wedekindo deducunt; per Eliam Reusnerum Leorinum. *Lipsiæ* 1610.

Icones Electorum & Ducum Saxoniæ, per eundem Reusnerum. *Jenæ* 1597.

2305 { Annales Witichindi Monachi Corbeiensis ad 937. cum appendice de familia & gestis Palatinorum Saxoniæ : accedit Historia Henrici Leonis Ducis Saxoniæ : edente Reinero Reineccio. *Francof.* 1577.

Chronicon Ditmari Episc. Mersepurgii ab anno 936. ad 1018. ex edit. ejusdem Reineccii. *Francof.* 1580.

Annales Helmoldi Presbyteri, seu Chronica Slavorum à Carolo Magno ad 1208. accedit Vita Henrici IV. Imp. & Hiltebrandi Pontif. Rom. ex edit. ejusdem Reineccii. *Francof.* 1581.

Cosmæ Pragensis Chronica Bohemorum ad 1126. & Vita S. Adalberti Ep. Pragensis. *Hanoviæ* 1607. 24.

2306 Annales Saxonici Witichindi Monachi Corbeiensis, cum notis H. Meibomii, & additionibus variis. *Francof.* 1621. 2.

2307 { Alberti Krantzii Saxonia, ad 1500. *Francof.* 1580.

Ejusdem Metropolis Hamburga, à 780. ad 1504. *Francof.* 1590. *mar.*

Ejusdem Dania ad 1504. Suecia ad 1500. Norvagia ad 1500. cum additionibus. *Francof.* 1583.

Ejusdem Wandalia ad 1500. *Francof.* 1580. 2. *vol. mar.* 19—5

2308 { Eadem Krantzii Metropolis. *Francof.* 1590.

Scriptores Rerum Germanicarum Septentrionalium, editi ab Erpoldo Lindenbrogio. *Francof.* 1630. 6—5

2309 Georgii Fabricii Chemnicensis Res Saxoniæ universæ ad 1609. & ejusdem Res Misnicæ. *Lipsiæ* 1609. 2. tom. in 1. vol. 24-1   O

2310 { Ejusdem Saxoniæ illustrata, ad 1605. Lipsia 1606.
Effigies Saxoniæ Electorum & quorumdam
Ducum agnatorum, æri incisæ à Wolfg. Ki-
liano, cum comment. historico. *Aug. Vind.*
1621. 4-19

2311　Davidis Chytræi Saxonia à 1500. ad 1611.
Lipsia 1611. *mar.* 35-19

2312 { Jo. Palatii Aquila Saxonica, sive Imperatores Saxones. *Venet.* 1673. *figur.*
Ejusdem Aquila sancta sive Bavarica. *Venet.*
1674 *figur. mar.* 8 H

2313　H. Buntingii Chronicon Brunswicense: Germanicè. *Magdeburgi* 1620.

2314　H. Meibomii Panegyricus de Brunswicensi ob-
sidione. *Helm.* 1671. 1-10

2315　And. Angeli Annales Marchiæ Brandenburgi-
2:cæ: Germanicè. *Francof. super Oderam* 1598.

2316　Merovea, sive origines Familiarum Brandeburgicæ & Zollerensis in Germania, Columniæ
5-1　& Collaltæ in Italia, à Regibus Francorum Me-
roveis; auctore Jac. Zarabella. *Patav.* 1660.

2317　Dan. Crameri Chronicon Pomeraniæ: Germ.
Stetini 1628. 4:

2318　Gasp. Schutzen Hist. Rerum Prussicarum ad
1577. continuata per David. Chytræum: Germanicè. *Lipsia* 1599. 5-8.

2319 { Rerum Bohemicarum antiqui Scriptores,
editi per Marq. Freherum: accedunt seorsim
Jo. Dubravii Historiæ Bohemicæ commenta-
rii. *Hanovia* 1602.
Cosmæ Pragensis Chronica Bohemorum.
Hanovia 1607.
Georgii Bartholdi Pontani Bohemia pia.
Francof. 1608. 15:

2320　Bohuslai Balbini epitome historica Rerum Bohemicarum. *Praga* 1677.

2321　Ejusdem Miscellanea historica Regni Bohemiæ.
Praga 1679. 52:

2322　Zachariæ Theobaldi Bellum Hussiticum. *Fran-*
cof. 1621. 4-10

five Ducatus Carniolæ Annales ad annum 1000.
Labaci 1681. *mar.* 15-19

Hungaria.

2337   De Monarchia & facra Corona regni Hunga
riæ, auctore P. de Rewa Comite Turocenfi ; cum
catalogo Palatinorum & Judicum ejufdem Regni
per Gafp. Jongelinum. *Francof.* 1659. 2-9

2338   Jo. de Thwrocz Chronica Hungarórum ad
1464. *In Civitate Brunenfi Moraviæ* 1488.13-10

2339   Rerum Hungaricarum Scriptores. *Francofurt*
1600. 12-19

2340   Ant. Bonfinii Res Ungaricæ ad 1495. cum ap
pendice aliorum de Ungaria Scriptorum. *Baf*
1568. 3:

2341   Nic. Ifthuanfii Hiftoriæ de Rebus Ungaric
à 1490. ad 1605. *Col.* 1622. 4-5

2342   Attioni de' Re' dell'Ungaria da 378. à 160
per Ciro Spontone. *Bologna* 1602.

2343   Fr. Com. de Nadafd Maufoleum Regum & D
cum Regni Apoftolici , id eft, Ungariæ, ad 16
Norimb. 1664. *figur.* 4-5

2344   Melch. Inchofer Annales ecclefiaftici reg
Hungariæ ad 1059. *Romæ* 1644. 6:

2345   J. Lucius de regno Dalmatiæ & Croatiæ. *Am*
1666. 13:

2346   Il regno de' Slavi detti Schiavoni , Hift.
Mauro Orbini, fino à 1370. *Pefaro* 1601. 4:

2347   J. Tomci Marnavitii Regiæ Sanctitatis Illy
canæ fœcunditas. *Romæ* 1632. 3:

Polonia.

2348   Polonicæ Hiftoriæ corpus , feu Rerum Polo
carum Scriptores, editi à Jo. Piftorio. *Baf.* 1
3. *tom. in* 1. *vol. mar.* 34:

2349   J. Dlugoffi feu Longini Hift. Polonica I
ad *Dobromili* 1614.

      Matthiæ Miechovienfis Chronicon regni
      lonici ad 1505. *Cracoviæ* 1521.

2350   Jodocus Lud. Decius de vetuftatibus Po

[norum, de Jagellonum Familia, & de Sigif-
mundi Regis temporibus. *Crac.* 1521. 10-1]

2351   Mart. Cromeri Chronica Polonorum, ad annum 1505. Polonicè. *Cracov.* 1611.

2352   Ejuſd. Cromeri Varmienſis Epiſcopi Polonia
ſive de Origine & rebus geſtis Polonorum libri
XXX. cum variis ad continuationem ſeu ſupple-
mentum. *Col.* 1589. 8-1

2353   Reinholdi Heidenſteinii Res Polonicæ ab ex-
ceſſu Sigiſmundi Auguſti. *Francof.* 1672. 2-1

2354   Staniſlai Lubienſki Ep. Plocenſis opera poſthu-
ma. *Antuerp.* 1643. 5-10

2355   Sam. Nakielſki Miechovia, ſive promptuarium
Antiquitatum Monaſterii Miechovienſis Ord.
Can. Regul. *Cracov.* 1634.   13-18

2356   Sim. Okolſki Orbis Polonus, in quo antiqua
Sarmatarum Gentilitia pervetuſtæ Nobilitatis Po-
lonæ Inſignia. *Cracov.* 1641. 3. *vol.* 45-1

2357   Simon. Starovolſcii Monumenta Sarmatatum
viam univerſæ carnis ingreſſorum. *Cracov.* 1655. 14-

2358   Staniſlai Lubieniecii Monumentum Radzivi-
lianum. 1670. 4-10

2359   Proceſſus judiciarius in cauſa Georgii Lubo-]
mierſki. *Varſavia* 1666.

Moſcovia.

2360   Auguſtini de Mayerberg iter in Moſchoviam:
accedunt Statuta Moſchovitica, ex Ruſſico Lat.
verſa. 1663. *mar.*   9-15

2361   Rerum Moſchoviticarum Auctores varii. *Francof.* 1600. 22:

Suecia.

2362   Olavi Rudbeckii Atlantica, ſive Manheim vera Japheti Poſterorum ſedes ac patria, ex qua
non tantum Monarchæ & Reges totius ferè Orbis reliqui, ſed etiam Scythæ, Barbari &c. exie-
runt: Opus conſcriptum Latinè & Suecicè. *Up-
ſala.* 15-10

2363   Olai Magni Hiſtoria de Gentium Septentrionalium conditionibus. *Roma* 1555. *16.*

2364   Ejusd. Olai Magni Gothorum, Sueonumque Historia ad 1520. *Roma* 1554. *14.*

2365   Chronica Suecorum : Succicè. *Wysingzburgi* 1670.

2366   Bogislai Philippi à Chemnitz Bellum Sueo-Germanicum Gustavi Adolphi II. & Magni anno 1632. *Stetini* 1648.   *2.*

2367   Idem *:* Germanicè. *Stetini* 1648.

2368   Sam. Pufendorfii comment. de Rebus Suecicis ab expeditione Gustavi Adolphi in Germaniam ad abdicationem Christinæ. *ultraj.* 1686. *23-1*

2369   Olai Magni Hist. Metropolitanæ Ecclesiæ Upsalensis. *Roma* 1560. *10-19*

2370   Jo. Vastovii Vitis Aquilonia, seu Vitæ Sanctorum Magnæ Scandinaviæ præsertim regni Gothorum. *Colon.* 1623. *2-11*

2371   Hervarar Saga, seu aliquot Urbium Septentrional. Historia : Succicè ; cum notis Olai Verelii. *upsala* 1672. *4-19*

2372   Histoire du Regne de Charles Gustave Roy de Suede, trad. du Latin de Samuel de Pufendorf. *Nuremberg* 1697. 2. *vol. figur.* *60 #*

Dania.

2373 ⎰ Danica monumenta, ab Olao Wormio edita. *Hafniæ* 1643.
Duplex series Regum Daniæ, & descriptio limitum inter Daniam & Sueciam, cum notis ejusdem Olai Worm. *Ibidem* 1642.
Ejusdem Fasti Danici. *Ibid.* 1643. *16.*

2374   Jo. Jani Svaningii Chronologia Danica ad 1650. *Hafniæ* 1650. *2.*

2375   Saxonis Grammatici Historia Danica, ad annum 1186. *Francof.* 1576. *2-11*

2376   Eadem, cum notis Stephani Joannis Stephanii. *Soræ* 1644. *mar.* *28.*

2377   Jo. Is. Pontani Rerum Danicarum Historia, ad 1448. accedit ejusdem chorographica regni Daniæ descriptio. *Amst.* 1631. *15.*

2378 { J. Meursii Hist. Danica ad 1523. *Amst.*
Blaeu, 1638.
      Ejusdem Hist. Belgica , ab anno 1550. ad
1609. *Ibid.* 4-3

2379   Cl. Christ. Lyschandri Synopsis Historiarum
Danicarum : Danicè. 1622.

2380   Hermanni Hamelmanni Chronica Oldenbur-
gensis ad ann. 1599. Germanicè. 1599.

2381   Jo. Gustavi Oernewinge Genealogia Brahæa.
Holmiæ 1648. 2-19

Belgium.

2382   Collectio Tabularum geographicarum Belgii.

2383   Theatrum Urbium Belgicæ Regiæ, Jo. Blaeu.
Amstel. figur. 6-5

2384   Ejusdem Theatrum Urbium Belgicæ Fœdera-
tæ. *Ibid. figur.*

2385   Adr. Srieckii Origines Rerum Celticarum &
Belgicarum. *Ipris* 1614. 6-1

2386   Description des Pays-bas, trad. du Latin de Loys
Guicciardin. *Amst.* 1625. *figur.* 4-15

2387   Auberti Miræi Chronicon Rerum Belgicarum
ad 1635. *Antuerp.* 1636.

2388   Ægidii Bucherii Belgium Romanum ecclesiasticum & civile. *Leodii* 1655. 4-5

2389   Jac. Meyeri Annales sive Historiæ Rerum Belgicarum, ex diversis auctoribus. *Francof.* 1580.
mar. 11:

1390   Ejusdem Annales Rerum Flandricarum ad
1476. *Antuerp.* 1561. *mar.* 8-5

2391   Anales de Flandes, hasta 1477. por Emanuel
Sueyro. *Anvers* 1624. 2. *vol.* 4:

2392 { Chronique de Flandres, depuis 792. jusqu'en 1384. continuée par Denis Sauvage jusqu'en 1435. *Lyon, Roville*. 1562.
      Memoires d'Olivier de la Marche , depuis
1435. jusqu'en 1492. publiez par le même Sauvage. *ibid.* 1562. 18-1

2393   Ponti Heuteri opera historica Burgundica, Au-
striaca, Belgica, ab anno 1346. ad 1563. *Lova-
nii* 1643. 3:

2394   Mich. Aitfingeri Leo Belgicus, ab anno 1559. ad 1587. *Colon.* 3:

2395   Famianus Strada de Bello Belgico à 1555. ad 1590. *Roma* 1640. 2. *vol.* 40-5

2396   Strada de la Guerre de Flandres, trad. par Pierre du Ryer. *Parif.* 1644. 2. *vol.* G. P. 9-2.

2397   Everardi Reidani Belgarum Annales, ab anno 1559. ad 1601. *Lugd. Bat.* 1633. 4:

2398   Hift. de las Guerras civiles de Flandes, desde 1559. hafta 1609. por Ant. Carnero. *Brufelas* 1625. 12-5

20-15 2399   Opere del Card. Bentivoglio. *Par.* 1645. C. M.

2400   Hugonis Grotii Annales & Hiftoriæ de Rebus Belgicis, ab anno 1566. ad 1609. *Amft. Blaeu,* 1657. 5:

2401   Annales & Hiftoire des Pays-Bas , trad. du Latin de Grotius. *Amft. Blaeu,* 1662. *mar.* 9-1

2402   Angelus Galluccius de Bello Belgico, ab anno 1592. ad 1609. *Roma* 1671. 2. *vol. mar.* 36:

2403   Eman. Meterani Hift. Belgica, ab anno 1369. ad 1611. *Vbiis* 1597. 3:

2404   Hift. des Pays-Bas, trad. du Latin d'Emanuel Meteren , par Jean de la Haye. *La Haye* 1618. *figur.* 13:

2405   Hift. generale de la Guerre de Flandres , depuis 1559. jufqu'à 1632. par Gab. Champuys. *Paris* 1633. 3:

2406   Annales des Provinces Unies des Pays-Bas, par Jacq. Bafnage. *La Haye* 1719. *figur.* 26:

2407   Hiftoire des Provinces Unies des Pays-Bas, par M. Jean le Clerc. *Amft.* 1722. *figur.* 31:

Belgium Regium.

2408   { Lettre du Roy à la Reine d'Efpagne. 1667.
         Epiftola Marchionis de Caftel-Rodrigo ad Regem Chriftianiffimum. 1667.
         Declaration du Roy touchant les Pays-Bas.

2409   Refponfio Hifpanienfis ad tractatum Franciæ fuper Juribus vel obtentibus Reginæ Chriftianiffimæ. 1674. 2:

2410 Ant. Sanderi Flandria illuſtrata. *Colon.* 1641.
2. *vol. figur. mar.* 70:

2411 Olivarii Vredii Hiſtoriæ Comitum Flandriæ
pars prima, Flandria, Ethnica. *Brugis* 1650.

2412 Ejuſdem Hiſtoriæ Comitum Flandriæ pars altera, Flandria Chriſtiana ad 767. *Ibid.* 6:

2413 {
Genealogie des Foreſtiers & Comtes de Flandres, finiſſant à Albert & Iſabelle, par Cor-
nille Martin. *Anvers* 1612. *figur.*

Chronique des Ducs de Brabant, finiſſant
à 1600. par Adrien de Barlande. *Anvers* 1612.
figur.

Vies & Alliances des Comtes de Hollande,
Zelande, Seigneurs de Friſe, finiſſant à Philippe II. d'Eſpagne. *Anvers* 1586. /4.'

2414 Olivarii Vredii Genealogia Comitum Flandriæ
ad Philippum IV. Hiſpaniæ Regem. *Brugis* 1642.
2. *vol.*

2415 Ejuſdem Sigilla Comitum Flandriæ ad Philippum IV. *Brugis* 1639. *figur.* 9-1

2416 Joan. Buzelin i Gallo-Flandria, & ejus Annales ad 1610. *Duaci* 1625. 8:

2417 P. Prataei Laurus Flandrica anni 1646. *Lugd.*
Bat. 1646. 10

2418 Recherche des Antiquitez & Nobleſſe de Fran-
dres juſqu'à 1630. par Ph. de l'Epinoy. *Doüay*
1631. 15-10

2419 Ant. Sanderi Chorographia ſacra Brabantiæ,
Eccleſiarum & Cœnobiorum ejus deſcriptio. *Bru-*
xell. 1659. *figur. mar.* 16:

2420 Hadr. Barlandi Chronica Ducum Brabantiæ,
ad 1600. accedit Melchioris Barlæi Brabantias,
Poëma. *Antuerp.* 1600.

2421 Fr. Haræi Annales Brabantiæ ad 1609. *Antuerp.*
1623. 2. *vol. figur.* 6:

2422 Trophées de la Duché de Brabant, par Chriſ-
tophle Butkens. *Anvers* 1637. 2. *vol. figur.*

2423 Erycii Puteani Bruxella ſeptenaria. *Bruxell.*
1646. 1-10

2424 Antiquitez de la Gaule Belgique, & Annales

de Haynaut, jusqu'en 1244. par Jac. de Guise.
Paris 1531. *1-15*

2425   Annales de la Province & Comté d'Haynaut,
jusqu'en 1558. par Fr. Vinchant, continuez par
Ant. Ruteau. *Mons* 1648. *10:*

2426   Balducini Avenionensis Chronicon seu Historia
genealogica Comitum Hannoniæ , deducta ad
1625. aucta per Jac. Baronem le Roy. *Antuerp.*
1693. *1-19*

2427   Hist. de la Ville & Comté de Valenciennes
jusqu'à 1590. par H. d'Oultreman, augmentée par
P. d'Oultreman. *Doüay* 1639. *8-10*

2428   Legatus Ecclesiasticus pro Ecclesia Cameracensi
ad Regem Hispaniarum. *3:*

2429   Hist. du Siege de Hesdin , par Ant. de Ville.
Lyon 1639. *1-10*

2430   Genealogie de Croy, par Jean Scohier. *Doüay*
1589. *6-10*

2431   Les marques d'honneur, ou Genealogie de la
Maison de Tassis, par Jules Chifflet. *Anvers*
1645. *1-10*

2432   Genealogie de la Maison de la Tour, par En-
gelbert Flacchio. *Bruxelles* 1709. *3. vol. figur.*
G. P. *50:*

2433   Copies de Patentes concernant aucunes charges
& titres de ceux de la Maison & Famille des Comtes d'Issenghien modernes , & de leurs ancêtres. *3:*

2434   Origine & table genealogique de la Maison de
Sohier. *Leide* 1644. *mar. 20:*

Belgium Fœderatum.

2435   Chronique ancienne & moderne de Hollande,
Zelande, Westfrise, Utrecht, Frise, Overissel &
Groningue, jusqu'à la fin de 1600. par J. Fr. le
Petit. *Dordrecht* 1601. *2. vol. mar.* *25-9*

2436   Henrici Hexham diarium præclarè gestorum
Principis Auriaci anno 1632. Belgicè. *Hagacom.*
1633.

2437   Narratione della vittoria ottenuta dall'Armata
Olandese sopra l'Inglese à vista del porto di Livorno. *Livorno* 1653. *1:*

2438 Rerum Belgicarum Annales, ex auctoribus variis collectis, per Fr. Sweertium. *Francof.* 1620. *mar.* 2-1

2439 Principes Hollandiæ & Frifiæ , ab anno 863. ad 1648. per P. Scriverium. *Harlemi* 1650. *figur.* 1-19

2440 Jo. If. Pontani Rerum & Urbis Amftelodamenfium Hiftoria. *Amft.* 1611. *figur.* 12-19

2441 Ubbonis Emmii Rerum Frificarum Hiftoria ad 1564. *Lugd. B.* 1616. ʃ-ʃ

2442 P. Winfemii Hiftoria Rerum Frificarum , ab anno 1555. ad 1581. *Leovardiæ* 1646.

2443 Statuta & Leges Academiæ & Bibliothecæ Franekeræ Frifiorum. *Franckeræ* 1647. 6:

2444 Effigies & Vitæ Profefforum Academiæ Groningæ & Omlandiæ. *Groninga* 1654. 2-11

2445 Hug. Grotii Grollæ obfidio anno 1627. *Amft.* 1629. *figur.* 1:

2446 Chronicon Joannis de Beka de Epifcopis Ultrajectinis ad 1393. cum appendice Suffridi Petri ad 1529. accedunt Wilhelmi Heda Hiftoria Epifcoporum Ultrajectenfium ad 1529. cum notis Arnoldi Buchelii & append. Suffridi Petri ; necnon Lamberti Hortenfii Secefftones civiles Ultrajectinæ & Bella ab anno 1524. *vltraj.* 1643.

2447 J. Ifacii Pontani Hift. Gelrica ad 1581. *Hardelvici Gelrorum* 1639. *mar.* 19:

2448 { Affertio Juris Caroli V. in Geldriæ Ducatu & Zutphaniæ Comitatu in Comitiis Ratisbonenfibus. 1541.

Refponfio Henrici Junioris Braunfvicenfium & Luneburgenfium Ducis contrà Electorem Saxoniæ & Lantgravium Haffiæ in Comitiis Spirenfibus. 1544. 2-ʃ }

2449 Hermanni Hugonis Bredana Obfidio ab Ambr. Spinola anno 1624. *Antuerp.* 1629.

2450 Siege de Bois-le-Duc par le Prince d'Orange en 1629. décrit par Jacques Prempart. *Leeuward* 1630. 1-1

2451 Jo. Orlers Genealogia Comitum Naffoviæ, ab anno 682. ad 1616. *Lugd. Bat.* 1616. 2-1

2452   Genealogie & Lauriers des Comtes de Naſſau.
Amſt. 1624. 3-19

2453   Genealogie de la Maiſon de Linden au Duché
de Gueldres , par Chriſtofle Butkens. *Anvers*
1626. *figur.* 12-10

HISTORIA BRITANNICA,

SEU REGNORUM MAGNÆ BRITANNIÆ.

2454   Guil. Camdeni Britannia. *Lond.* 1607. *figur.*

2455   { Jo. Speedi Deſcriptio præcipuarum Orbis
partium : Anglicè. *Lond.* 1646. *figur.*
Ejuſdem Theatrum Imperii Magnæ Britanniæ : Anglicè. *Lond.* 1627. *figur.* 5.

2456   Idem Theatrum Imperii Magnæ Britanniæ Latinè verſum ex Angliço à Philemone Hollando.
Lond. 1616. *figur.* 6.

2457   Theatre de la Grande Bretagne. *Londres* 1708.
2. *vol. figur.* G. P. 64.

2458   J. Seldeni Mare clauſum , ſeu de dominio Maris. *Lond.* 1635. 12-19

2459   Idem , Anglicè : cum additionibus. *Lond.* 1663.

2460   Jo. Petti Fodinæ regales ; Anglicè. *Lond.* 1670.
figur. 8-5

2461   Nobilitas politica vel civilis, Perſonas ſcilicet
diſtinguendi, & ab origine inter Gentes ex Principum gratiâ nobilitandi forma , quo tandem &
apud Anglos, qui ſint Nobilium gradus , & quæ
ad Nobilitatis faſtigia evehendi ratio oſtenditur :
cum Figuris æneis. Opus à Roberto Glovero aliàs
Summerſet dicto Feciale incœptum, & à Thomâ
Milles abſolutum. *Londini* 1608. 12-5

2462   Ejuſdem Th. Milles Catalogus Honoris ſeu
Theſaurus veræ Nobilitatis quæ ſpecialiter ſpec-
tat Magnam Britanniam : Anglicè. *Lond.* 1610.

2463   Ralphe Brooke Catalogus & ſucceſſio Regum,
Principum, Ducum, Marchionum, Comitum &
Vicecomitum Regni Angliæ, à Normanno Con-
queſtore

queftore ad annum 1622. cum eorum Infignibus
& Genealogiis : Anglicè. *Lond. 1622. 3:*

2464   Aug. Vincentii detectio & refutatio errorum
libri modò relati : Anglicè. *Lond. 1622. 3–2*

2465   Joan. Weever collectio Monumentorum Fu-
nebrium Magnæ Britanniæ: Anglicè. *Lond. 1631. 5–1*

2465*   Fœdera, Conventiones, Literæ, & cujufcum-
que generis Acta publica inter Reges Angliæ , &
alios quofvis Imperatores , Reges , Pontifices &c.
ab anno 1101. ad noftra ufque tempora ; in lucem miffa de mandato Annæ Reginæ, accurante
Thomâ Rymer & poft illum Roberto Sanderfon.
Londini 1704. & feqq. 16. vol. 805:

Hiftoria Anglica.

2466   Venerabilis Bedæ Hiftoria Ecclefiaftica, Saxonicè & Latinè : accedùnt Chronologia Anglo-Sa-
xonica ad 1070. Saxonicè & Latinè ; & de prifcis
Legibus Anglorum , Sax. & Lat. *Cantabrigia*
1644. mar. 26–19

2467   Rerum Britannicarum Scriptores vetuftiores
ac præcipui. *Heidelberga 1587. 50:*

2468   Hift. Britannicæ & Anglicanæ Scriptores viginti , edente Th. Gale. *Oxon. 1691. 2. vol.*

2469   Rerum Anglicarum Scriptorum veterum tomus
unus. *Oxon. 1684. 40:*

2470   Rerum Anglicarum Scriptores poft Bedam.
Lond. 1596. 21:

2471   Eadmeri Monachi Cantuarienfis Hiftoria novorum ab anno 1066. ad 1122. *Lond. 1623. 6:*

2472   Hiftoriæ Anglicanæ Scriptores decem. *Lond.*
1652. 2. vol. 80:

2473   Matthæi Paris Hift. major , à Guillelmo Con-
queftore ad ultimum annum Henr. III. *Lond.*
1571. 4:

2474   Eadem Matthæi Paris Hiftoria major ab anno
1066. ad 1259. cum fupplemento ad 1273. & variis additionibus : editore Willelmo Wats. *Lond.*
1640. 2. vol. 161–1

2474*   Flores Hiftoriarum Matthæi Weftmonafte-
P

ricnsis ad ann. 1307. *Lond.* 1570. 5-10

2475   Iidem Flores Historiarum Matthæi Westmo-
nasteriensis: accedit Chronicon Florentii Vigor-
niensis ad 1117. cum continuatione ad 1163.
Francof. 1601. 30:

2476   Anglica, Hibernica, Normannica, Cambri-
ca, à Veteribus Scripta, quorum præcipua Historia Th. Walsinghami: ex editione Guill. Camdeni. *Francof.* 1602. 40:

2477   Historia brevis Th. Walsingham ab Edwardo
primo 1273. ad Henricum V. 1422. accedit ejusdem Hypodigma Neustriæ vel Normanniæ ab ir-
ruptione Normannorum ad 1418. *Lond.* 1574. 20:

2478   Polydori Vergilii Hist. Anglica ad 1509. *Basil.* 1546. 10-2

2479   Rob. Johnstoni Historia Rerum Britannicarum ab anno 1572. ad 1628. *Amst.* 1655. 13:

2479*   Hist. d'Angleterre, d'Ecosse & d'Irlande, jusqu'à 1641. par André du Chesne; continuée jusqu'à 1665. par Gilbert Saulnier du Verdier. *Paris* 1666. 2. *vol. mar.* 30-1

2480   Histoire d'Angleterre, d'Ecosse & d'Irlande,
par Isaac de Larrey. *Rotterdam* 1707. 4. *vol.
figur.* 105:

2481 {
Raphaëlis Holinshed Chronica Angliæ ad
Guillelmum Conquestorem : Anglicè. *Lond.*
1577.

Ejusdem Hist. Scotiæ ad ann. 1571. Anglicè. *Ibid.* 1577.

Ejusdem Hist. Hiberniæ ad an. 1509. cum
continuatione ad 1547. *Ibid.* 1577. 4:

2482   Sam. Daniel Hist. Angliæ, à Gentis origine ad
Edwardum III. anno 1376. cum Joan. Trussell
continuatione ad Henricum VII. anno 1484. Anglicè. *Lond.* 1641. 2. *vol.* 4:

2483   Hist. Bellorum civilium inter Lancastrienses &
Yorckanos ab anno 1377. ad 1509. Anglicè ex
Italico Joan. Fr. Biondi. *Lond.* 1641. 2. *vol.* 12-2

2484   Historia unionis utriusque Familiæ Lancastrien-
sis & Yorckanæ, ad finem regni Henrici VIII. Anglicè. *Lond.* 1550. 4-19

2485 Hiftoria Anglica ad 1568. Anglicè. *Lond.* 1569. 3-1

2486 Chronica Angliæ, Raph. Holinshed, Guil. Har-
riſon & aliorum ; continuata ad ann. 1587. per
Joan. Hooker ſeu Wowell, & alios : Anglicè.
Lond. 1587. 2. *vol. C. M.*

2487 Fragmentum Hiftoriæ regni Elizabethæ : Anglicè. *169—19*

2488 Guil. Martyn Hift. Regum Angliæ, à Guillelmo Conqueſtore ad Henricum VIII. anno 1546.
cum ſerie & ſucceſſione Ducum & Comitum Angliæ ad Jacobi I. regnum uſque : Anglicè. *Lond.*
1638. *3.*

2489 Joan. Speedi Hiftoria Magnæ Britanniæ ad Jacobum I. anno 1605. Anglicè. *Lond.* 1627. *C. M.*

2490 Richardi Baker Hift. Regum Angliæ ad mortem Jacobi I. anno 1625. Anglicè. *Lond.* 1643. 12.

2491 Eadem, cum adjuncta Regum Caroli I. & II.
Hiftoria ad annum 1661. : Anglicè. *Lond.* 1665. 9-1

2492 Annales Rerum Anglicarum, Joan. Stow ; continuati ad ann. 1631. per Edmundum Howes :
Anglicè. *Lond.* 1631. *4.*

2493 Palæ-Albion, ſeu Hiftoria Magnæ Britanniæ
ad Jacobum I. verſibus confcripta, Anglicè &
Lat. per Willelmum Slatyer. *Londini.* 2-10

2494 Ælfredi Magni Anglorum Regis Vita, ab anno 871. ad 899. ex Anglico Joan. Spelman Latinè reddita cum annot. per Alumnos ejuſdem Regis Ælfredi in Collegio Oxonienſi. *Oxon.* 1678.
figur. mar. 20-10

2495 Willelmi Habington Hift. Edwardi IV. ab
anno 1461. ad 1483. Anglicè. *Lond.* 1640. 2.

2496 Fr. Baconi Hiftoria regni Henrici VII. Anglicè. *Lond.* 1622.

2497 Edwardi Herbert de Cherbury Hift. vitæ & regni Henrici VIII. ab an. 1509. ad 1547. Anglicè.
Lond. 1649. 6-19

2498 Guil. Camdeni Annales Rerum Anglicarum &
Hibernicarum regnante Elizabetha, ad 1589.
Lond. 1615. 6-5

2499 Legatus perfectus, ſeu Negotiationes Reginæ

Elizabethæ, expositæ in Litteris Francisci Wal-
fingham ipsius Residentis in Galliâ, & Responsis
ac Instructionibus Willelmi Cecil Burbeigh, Roberti Comitis de Leicester , Thomæ Smith , &
aliorum ab anno 1570. ad 1581. Anglicè: edente
ex autographis Equite Dudly Digges. *Londini*
1655. *mar.* 6.

2500   Synopsis historica quatuor ultimorum Parla-
mentorum sub Elizabetha Regina, auctore Hey-
wood Townshend : Anglicè. *Lond.* 1680. 2.

2501   Arturi Wilson Hist. vitæ & regni Jacobi I. Anglicè. *Lond.* 1653.

2502   Hist. regni Caroli I. ad an. 1641. Anglicè.
Lond. 1656. 3.

2502*   Ad Regem è Scotia reducem plausus & vota,
per H. Wottonium. *Lond.* 1633.

2503   Hist. integra vitæ & regni Caroli I. auctore
Willelmo Sanderson : Anglicè. *Lond.* 1658. 3.

2504   Thomæ May Hist. Parlamenti incœpti die 3.
Novemb. 1640. cum brevi recapitulatione præ-
cedentium annorum : Anglicè. *Lond.* 1647.

2505   Hist. des Troubles de la Grande Bretagne, depuis 1633. jusqu'à 1646. par Robert Mentet de
Salmonet. *Par.* 1661. G. P. 20.

2506   Hist. Bellorum civilium Magnæ Britanniæ ab
anno 1633. ad 1660. Anglicè. *Lond.* 1661. 2.

2507   Jac. Heath Hist. Bellorum civilium Angliæ,
Scotiæ & Hiberniæ , cum Actis memorabilibus
relativis, necnon Rerum Extranearum connexio-
ne, ab anno 1639. ad 1662. cum J. Philips continuatione ad an. 1675. Anglicè. *Lond.* 1676. 10.

2508   Defensio regia pro Carolo I. (auctore Cl. Sal-
masio.) *Editio anni* 1649. C. M. 15.

2509   Jo. Miltonii Defensio pro Populo Anglicano
contra Defensionem regiam Salmasii. *Lond.* 1651.

2510   Parallelum Olivæ necnon Olivarii Angliæ, Scotiæ, Hiberniæque Dei gratia Protectoris , per Lud.
de Gand. *Lond.* 1656.

Hiſtoria Ecclesiaſtica Anglicana.

2511   Anglia Sacra, ſive collectio Hiſtoriarum de Archiepiſcopis & Epiſcopis Angliæ ad 1540. collectore H. Wharton. *Lond. 1691. 2. vol.* 38:

2512   Monaſticon Anglicanum, continens fundationes Cœnobiorum, Abbatiarum &c. in Anglia, auctoribus Rogero Dodſworth & Guillelmo Dugdale. *Lond.* 1655. 61. *& 73. 5. vol.* 200:

2513   Richardi Broughton Hiſt. Ecclefiaſtica Angliæ, complectens geſta quatuor priorum ſæculorum: Anglicè. *Duaci* 1633. 10:

2514   Sereni Creſſy Hiſt. Ecclefiaſt. Angliæ, ad Normannum Conqueſtorem: Anglicè. 1668. *mar.* 20-10

2515   Mich. Alfordi aliàs Griffith Annales Ecclefiæ Britannicæ ad 1189. *Leodii* 1663. 4. *vol.* 53-10.

2516   Nic. Harpsfeldii Hiſt. Anglicana Ecclefiaſtica XV. ſæculorum ; cum Edmundi Campiani brevi narratione de Divortio Henrici VIII. accedit ejuſdem Harpsfeldii Hiſtoria Wicleffiana : edente Rich. Gibbonio. *Duaci* 1622. 23:

2517   Jac. Uſſerii Britannicarum Ecclefiarum Antiquitates, quibus inſerta eſt Hiſtoria Pelagianæ Hærefeos; accedit ejuſdem explicatio de Chriſtianarum Ecclefiarum ſucceſſione & ſtatu. *Lond.* 1687. 15:

2518   Flores Hiſtoriæ Ecclefiaſticæ Gentis Anglorum, auctore Richardo Smitheo Epiſc. Chalcedonenfi. *Par.* 1654. 13:

2519   Nova Legenda Angliæ, ſeu Vitæ Sanctorum Anglorum. *Lond.* 1516. 13-1

2520   Thomæ Fulleri Hiſtoria ecclefiaſt. Britannica ad án. 1648. Anglicè. *Lond.* 1655.

2521   Ejuſdem Fulleri Innocentiæ conviciis affectæ revocatio ad Lectorem pium, eruditum & veridicum, contrà Petrum Heylin : Anglicè. *Lond.* 1659. 17:

2522   Petri Heylin Ecclefia reſtaurata, ſeu Hiſtoria Reformationis Ecclefiæ Anglicanæ, ab anno 1536. ad 1566. cum appendice : Anglicè. *Lond.* 1674. 12:

2523　Antiquæ Constitutiones Regni Angliæ sub Joanne, Henrico III. Eduardo I. circà Jurisdictionem & Potestatem Ecclesiasticam : editore Guill. Prynne. *Lond.* 1672. 2. *vol. 30:*

2524　Ejusdem Prynne Demonstratio historica & chronologica Suprematûs Ecclesiastici Regum Angliæ, ad annum 1308. Anglicè. *Lond.* 1666. 3. *vol. 60:*

2525　Petri Heylin Aërius redivivus, seu Hist. Presbyterianorum, ab anno 1536. ad 1647. Anglicè. *Oxon.* 1670. *9:*

Historia particularis Urbium & Personarum Angliæ.

2526　Jo. Stow Historia Urbis Londini : Anglicè. *Lond.* 1633. *figur. 30-2*

2527　Jac. Howel Londinopolis, seu Londinum descriptum & illustratum ; accedit Descriptio Westmonasterii : Anglicè. *Lond.* 1657. *24:*

2528　Guillelmi Dugdale Hist. Ecclesiæ S. Pauli Londinensis : Anglicè. *Lond.* 1657. *figur. 15:*

2529 { De antiquitate Britannicæ Ecclesiæ & nominatim Ecclesiæ Cantuariensis. *Hanoviæ* 1605. Annales Rerum Anglicarum Henrico VIII. Eduardo VI. & Mariâ regnantibus ab anno 1509. ad 1558. (auctore Fr. Godwino.) Ex *offic. Nortoniana* 1616. *12-5*

2530　Ant. à Wood Historia & Antiquitates Universitatis Oxoniensis. *Oxon.* 1674. 2. *vol. figur. mar.* 46:

2531　Willelmi Dugdale Antiquitates Provinciæ Warwicensis : Anglicè. *Lond.* 1656. *figur. 50:*

2532　Willelmi Burton Descriptio Provinciæ Leicestriensis, exhibens ipsius Antiquitates, Historiam, & Familiarum Genealogias & Insignia : Anglicè. *Lond.* 24:

2533 { Willelmi Smith & Will. Webb Descriptio Comitatus Cestriensis ; edita per Daniel. King : Anglicè. *Lond.* 1656. *figur.* Ejusdem King Insula Man succinctè descripta : Anglicè. *Lond.* 1656. *figur. 30:*

2534 P. Leycester Antiquitates-historicæ Magnæ Britanniæ & Hiberniæ, & speciatim Provinciæ Cheshire : Anglicè. *Lond.* 1673. *mar.* 29.

2535 Heroologia Anglica, hoc est illustrium Anglorum aliquot qui floruerunt ab anno 1500. ad 1620. Effigies, Vitæ & Elogia ; auctore H. Hollando : cum figuris Crispini Passæi. *Arnhemii , Jansson.* 6—1

2536 Vita Guilielmi Ducis Novocastrensis, per Margaretam ejus uxorem conscripta , & in Lat. ex Anglico conversa. *Lond.* 1668. *C. M. mar.* 6—5

2537 { Willelmi Prynne synopsis Vitæ Willelmi Laud Arch. Cantuariensis : Anglicè. *Lond.* 1644.

2537 { Ejusdem Prynne Judicium Cantuariense , seu integra Historia Willelmi Laud Cantuar. Arch. Anglicè. *Lond.* 1646. 8—1

2538 Petri Heylin Cyprianus Anglicus, hoc est Vita & Mors Willelmi Laud Arch. Cantuariensis : Anglicè. *Lond.* 1668.

Scotia.

2539 Rob. Sibbaldi Scotia illustrata , sive prodomus Historiæ naturalis Scotiæ. *Edinburgi* 1684. 6—1

2540 Hectoris Boethii Hist. Scotorum, cum continuatione Joan. Ferrerii ad 1488. *Par.* 1575. 30.

2541 Will. Drummond Historia Scotiæ ab anno 1423. ad 1542. cum collectaneis Actorum vel Memorialium Statûs sub Regibus Jacobo VI. & Carolo I. Anglicè. *Lond.* 1655. 24—19

2542 Georg. Buchanani Rerum Scoticarum Historia, ad 1571. accedit ejusdem dialogus de jure Regni apud Scotos. *Edimb.* 1583. 15.

2543 Willelmi Stranguage Hist. Vitæ & Mortis Mariæ Stuart Reginæ Scotorum :: Anglicè. *Lond.* 1624. 2.

2544 Will. Sanderson Hist. Vitæ & regni Mariæ Reginæ Scotorum & ejus filii Jacobi VI. posteà Regis Angliæ, ab anno 1542. ad 1625. Anglicè. *Lond.* 1656. 3.

2545 Joan. Knox Hist. Reformationis Ecclesiæ Scoticæ, ab anno 1422. ad 1567. cum Auctoris Vita per Davidem Buchananum scripta : Anglicè. *Lond.* 1644. 3:

Hibernia.

2546 Cambrensis eversus, seu potius historica fides in rebus Hibernicis Giraldo Cambrensi abrogata, per Gratianum Lucium. 1662. 21:

2547 Jac. Waræi Rerum Hibernicarum Annales sub Henrico VII. Henrico-VIII. Edwardo VI. & Maria, ab anno 1485. ad 1558. *Dublinii* 1664.15-15

2548 Thomæ Stafford pacata Hibernia, seu Hist. Bellorum Hiberniæ ab anno 1599. ad 1602. Anglicè *Lond.* 1633. 5-1

2549 Jac. Waræus de Præsulibus Hiberniæ. *Dublinii* 1665. *mar.* 15:

2550 Th. Messinghami Florilegium Insulæ Sanctorum, seu vitæ & acta Sanctorum Hiberniæ. *Par.* 1624. 24-1

2551 { Acta veteris & majoris Scotiæ, seu Hiberniæ Sanctorum Insulæ, collecta & illustrata per Jo. Colganum : Januarius, Februarius, Martius. *Lovan.* 1645.

49-19 { Trias Thaumaturga, seu Acta Sanctorum Patricii, Columbæ & Brigidæ, Hiberniæ communium patronorum; collecta & illustrata per eundem Colganum. *Lovan.* 1647. 2. *vol.*

HISTORIA FRANCICA.

Prolegomena Historiæ Francicæ.

2551* Series Auctorum omnium qui de Francorum Hist. & Rebus Francicis cum ecclesiasticis tum sæcularibus scripserunt, per And. du Chesne. *Paris.* 1635. 8-5

2552 Bibliotheque historique de la France, contenant le Catalogue de tous les Ouvrages qui trai

tent de l'Hiftoire de France, avec des notes hiftoriq. & critiq. par Jacq. le Long. *Paris*, *Mar-*
tin, 1719. 22–10

2553 Hadriani Valefii Notitia Galliarum ordine litterarum digefta. *Par.* 1675. *C. M. mar.* 32–1

2554 Roberti Cœnalis Epifc. Arboricenfis Gallica
Hiftoria. *Parif.* 1557. 2.

2555 Cartes generale & particulieres de toutes les
Côtes de France, par Taffin. *Par.* 1634. 2–10

2556 L'Empire François, ou l'Hift. des Conquêtes
des Royaumes & Provinces dont il eft compofé
&c. par Laurent Turquoys. *Orleans* 1651. 4.

2557 Alliances Genealogiques des Roys & Princes
de Gaule, par Cl. Paradin. *Geneve*, *de Tournes*,
1636. 3–1

2558 Hift. genealogique de la Maifon de France,
par Scevole & Louis de Sainte-Marthe. *Par.* 1647.
2. *vol.* G. P. 46.

2559 La veritable Origine de la feconde & troifiéme
Lignée de la Maifon Royale de France, par Jean
du Bouchet. *Par.* 1646. G. P.   16–1

2560 Les Blafons des Armes de la Royale Maifon
de Bourbon, par le Sieur de la Rocque. *Par.* 1626.
figur. 6.

2561 Traitez touchant les Droits du Roy Très-Chrétien, fur plufieurs Eftats & Seigneuries poffedées
par divers Princes voifins, par Pierre du Puy. *Par.*
1655. G P. 35–10

2562 Genealogie de la Maifon Royale de Bourbon,
par Charles Bernard. *Par.* 1646.

2563 Memoires & Inftructions pour fervir dans les
negotiations & affaires concernant les Droits du
Roy de France. *Par.* 1665. G. P. 12–10

2564 J. Jac. Chiffletii opera politico-hiftorica. *An-*
tuerp. 1650. 2. *vol.* 17–1

2565 Jac. Alex. Tennevrii veritas vindicata adverfus J. Jac. Chiffletium. *Par.* 1651. C. M. 6.

2566 Dav. Blondelli Genealogiæ Francicæ plenior affertio, adverfüs Chiffletium. *Amft.* 1654. 2. *tom.*
in 1. *vol. mar.* 9–10

Historia generalis Francica.

2567 Corpus Francicæ Hiftoriæ veteris & finceræ, ex editione Marquardi Freheri. *Hanoviæ* 1613. 12-19

2568 Hiftoriæ Francorum Scriptores coætanei, collecti & editi ab Andrea & Fr. du Chefne. *Par.* 1636. 41. & 49. 5. vol. C. M. auec 2683. 420-1

2569 Phil. Labbe nova Bibliotheca Manufcriptorum Librorum; feu collectio variorum Hiftoriæ Ecclefiaft. Francicæ Monumentorum, ex MSS. edita. *Par.* 1657. 2. vol. C. M. 40-11

2570 { Jo. Trithemii Compendium primi voluminis annalium de origine Regum & gentis Francorum ab anno 440. ante Chriftum ad 749. *Parif.* 1539.
Theodori Bibliandri Chronicon ad 1557. *Baf.* 1558. 1-5

2571 Hadriani Valefii Res Francicæ ad 752. accedit ejufdem difceptatio de Bafilicis. *Par.* 1646. & 58. 3. vol. 50.

2572 Illuftrations des Gaules & fingularitez de Troyes jufqu'à Charlemagne, par J. le Maire de Belges : enfemble les autres Oeuvres du même Auteur. *Lyon, de Tournes*, 1549. 7-10

2573 Hift. de France fous les deux premieres Races, par Geraud de Cordemoy. *Par.* 1685. 2. vol.

2574 { Aimoinus Monachus de geftis Francorum ad Philippum Auguftum. *Par.* 1514.
Paulus Diaconus de geftis Longobardorum ad Luithprandi obitum. *Par.* 1514.
Luitprandus de rebus geftis per Europam ipfius præfertim temporibus. *Par.* 1514.

2575 Idem Aimoinus Monachus de geftis Francorum : accedunt varia de Abbatia S. Germanià Pratis; Chronicon Caffinenfe Leonis Marficani Epifcopi Oftienfis & Petri Diaconi Cafinenfis ab anno 494. ad Innocentium II. necnon varia de Ordine S. Benedicti : ex edit. Jac. du Breul. *Parif.* 1603. 10.

2576 Chroniques de France jufqu'à la mort du Roy

Jean en 1364. (dites les Chroniques de Saint Denys.) *Ancienne edition gotiq.* 2. *vol. mar.* 63-5

1577 Rob. Gaguini Rerum Gallicarum Annales ad 1500. cum continuatione Huberti Velleii ad 1520. *Francof.* 1577. 4-5

1578 Chroniques de Gaguin, traduites en François, & continuées jufqu'à 1514. par P. Defray. *Par.* 1515. 2.

1579 Sommaire de l'Hiftoire des François jufqu'à 1515. extrait de la Bibliotheque hiftoriale de Nic. Vignier. *Par.* 1579. 3-5

1580 Genealogies, effigies & epitaphes des Rois de France, finiffant à Louis XII. par J. Bouchet, avec plufieurs Opufcules poëtiques du même Auteur. *Poitiers* 1545. 17-1

1581 La Mer des Hiftoires & Chroniques de France, finiffant à 1516. (tirées des Chroniques de S. Denys & autres.) *Par.* 1517. & 18. 4. *vol.* 48.

1582 { Paulus Æmilius de rebus geftis Francorum, ad annum 1484. *Par. Vafcofan.* 1566. Arnoldi Ferroni continuatio Pauli Æmilli ad ann. 1547. *Par. Vafcofan.* 1554. 5-10

1583 Iidem Paulus Æmilius & Ferronus. *Par. Vafcofan.* 1576. 4-5

1584 Idem Paulus Æmilius, cum eadem continuatione Ferroni : accedunt Jac. Henricpetri continuatio ad 1601. & Joannis Tilii Chronicon de Regibus Francorum ad 1600. *Bafil.* 1601. 3.

1585 Annales de France de Nicoles Gilles, continuées jufqu'à 1520. *Par.* 1525. 2. *vol. Suruelin* 338.

1586 Annales de Nicole Gilles, continuées jufqu'à 1557. *mar.* 15.

1587 Chroniques & Annales de France, commencées par Nicole Gilles jufqu'à Charles VIII. continuées par Denis Sauvage jufqu'à François II. par Fr. de Belleforeft jufqu'à Charles IX. & par Gab. Chappuys jufqu'à 1598. *Par.* 1600. 6-1

1588 Recueil des Rois de France, & les Memoires de Jean du Tillet, Greffier du Parlement, & Jean du Tillet fon frere Evêq. de Meaux. *Par.* 1580. 24.

2589   Les grandes Annales & Histoires de France, par
Fr. de Belleforest, continuées par Gabriel Chappuys depuis le commencement du regne d'Hen-
ry II. jusqu'à 1591. *Par.* 1600. 2. *tom. en* 4. *vol.*
mar. 80:

2590   Hist. generale des Rois de France jusqu'à la fin
du regne de Charles VII. par Bernard de Girard
Sieur du Haillan ; continuée sur les écrits d'Arnauld le Feron & autres Auteurs jusqu'à Louis
XIII. en 1615. *Par.* 1615. 2. *vol. G P.* 35-10

2591   Hist. de France jusqu'à l'an 1598. par Fr. E.
de Mezeray. *Par. Guillemot,* 1643. 46. & 51. 3.
vol. 150:

2592   Hist. de France jusqu'à la mort d'Henry IV.
en 1610. par le P. Gabriel Daniel Jesuite. *Par.*
1713. 3. *vol.* 41:

2593   Hist. universelle de toutes Nations, & specia-
lement des Gaulois ou François jusqu'à 1621. par
Jacques de Charron. *Paris* 1621. 11-5

2594   Hist. generale de France, avec l'estat de l'E-
glise & de l'Empire jusqu'à 1643. par Scipion du
Pleix. *Par.* 1654. 58. 60. & 63. 5. *vol. mar.* 62

2595   Inventaire de l'Hist. de France, illustré par la
conference de l'Eglise & de l'Empire, par J. de
Serres ; avec la continuation jusqu'à 1648. *Par.*
1648. 2. *vol.* 6:

2595*   Annales de la Monarchie Françoise, depuis
Pharamond jusqu'à la Majorité de Louis XV. par
M. Henry Phil. de Limiers. *Amst.* 1724. 3. tom.
en 1. *vol. figur.* 35:

Historia singularis Regum Franciæ.

2596   Histoire des IX. Rois Charles de France, par
Fr. de Belleforest. *Par.* 1568. 6:

2597 { Historiæ Francorum ab anno 900. ad 1285.
varii Auctores, ex Bibliotheca P. Pithœi edit.
Francof. 1596.
Annales Witichindi Monachi Corbeiens.
ad 937. cum Hist. Henrici Leonis Ducis Saxoniæ ; ex edit. Reineri Reineccii. *Francof.* 157...
Chronico

Chronicon Ditmari Ep. Merſepurgii ab anno 936. ad 1018. edente eodem Reineccio. *Francof.* 1580. *12—5*

2598 Hiſt. de S. Louis IX. du nom Roy de France, par Jean Sire de Joinville; avec des additions & les obſervations de Ch. du Freſne Sieur du Cange. *Par.* 1668. *mar.* +

2599 Chroniques de France & d'Angleterre, depuis 1326. juſqu'à 1399. par Jean Froiſſart. *Par.* 1505. 4. *tom. en* 3. *vol.* 20.

2600 Les mêmes, avec les annotations de Denis Sauvage. *Lyon, de Tournes,* 1559. 4. *tom. en* 2. *vol.* 99-19

2601 Froſſardi epitome, per Jo. Sleidanum : accedunt Cl. Seſſelius de Republica Galliæ ; & ejuſdem Sleidani ſumma de Republica Platonis & Legibus. 1—8

2602 Hiſt. de Charles VI. par Jean Juvenal des Urſins; avec des additions & les annotations de Denys Godefroy. *Par. Impr. Royale,* 1653. *mar.* +

2603 Hiſt. du même Roy, traduite du Latin d'un Religieux de S. Denis, avec des comment. & des additions, entre autres de l'Hiſt. de Jean le Févre Seigneur de Saint Remy ; par Jean le Laboureur. *Par.* 1663. 2. *vol. G. P.* 12—5

2604 Hiſt. de Charles VII. par Jean Chartier, Jacq. le Bouvier, Matt. de Coucy & autres, avec des additions, & les remarques de Denys Godefroy. *Par. Impr. Royale,* 1661. *mar.* +

2605 Chroniques d'Enguerran de Monſtrelet, depuis 1400. où finit Froiſſart juſqu'à 1467. peu après le commencement de Philippes de Commines ; avec d'autres additions juſqu'en 1516. *Par.* 1572. 3. *tom. en* 1. *vol. G. P. mar.* 152

2606 Chronique & Hiſtoire de Philippe de Commines. *Par.* 1529.
Annales d'Acquitaine, juſqu'en 1519. & continuées juſqu'en 1537. par Jean Bouchet. *Par.* 1537. rendu avec le n° 2608.

2607 Memoires de Philippe de Comines depuis 1464. juſqu'en 1498, contenant l'Hiſtoire de Louis XI.

+ les louures marqués d'une croix vendus ensemble 294. #

Q

& Charles VIII. avec les preuves & les observations de Denys Godefroy. *Par. Impr. Royale*, 1649. *mar.* +

2608   Philippus Cominæus à J. Sleidano in Latinum conversus. *Francof.* 1578.

2609   Memorias de Felipe de Comines, traduzidas en Español, con los escolios de Juan Vitrian, *Amberes* 1643. *auec le n° 2605. 6:*

2610 { Hist. de Louis XI. par P. Matthieu. *Par.* 1610.
    Histoire de la mort de Henry IV. avec un Poëme sur le même sujet, par le même Matthieu. *Paris* 1611.   *3—19*

2611   Chronique scandaleuse (ou de Louis XI.) depuis 1460. jusqu'en 1483. (par Jean de Troyes.) Gothique. *25:*

2612   Hist. de Charles VIII. Roy de France, par Guillaume de Jaligny, André de la Vigne, & autres ; avec les preuves & les observations de Denys Godefroy. *Par. Impr. Royale*, 1684. *mar.* +

2613   Guillelmi Paradini Memoriæ nostri temporis sub regno Francisci I. *Lugd. Tornæsius*, 1548. *3—7*

2614   Memoires de Martin du Bellay, Seigneur de *6—19* Langey, depuis 1513. jusqu'en 1546. *Paris* 1582.

2615   P. Paschalii elogium, effigies & tumulus Henrici II. Lat. Gall. Hisp. & Ital. *Par.* 1560.   *14:*

2616   Lettres & Memoires d'Estat, depuis 1537. jusqu'en 1560. recueillis par Guillaume Ribier. *Par.* 1666. 2. *vol. mar.* *59:*

2617 { Fr. Belcarii Rerum Gallicarum commentarii ab anno 1461. ad 1567. *Lugd.* 1625.
    Ejusdem Oratio ad Patres Concilii Tridentini de Druidensi Victoria. *Par.* 1625.   *9:*

2618   XL. Tableaux ou Histoires diverses & memorables arrivées durant les Troubles depuis 1559. jusqu'en 1570. *figur.* *20:*

2619   Memoires de Michel de Castelnau, depuis la *180:* mort d'Henry II. jusqu'en 1570. illustrez & augmentez par J. le Laboureur. *Par.* 1659. 2. *vol.*

2620   Commentaires de Blaise de Montluc depuis

1522. jusqu'à 1572. *Bourdeaux* 1592.

2621   Hist. de France , depuis 1550. jusqu'à 1577. (par Lancelot du Voisin Sieur de la Popeliniere.) *La Rochelle* 1581. 2. *vol.* 30 *lt*

2622   Hist. de France depuis 1547. jusqu'en 1579. par Milles de Piguerre. *Paris* 1581. 3. *vol.* 16–10

2623   Guill. Dondini Hist. de rebus in Gallia gestis ab Alexandro Farnesio ad obitum ejusdem Alexandri anno 1592. *Roma* 1673. *mar.* 39–10

2624   Memoires de Gaspar & Guillaume de Saulx de Tavanes, finissans en 1596. 24 *lt*

2625   Historia delle Guerre civili di Francia da 1559. fin à 1598. da Henrico Caterino Davila. *Parigi, nella Stamp. Reale*, 1644. 2. *vol. C. M. mar.* 190 *lt*

2626   Hist. des Guerres civiles de France , depuis 1559. jusqu'en 1598. trad. de l'Italien de Henry Caterin Davila , par Jean Baudoin. *Par.* 1644. G. P. 24–10

2627   Hist. universelle depuis 1550. jusqu'en 1601. (par Theodore Agrippa Sieur d'Aubigné.) *Maillé* 1616. 3. *tom. en* 2. *vol.* 33 *lt*

2628   Lettres d'Arnauld Card. d'Ossat, depuis 1594. jusqu'en 1604. *Paris* 1641. G. P. 12–10

2629   Jac. Augusti Thuani Historiæ sui temporis ab anno 1543. ad 1607. *Geneva* 1620. 5. *tom. in* 4. *vol. mar.* avec le n.º 2631   130 *lt*

2630   Les Histoires de Jacq. Aug. de Thou, jusqu'en 1574. trad. par P. du Ryer & Franç. Cassandre. *Par.* 1659. 3. *vol.* G. P. 30.

2631   Continuatio Thuaneæ Historiæ ad 1608. per Nic. Rigaltium.

2632   Lettres & Ambassades de Ph. Canaye de Fresne, depuis 1601. jusqu'à 1607. *Paris* 1645. 3. *vol.* G. P. 54–1

2633   Memoires de Ludovic de Gonzague Duc de Nevers, depuis 1574. jusqu'en 1610. donnez au public par Marin le Roy Sieur de Gomberville. *Paris* 1665. 2. *vol.* G. P. *mar.* 60–10

2634   P. Cornelius Hoofts de Vita & gestis Henrici Magni : Belgicè. *Amst.* 1626. 1 *lt*

2635 Negociations du Prefident Pierre Jeannin, depuis 1607. jufqu'à 1610. avec fes Oeuvres mê-
lées *Paris* 1656. G. P. 122—19

2636 Decade d'Henry le Grand & de Louis le Jufte,
finiffant à 1617. par J. Baptifte le Grain. *Paris*
1614. 5:

2637 Negociation avec la Reine Mere Marie de Medicis en 1619. par Philippe Comte de Bethune,
& M. le Card. François de la Rochefoucault. *Paris* 1673. 10—5

2638 Hift. de France depuis 1515. jufqu'à 1621. par
Pierre Matthieu. *Paris* 1631. 2. *vol.* 5:

2639 Ambaffades extraordinaires de Charles de Va-
lois Duc d'Angoulême, de Philippe Comte de
Bethune, & de Charles de l'Aubefpine Marquis
de Chafteauneuf Abbé de Preaux vers Ferdinand
II. & les Princes d'Allemagne en 1620. & 21
avec les obfervations politiques du même Comte
de Bethune : donnée au Public par Henry Comte de Bethune fon petit fils. *Par.* 1667. G. P. 30:

2640 Memoires de Maximilien de Bethune Duc de
Sully, depuis 1574. jufqu'à 1610. continuez jufqu'en 1628. *Amft.* 1661. 4. *vol. mar.* 142:

2641 Gabr. Barthol. Gramondi Hift. Galliæ ab ex
ceffu Henrici IV. ad 1629. *Tolofæ* 1643. C. M
mar. 30:

2642 Recueil de diverfes pieces pour fervir à l'Hi-
toire depuis 1626. jufqu'en 1634. (par Paul Ha
Sieur du Chaftelet.) 1635. 41:

2643 Diverfes pieces pour la défenfe de la Rein
Mere de Louis XIII. depuis 1631. jufqu'en 1637
par Matthieu de Morgues de Saint-Germain. *Paris*

2644 Les Triomphes de Louis le Jufte, par J. Va
dor. *Paris* 1649. *figur.* 32:

2645 L'Idée d'une belle mort, ou récit de la fin de
Louis XIII. 14. May 1643. par Ant. Girard. *Par*
Impr. Royale, 1656. 9:

2646 Séance de Louis XIV. tenant fon Lit de Juftice
au Parlement le 28. May 1643. *Paris* 1643. 12:

2647 Relation de la Bataille de Rocroy, (par Louis

Bourbon Duc d'Enghien, depuis Prince de Condé.) *Paris* 1643.

1648   La Bataille de Lents, par Abraham la Peyrere. *Paris, Impr. Royale,* 1649.   *8.*

1649   Hist. delle Rivolutioni di Francia dall'anno 1648. fin al 1655. da Gualdo Priorato. 1655. *mar. 6.*

1650   Le Roy veut que son Parlement sorte de Paris &c.

1651   Declaration du Roy, portant pardon aux Gentilshommes qui ont eu part aux Assemblées de la Noblesse de Normandie. 1658.

1652   Ordonnance du Roy, contre ceux qui donneront retraite aux exceptez de l'abolition ci-dessus. 1658. *1—19*

1653   Pax inita ad Pyrenæos Montes anno 1659. *Parif. è Typ. Regiâ,* 1660.

1654   Traité de Paix des Pyrenées, & Contrat de Mariage du Roy. *5—1*

1655   Le même Traité, en Catalan. *Barcelone* 1660.

Historia Ecclesiastica Gallicana.

1656   Car. le Cointe Annales Ecclesiastici Francorum ab anno 235. ad 845. *Par. è Typ. Regia,* 1665. *& seqq.* 8. *vol. mar. 380—5*

1657   Hist. du Differend de Boniface VIII. & de Philippe le Bel Roy de France; avec les Preuves; par P. du Puy. *Paris* 1655. *G. P. 30.*

1658   P. Frizon Gallia Purpurata, ab anno 1049. ad 1629. *Parif.* 1638. *4—15*

1659   Dessein de l'Hist. de tous les Card. François, par Fr. du Chesne. *Par.* 1653. *5.*

1660   Hist. des Card. François, depuis 999. jusqu'à 1378. avec les Armoiries, & les Preuves; par F. du Chesne. *Par.* 1660. 2. *vol. figur. 20—5*

1661   Recueil pour & contre le Card. de Rets. *52.*

1662   Cl. Roberti Gallia christiana. *Par.* 1626. *C. M. 8.*

1663   Scævolæ & Lud. Sammarthanorum Gallia Christiana. *Parif.* 1656. 4. *vol. C. M. 30.*

1664   Novissima Gallia Christiana Dionysii Sammarthani Bened. *Par.* 1715. 1720. *&* 1725. 3. *vol. 56—5*

2665　Andr. du Sauſſay de gloria S. Remigii Franco-
2:　rum Apoſtoli & Prophetæ. *Tulli Leucorum* 1661.

2666　Hiſt. Eccleſiaſtique de la Cour, ou Antiquitez
de la Chapelle du Roy : par Guil. du Peyrat. *Paris* 1645. 10:

2667　Monarchie ſainte, hiſtorique, chronologique,
genealogique de France, finiſſant à la ſeconde Ra-
ce, par Modeſte de S. Amable Carme Déchauſſé.
Par. 1670. & 77. 2. *vol.* G. P. *mar.* 8:

2668　Andr. du Sauſſay Martyrologium Gallicanum.
Par. 1637. 2. *vol.* C. M. *mar.* 8–10

Hiſtoria particularis Provinciarum & Urbium Franciæ.

2669　Antiquitez de la Ville de Paris, par Cl. Malingre. *Paris* 1640. 9–10

2670　Annales de la Ville de Paris, depuis 451. juſqu'à 1640. par le même. *Par.* 1640. 6:

2671　Hiſtoire & Recherches des Antiquitez de la
Ville de Paris, par Henry Sauval. *Paris* 1724. 3.
vol. 11:

2672　Hiſtoire de la Ville de Paris, par Michel Felibien, & Guy-Alexis Lobineau. *Paris* 1725. 5. *vol.*
figur. 120:

2672*　Eſtat general des Baptêmes, Mariages, & Mor-
tuaires de la Ville de Paris, 1670. 71. 72. 73. 74.
& 75. 23:

2673　Cæſaris Egaſſii Bulæi Hiſtoria Univerſitatis Pariſienſis, à Carolo Magno ad 1600. *Pariſ.* 1665.
& ſeqq. 6. *vol.* 72:

2674　Hiſt. de l'Abbaye de S. Denis, depuis 358. juſqu'en 1692. par Michel Felibien. *Paris* 1706.
figur. 27–1

2675　Hiſt. de l'Abbaye Royale de S. Germain des
23–19　Prez, par Jacques Boüillart. *Par.* 1724. *figur.*

2676　Le Threſor des merveilles de la Maiſon Royale
15–5　de Fontainebleau, par P. Dan. *Paris* 1642. *figur.*

2677　Requeſte au Roy des Religieuſes de l'Abbaye
de Longchamp. 18

2678   Antiquitez & origine des Bourgongnons : par Pierre de Saint-Julien. *Paris* 1581.   9—10

2679   Annales de Bourgongne , depuis 378. jusqu'à 1482. par Guill. Paradin. *Lyon* 1566. 8—10

2680   Recueil de plusieurs pieces curieuses servant à l'Histoire de Bourgogne, par Est. Perard. *Paris* 1664. G. P. mar. 29—19

2681   Memoires historiques de la Repub. Sequanoise, & des Princes de la Franche-Comté de Bourgogne, depuis 414. jusqu'à 1558. par Loys Gollut. *Dole* 1592.   8—12

2682   Hist. de Bresse & Bugey, par Samuel Guichenon. *Lyon* 1650. 2. *tom. en* 1. *vol.* 30:

2683   Historiæ Normannorum Scriptores antiqui , collecti & editi per Andræam du Chesne. *Paris.* 1619. C. M. rendu avec le n° 2568   420—1

2684   Hist. generale de Normandie, depuis 800. jusqu'à 1361. par Gab. du Moulin. *Roüen* 1631. 4—10

2685   Conquestes & Trophées des Normans, depuis 1003. jusqu'à 1112. par le même. *Roüen* 1657. 6:

2686   Hist. des Archevêques de Roüen, par Jean Fr. Pommeraye. *Roüen* 1667. 4—10

2687   Arturi du Monstier Neustria pia. *Rothom.* 1663. 15-19

2688   Hist. de l'Abbaye de S. Oüen de Roüen, de la Sainte Trinité du Mont Sainte Catherine , & de S.
8—19   Amand ; par Jean Fr. Pommeraye. *Roüen* 1662.

2689   Hist. generale des Maisons nobles de Normandie, par de la Roque. 19—10

2690   { Annales d'Aquitaine, depuis 60. ans avant N. S. jusqu'à l'an 1555. par J. Bouchet , avec les additions de N. Mounin. *Poitiers* 1644.
       Memoires & Recherches de la Gaule Aquitanique, & principalement de Poitou , par J. de la Haye. *Poitiers* 1643.
       Preuve historique des grandes Litanies de Sainte Radegonde ; par J. Filleau. *Poitiers* 1643. 13:

2691   Hist. de Saintonge, Poitou, Aunix & Angoumois, par Armand Maichin. *S. Jean d'Angely* 1671. 30:

2692   Hist. de Bearn, par P. de Marca. *Paris* 1640. 12—5

2693   Hist. de Bretagne , jusqu'en 1458. avec les

Chroniques des Maisons de Vitré & de Laval, par P. le Baud; ensemble quelques autres Traitez servans à la même Histoire, & un Recueil Armorial des anciennes Maisons de Bretagne : le 9. tout mis en lumiere par P. d'Hozier. *Par.* 1638.

2694 Les grandes Chroniques de Bretagne jusqu'à 1488. par Alain Bouchard. *Gothique.* 14-19

2695 Les mêmes, jusqu'à 1530. *Paris* 1531. 10.

2696 Hist. de Bretagne jusqu'à 1532. par Bertrand d'Argentré. *Paris* 1611. 10.

2697 Guil. Marlot Metropolis Rhemensis Hist. ad 1605. *Insulis* 1666. *&* Rhemis 1679. 2. *vol.* 40.

2698 Recherche de la Noblesse de Champagne, (par Ch. d'Hoz er employé à ce travail par M. de Caumartin.) *Chaalons* 1673. 2. *vol. Cartâ Maximâ, mar.* 141.

2699 Requeste du Duc de Mazarini pour la Terre d'Apremont contre Charles d'Apremont. 1.

2700 Instruction pour le Franc-Alleu de la Province de Languedoc. *Tolose* 1640.

2701 Le Franc-Alleu de Languedoc établi & défendu, par Pierre de Caseneuve. *Tolose* 1645. 13-7

2702 Memoires de l'Histoire de Languedoc, par Guill. de Catel. *Tolose* 1633.

2703 Hist. du Languedoc jusqu'en 1610. par Pierre Andoque. *Beziers* 1648. 11-17

2704 Nic. Bertrandus de Tolosanorum gestis. *Tolosa* 1515. 15-5

2705 Hist. Tolosaine, par Ant. Noguier. *Tolose* 1556. 10.

2706 Hist. des Comtes de Toulouse, depuis 778. jusqu'à 1361. par Guill. de Catel. *Tolose* 1623. 8.

2707 P. Gariel Series Præsulum Magalonensium & Monspeliensium ad 1610. *Tolosa* 1652.

2708 Eadem, ab anno 451. ad 1662. *Tolosa* 1665. *mar.* 15-17

2709 Discours historial des Antiquitez de Nismes, par Jean Poldo. *Lyon, Roville,* 1560. *figur.* 25-10

2710 { Antiquitez de la Ville d'Amiens, par Adrien de la Morliere. *Paris* 1642.
{ Recueil de plusieurs nobles & illustres Mai-

┆ fons du Diocefe d'Amiens, par le même. *Ibid.*
┆ 1642. 4:

2711   Ant. de Ville Obfidio Corbeienfis. *Parif.* 1637.
figur.

2712   Hift. des Comtes de Ponthieu & Majeuts d'Abbeville : par Jacques Sanfon. *Paris* 1657. 40:

2713   Hift. generale de Dauphiné; par Nic. Chorier.
Grenoble 1661. *& Lyon* 1672. 2. *vol. mar.* 50-10

2714   Défenfe des Avocats Confiftoriaux du Parlement de Dauphiné. *Paris* 1668. 2-5

2715   Joannis Columbi opufcula varia (de Rebus ecclefiaft. & civilibus Francorum.) *Lugd.* 1668. 8-5

2716   P. Quiqueranus Bellojocanus Epifc. Senecenfis
de laudibus Provinciæ. *Parif.* 1551. *mar.* 11-5

2717   Hift. de Provence jufqu'à 1600. par Cefar No-
ftradamus. *Lyon* 1614. 4-1

2718   Chorographie & Hift. de Provence jufqu'en
1660. par Honoré Bouche. *Aix* 1664. 2. *vol.*
G. P. 68:

2719   Hift. des Comtes de Provence, depuis 934. jufqu'en 1480. par Antoine de Ruffi. *Aix* 1655. 6:

2720   Hift. de la Ville d'Aix jufqu'à 1665. par Jean
Scholaftique Pitton. *Aix* 1666. *mar.* 21:

2721   J. B. Guefnay Provinciæ Maffilienfis ac reliquæ
Phocenfis Annales ad 1625. *Lugd.* 1657. 3-10

2722   Il fagro Trifmegifto defcritto nella vita di S.
Maffimo Vefc. di Riez , da Fr. Fulvio Frugoni.
Torino 1566. 1:

2723   Jac. Auberii Actio pro Merindoliis ac Capra-
rienfibus, Latinè ex Gallico. *Lugd. Bat.* 1619. 1:

2724   Hift. des Princes & Principauté d'Orange, depuis 751. jufqu'à 1637. par Jofeph de la Pife. *La
Haye* 1640. 24:

2725   Symphoriani Campegii Campus Galliæ Celticæ
ac Lugdunenfis Civitatis quæ caput eft Celtarum.
Lugd. 1537. 6-10

2726   Memoires de l'Hift. de Lyon, par Guillaume
Paradin. *Lyon* 1573.

2727   Jac. Severtii Chronologia hiftorica Archiepif-
coporum Lugdunenfium. *Lugd.* 1628. 4-5

2728   Origines de la Ville de Clermont , par Jean Sa-
varon ; augmentée de Remarques & de Recherches curieuses, avec la Genealogie de la Maison
de Senectere & autres, par Pierre Durand. *Paris*
1662. *10-5*

2729   Hist. des Comtes de Poitou & Ducs de Guyen-
ne, depuis 811. jusqu'à Louis le Jeune, par Jean
Besly. *Paris* 1647. *G. P. 18:*

2730   Le magnifique Château de Richelieu, gravé par
Jean Marot. *30-1*

2731   Histoire aggregative des Annales & Chroniques
d'Anjou jusqu'en 1527. par J. de Bourdigné. *An-*
gers 1529.   *10-5*

2732   Jo. Maan Metropolitana Ecclesia Turonensis ,
8: ab anno 251. ad 1655. *Augusta Turonum* 1667.

2733   Hist. genealogique de la Noblesse de Touraine,
par Jean-Baptiste de l'Hermite de Souliers. *Paris*
1665. *G. P. figur. mar. 41:*

5-4 2734   Hist. de Berry , par Jean Chaumeau. *Lyon* 1566.

2735   Hist. & Antiquitez de la Ville & Duché d'Orleans, par Fr. le Maire. *Orleans* 1648. *20:*

2736   Hist. de l'Eglise, Ville & Université d'Orleans
jusqu'en 1650. par Symphorien Guyon. *Orleans*
1647. & 50. 2. *vol.*   *16:*

2737   { De Jure Caroli II. Mantuæ Ducis in bonis
hereditariis Ducis Caroli I. illius avi paterni
in regno Galliæ sitis contrà Mariam & Annam
ejus amitas. *Paris.* 1643.
Abregé des moyens de Charles II. Duc de
Mantouë, contre Marie & Anne de Gonzague
ses tantes. *Paris* 1642.

2738   Arrest du Parlement en faveur du Duc de Man-
touë, contre la Reine de Pologne & la Princesse
Palatine ; avec le Portrait de ce Prince gravé par
Nanteuil. 1651. *3-1*

2739   Arrest du Parlement , qui confirme les saisies
réelles des Duchez & Pairies de Nivernois, Don-
ziois, Retelois. 1659.   *10*

Historia Miscellanea, id est, Historia Dignitatum,
Officiorum, Familiarum, & Personarum
illustrium Franciæ.

2739* Hist. geneal. & chronol. de la Maison Royale
de France, & des Grands Officiers de la Couronne & de la Maison du Roy, par le P. Anselme
Augustin Déchaussé (Pierre de Guibours :) continuée & augmentée par Honoré Caille Sieur du
Fourny. *Paris* 1712. 2. *vol.*

2740 Histoire des Ministres d'Estat qui ont servy sous
les Rois de la troisiéme Lignée jusqu'à 1327. par
Charles de Combault Baron d'Auteuil. *Paris*
1642. 15—10

2741 Memoires pour l'Histoire du Cardinal de Richelieu, par Antoine Aubery. *Paris* 1660. 2. *vol.*
G. P.

2742 Hist. du Card. de Richelieu, par le même. *Pa-*
ris 1660. G. P.

2743 Hist. du Ministere du Card. de Richelieu. *Pa-*
ris 1650. 61

2744 Eclaircissement de quelques difficultez touchant
l'administration du Cardinal Mazarin ; par Jean
de Silhon. *Par. Impr. Royale*, 1650. G. P. *mar.* 31.

2745 Catalogue des Ducs & Connestables de France,
Chanceliers, Grands-Maîtres, Maréchaux de
France, & Prevôts de Paris, jusqu'en 1555. par
J. le Feron : avec les blasons enluminez. *Par.*
Vascosan, 1555. 8—10

2746 Le même, continué jusqu'en 1658. & illustré
de Recherches & de Preuves, par Denys Godefroy. *Paris, Impr. Royale*, 1658 G. P. 40.

2747 Hist. des Chanceliers & Gardes des Sceaux de
France, jusqu'en 1677. par Fr. du Chesne. *Paris*
1680. G. P. *mar.* 61

2748 Hist. chronologique de la Grande Chancellerie de France, depuis 420. jusqu'en 1679. par
Abraham Tessereau. *Paris, le Petit*, 1676. & 79.
2. *vol.* G. P. *mar.* 36—10 manque le 2e vol.

2749 Eloges de tous les Premiers Presidens du Parlement de Paris, depuis 1334. jufqu'en 1645. par J. B. de l'Hermite de Souliers, & Fr. Blanchard. *Paris* 1645. *14-10*

2750   Hift. genealogique de la Maifon de Chaftillon fur Marne, par André du Chefne. *Paris* 1621.

2751   Hift. genealogique de la Maifon de Montmo-rency, par le même. *Paris* 1624.

2752   Hift. genealogique de la Maifon de Vergy, par le même. *Par.* 1625.

2753   Hift. genealogique des Maifons de Guines, Ardres, Gand & Coucy, par le même. *Paris* 1631.

2754   Hift. genealogique des Maifons de Dreux, Bar-le-Duc, Luxembourg & Limbourg, Pleffis-Richelieu, Broyes & Château-Villain, par le même. *Paris* 1631. *avec les n° 8887 et 8888 152:*

2755   Hift. genealogique de la Maifon de Chaftei-gners, par le même. *Paris* 1634.

2756   Hift. genealogique de la Maifon de Bethune, par le même. *Paris* 1639.

2757   Recueil fommaire & genealogique des anciennes Maifons de Mortemar & Saulx, par Adrien de Sychar. *Poitiers* 1622. *13-10*

2758   Hift. genealogique de la Maifon de Beauvau, par Scevole & Louis de Sainte-Marthe. *Paris* 1626. *20-1*

2759   Genealogie de la Maifon de Gilliers, par Pierre d'Hozier. *Paris* 1631. *10-3*

2760   Remarques fommaires fur la Maifon de Gondy, par le même. *Paris* 1652. *1:*

2761   Genealogie des Seigneurs de la Dufferie, par P. d'Hozier. *Paris* 1662. *10:*

2762   Hift. genealogique des Maifons d'Auvergne & de Turenne, par Chriftofle Juftel. *Paris* 1645. *5:*

2763   Hiftoire genealogique de la Maifon d'Auvergne, par Eftienne Baluze. *Paris* 1708. 2. *vol.* G. P. *105:*

2764   Alliances de la Maifon de la Tremoille, par Ch. Soyer. *Paris* 1647. *5-10*

2765   Genealogie de la Maifon d'Amanzé, par Pierre Palliot. *Dijon* 1659. *10-5*

2766 Hiſtoire genealogique des Comtes de Chamil-ly de la Maiſon de Bouton, par le même. *Dijon* 1671. *10:*

2767 Genealogie de la Maiſon de Cardaillac. *Paris* 1654. *14:*

2768 Preuves de l'Hiſtoire de la Maiſon de Coligny, par Jean du Bouchet. *Paris* 1660.

2769 Hiſt. genealogique de la Maiſon de Courtenay, par le même. *Par.* 1661. *32:*

2770 Table genealogique & hiſtorique des anciens Vicomtes de la Marche Seigneurs d'Aubuſſon, par le même du Bouchet. *Paris* 1682. *32:*

2771 Hiſt. genealogique de la Maiſon d'Harcourt, par Gilles André de la Roque. *Paris* 1662. *4. vol. 49:*

2772 Portraits des Hommes illuſtres François, peints dans la Gallerie du Palais Cardinal de Richelieu, par Marc de Vulſon Sieur de la Colombiere. *Paris* 1655. *figur. 12:*

2773 Tombeaux des Perſonnes illuſtres, par Jean le Laboureur. *Paris* 1642. *9:*

2774 Panegyriques des Hommes illuſtres de notre ſiecle, par Jean Puget de la Serre. *Paris, figur. 19-19*

2775 Hiſt. de Bertrand du Gueſclin Conneſtable de France, par Paul Hay du Chaſtelet le fils. *Paris* 1666. *16:*

2776 Hiſt. de la Vie du Conneſtable de Leſdiguieres, par Louis Videl. *Paris* 1638. *10-19*

2777 Hiſt. du Maréchal de Matignon, par Jacq. de Caillieres. *Paris* 1661. *24-1*

2778 Hiſt. du Maréchal de Toiras, par Michel Baudier. *Par.* 1644. *14:*

2779 Hiſt. de la Vie du Duc d'Epernon, par Guil. Girard. *Par.* 1655. *6-1*

2780 Requeſte de Gaſpard Sala. *5*

2781 Recherches de la France, par Eſtienne Paſquier. *Orleans* 1665. *mar. 28-10*

2782 Memoires de Michel de Marolles. *Par.* 1656. *8:*

HISTORIA HISPANICA.

Prolegomena Historiæ Hispanicæ.

2783 Excelencias de la Monarquia y Reyno de Es-
2 paña, por Gregorio Lopez Madera. *Madrid* 1625.

2784 Jac. Valdesius de dignitate Regum, Regnorum-
que Hispaniæ. *Granatæ* 1602. 13

2785 Declaracion myftica delas armas de Efpaña,por
J. de Caramuel y Lobkowitz. *Brufelas* 1636. *figur.* 2:

2786 La conveniencia de las dos Monarquias Catoli-
cas, la de la Yglefia Romana, y la del Imperio
Efpañol; por J. de la Puente. *Madrid* 1612.

2787 Camilli Borelli commentarius de Hifpanica
Catholici Regis ad Summum Pontificem Lega-
tione. *Neap.* 1627.

2788 Libro de grandezas y cofas memorables de Efpaña, por P. de Medina. *Alcala de Henares*
1566. 3:

2789 El mifmo, ampliado por Diego Perez de Mefla.
Alcala de Henares 1595. 3:

2790 Poblacion general de Efpaña; con Reales Genealogias y catalogos de Dignidades ecclefiafticas y feglares; por Rodrigo Mendez Silva. *Madrid* 1645. 3-2

2791 Tratado de las fundaciones de las Ciudades y
Villas principales de Efpaña, por J. de Marieta.
Cuença 1596. 17-19

2792 Differentes Vûës des Palais & Jardins de plai-
fance des Rois d'Efpagne. *Par.* 1669. *oblongo.*

2793 Infcriptiones veteres in Hifpania repertæ, ab
Adolpho Occone editæ. *Commelin.* 1596. 10-10

2794 Flavii Lucii Dextri Chronicon à Chrifto ad 430.
cum comm. apodicticis Fr. Bivarii. *Lugd.* 1627.

2795 Marci Maximi Ep. Cæsarauguftani continuatio Chronici Fl. L. Dextri, ab anno 430. ad 612.
cum comm. apodicticis ejufdem Bivarii. *Matriti*
1651. 6:

2796 Hiftorias de Idacio Obifpo Lemicenfe, Ifidoro
       Ob. de Badajoz, Sebaftiano Ob. de Salamanca,
       Lampiro Ob. de Aftorga, Pelagio Ob. de Ovie-
       do; recogidas por Prudencio de Sandoval Ob. de
       Pamplona. *Pampl.* 1633. *3—4*

2797 Jo. Vafæi Chronicon rerum memorabilium
       Hifpaniæ ab anno 143. poft Diluvium ad 1020.
       poft Chriftum. *Salmanticæ* 1552. *2.*

2798 Iluftraciones genealogicas de los Reyes de las
       Efpañas, de Francia, y de los Emperadores de
       Conftantinopla, hafta Philippe el II. y fus hijos;
       por Eftevan de Garibay. *Madrid* 1596. *4—15*

Hiftoria generalis Hifpanica.

2799 Hifpania illuftrata, feu Auctores Hiftoriæ Hif-
       panicæ, collecti per And. Schottum. *Francof.*
       1603. 4. *vol. mar.* *121 ℔*

2800 Chronica general de Efpaña hafta 1037. por
       Florian de Ocampo, y Ambrofio de Morales.
       Alcala de Henares 1574. 75. 77. 78. *y Cordoua*
       1586. 5. *vol. mar.*

2801 Las quatro partes enteras de la Coronica de
       Efpaña que mando componer el Rey Alonfo. lla-
       mado el Savio, hafta 1252. vifta y emendada por
       Florian de Ocampo. *Valladolid* 1604. *100 ℔*

2802 La Chronica de Efpaña hafta 1454. por Diego
       de Valera. *Saragofa* 1513. *2.*

2803 Lucius Marineus Siculus de rebus Hifpaniæ
       memorabilibus ad 1517. *Compluti* 1533. *11—10*

2804 Compendio hiftorial de las Chronicas y uni-
       verfal Hiftoria de todos los Reynos de Efpaña
       hafta 1517. por Eftevan de Garibay y Camalloa.
       Anveres 1571. 4. *vol. mar.* *40.*

2805 Hift. generale d'Efpagne jufqu'à 1600. par
       Louis de Mayerne Turquet. *Par.* 1608. 3. *vol.*
       G. P. *24—19*

2805* Hift. general de Efpaña continuada hafta 1612.
       por J. de Mariana. *Madrid* 1617. 2. *vol.* *12—5*

2806 Hift. de los Reyes Godos, por Julian de Caf-
       tillo; profeguida hafta 1624. por Geronymo de
                                                    R ij

Caſtro y Caſtillo. *Madrid* 1624. 3:

Hiſtoria particularis Regum Hiſpaniæ.

2807 Cronica del Rey D. Rodrigo, con la deſtru[y]
cion de Eſpaña, y como los Moros la ganaro[n]
Alcala de Henares 1587. 4—5

2808 Coronica de los Moros de Eſpaña, desde Ma[
homa haſta 1613. por Jayme Bleda. *Valenci[a*
1618. 18—1

2809 Hiſt. del rebelion y caſtigo de los Moriſcos d[e
Granada, por Luys del Marmol Carvajal. *Malag[a*
1600. 15:

2810 Hiſt. de los Reyes de Caſtilla y de Leon, Fer[
nando I. el Magno, Sancho, Alonſo VI. Urrac[a
ſu hija, Alonſo VII. desde 1032. haſta 1138. po[r
Prudencio Sandoval Obiſpo de Pamplona. *Pamp[
1634. 3:

2811 Chronica del Emperador de Eſpaña D. Alon[ſo
VII. Rey de Caſtilla y Leon, desde 1106. haſt[
1157. por el miſmo de Sandoval; con las Dece[n
dencias de las Caſas de Sandoval, de Oſorio, d[e
Acuña, de Belaſco, de Caſtro, de Zuñiga, d[e
Guzman, de Haro, de Mendoça, de Manrique[s
de Padilla, de Ponces de Leon, de Quiñones, d[e
Toledo, de Touar: por el miſmo Autor. *Madri[
1600. 5:

2812 Memorial de la excelente Santidad y heroic[as
Virtudes del Rey Fernando III. deſte nombre p[ri
mero de Caſtilla y de Leon, por J. de Pineda. S[e
villa 1627.

2813 {
    Chronica del Santo Rey Fernando III. *Va[
ladolid* 1555. *MS.*
    Chronica del Rey D. Alonſo el Sabio, [el
qual hizo las ſiete Partidas. *Valladolid* 155[
MS.
    Chronica de D. Sancho IV. el Bravo. *MS.*
    Chronica de Fernando el IV. *Vallado[lid*
1554. 27:
}

2814 Chronica de D. Alonſo el Savio, y D. Sa[n
cho el Bravo. *Valladolid* 1554. 6—1

2815   Cronica del Rey Alonſo el XI. *Medina del Cam-*
po 1563. 3-19

2816   La miſma. *Toledo* 1597. 3:

2817   Cronica de D. Pedro hijo de Alonſo XI. D. Enrique ſu hermano, y D. Juan el primero. *Pamplo-*
na 1591. 4-5

2818   Hiſt. de la vida de D. Henrique III. por Gil
Gonzalez Davila. *Madrid* 1638. 3:

2819   Cronica de Juan II. por Fernan Perez de Guzman; corregida y adicionada por Lorenço Galin-
dez de Carvajal. *Longroño* 1517. 6:

2820   La miſma. *Sevilla* 1543. 4:

2821   Chronica de los Reyes Catholicos D. Fernando y Doña Yſabel, por A. de Nebrixa. *Valladolid*
1565. 4:

2822   Chronica de los Reyes Catholicos D. Hernando y Doña Yſabel, por Hernando de Pulgar. *Sa-*
ragoza 1567. 12:

2823   Los tratados de Alonſo de Ortiz. *Sevilla* 1493. 7-1

2824   Guil. Zenocarus de republica, vita, moribus,
geſtis, fama, religione, ſanctitate Caroli V. *Gan-*
davi 1559. 4-1

2825   La Carolea, que trata della vida de Carlos V.
deſde 1500. haſta 1555. por J. Ochoa de la Salde.
Liſbona 1585. 6:

2826   Hiſt. de la vida del Emperador Carlos V. deſde
1500. haſta 1557. por Prudencio de Sandoval Ob.
de Pamplona. *Pampl.* 1618. 2. *vol.* 25-5

2827   Filipe II. Rey de Eſpaña, desde 1554. haſta 1583.
por Luis Cabrera. *Madrid* 1619. 24:

2828   Hiſtoria general del Mundo, desde 1554. haſta
1598. por A. de Herrera. *Valladolid* 1606. 3. *vol.* 40:

2829   Primera parte de la Hiſtoria de Felippe el IV.
Rey de las Eſpañas, por Gonçalo de Ceſpedes y
Meneſes. *Liſbona* 1631. 3:

Hiſtoria Eccleſiaſtica Hiſpanica.

2830   Theatro Eccleſiaſtico de las Ciudades, Avila,
Aſtorga, Salamanca, Oſma, Vadajoz, y Ciudad
Rodrigo; por Gil Gonçalez Davila. *Salamanca*
1618. 3-12   R iij

2831 Theatro Ecclefiaftico de las Iglefias de las d
Caftillas ; Santiago , Siguença , Jaen , Murcia
Leon, Cuença, Segovia, Valladolid, Sevilla, P
lencia, Avila, Zamora, Coria, Calahorra , Pl
fencia, Burgos, Oviedo , Luga , Salamanca, Ore
fe , Mondoñede, y Tuy : por Gil Gonçalez D
vila. *Madrid* 1645. 47. *y* 50. 3. *vol.* 12:

2832 Hiftoria Ecclefiaftica de Efpaña hafta 700. p
Fr. de Padilla. *Malaga* 1605. 2. *vol.* 6-2

2833 Hift. del Apoftol Sanctiago patron y capit
general de las Efpañas, por Don Mauro Caftel
Ferrer. 4:

2834 Prueva evidente de la predicacion del Apoft
Santiago el Mayor en los Reinos de Efpaña, p
Miguel de Erce Ximenez. *Madrid* 1648. 3:

2835 Jo. Tamayo Salazar Martyrologium Hifpanu
Lugd. 1651. 6. *vol.* 20:

2836 Hift. Ecclefiaftica de todos los Santos de E
paña, de los Concilios de Efpaña, y de las fu
daciones de las Ciudades y Villas principales
Efpaña ; por Juan de Marieta. *Cuença* 1596. 1

Hiftoria particularis Provinciarum & Civit tum Hifpaniæ.

2837 { Origen de las Dignidades feglares de Caf
la y Leon , por Salazar de Mendoza. *Mad*
1657.
Origen de la Dignidad de Grande de C
tilla, por Alonfo Carrillo. *Madrid* 1657. 4

2838 Defcripcion y Hiftoria de la Imperial Ciu
de Toledo, por Fr. de Pifa. *Toledo* 1605.

2839 Hift. de la Imperial Ciudad de Toledo h
405. por P. de Rojas Conde de Mora. *Ma*
1654. 8-5

2840 Primacia de Toledo defendida contra las im
gnaciones de Braga, por Diego de Caftejon i F
feca. *Madrid* 1645.

2841 Cronica de el gran Cardenal de Efpaña D.
dro Gonçalez de Mendoça Arçobifpo de Tol

por P. de Salazar y Mendoça. *Toledo* 1625. *10:*

2842   Alvar. Gomecius de rebus geftis à Francifco Ximenio Cifnerio Archiepifcopo Toletano. *Compluti* 1569. *10—10*

2843   Santos de la Imperial Ciudad de Toledo y fu Arçobifpado, por A. de Quintanadueñas. *Madrid* 1651.

2844   Teatro de las Grandezas de Madrid, por Gil Gonçalez Davila. *Madrid* 1623. *mar.* *10—10*

2845   Antiguedad, nobleza y grandeza de Madrid, por Geronimo de Quintana. *Madrid* 1629. *10—5*

2846   Defcripcion del Monafterio de S. Lorenzo el real del Efcorial, por Fr. de los Santos. *Madrid* 1657. *figur.* *4:*

2847   Hift. de la Ciudad de Cuença, por J. Pablo Martir Rizo. *Madrid* 1629. *4:*

2848   Hift. ecclefiaftica y feglar de la Ciudad de Guadalaxara, por Alonfo Nuñez de Caftro. *Madrid* 1653. *5:*

2849   Anales de la Ciudad y Obifpado de Plafencia, desde 1180. hafta 1626. por Alonfo Fernandez. *Madrid* 1627. *4—10*

2850   Hift de las grandezas de la Ciudad de Avila, por Luys Ariz. *Alcala de Henares* 1607. *25—7*

2851   Hift. de la Ciudad de Segovia hafta 1621. por Diego de Colmenares. *Segovia* 1637. *6—5*

2852   Differtaciones ecclefiafticas por el honor de los antiguos tutelares contra las ficciones modernas, por Gafpar Ibañez de Segovia. *Zaragoça* 1671. *mar.* *35:*

2853   Statutos del Studio general y Univerfidad de Valladolid, Lat. y Efpañol.

2854   Conftitutiones & Statuta Collegii Sanctæ Crucis Oppidi Vallifoletani. *Vallifoleti* 1641. *38—19*

2855   Hift. del Monte Celia de Nueftra Señora de la Salceda, por P. Gonzalez de Mendoza Arçob. de Granada. *19—19*

2856   Conftitutiones Salmanticenfis Academiæ. *Salmantica* 1584. *29—19*

2857   Conftitutiones quibus regitur Collegium S.

Jacobi Salmanticenfe. *Salm.* 1658. 30-10

2858   Conftituciones del Colegio de S. Pelayo de la Univerfidad de Salamanca. *Salamanca* 1637. 30:

2859   Nobleza del Andaluzia, desde el Emperador Alonzo VII. hafta Juan II. por Gonçalo Argote de Molina. *Sevilla* 1588. 21.

2860   Antiguedades de la Ciudad de Sevilla, por Rodrigo Caro. *Sevilla* 1634. 24.

2861   Hift. Antiguedades, grandezas de Sevilla, por 10-10 Pablo de Efpinofa de los Monteros. *Sevilla* 1627.

2862   Anales ecclefiafticos y feculares de la Ciudad de Sevilla, desde 1246. hafta 1671. por Diego Ortiz de Zuñiga. *Madrid* 1677. 40.

2663   Vida de D. Diego de Anaya Maldonado Arçobifpo de Sevilla fundador del Colegio viejo de S. Bartolome, por Fr. Ruiz de Vergara; con la Noticia de los Varones iluftres de la Familia de Vergara. *Madrid* 1661. 9-5

2864   Catalogo de los Obifpos de las Iglefias Catedrales de la diocefi de Jaen y Baeça, defde 44.
5: hafta 1652. por Martin de Ximena. *Madrid* 1654.

2865   Memorial del pleito fobre el reconocimiento, aprovacion, y calificacion de los milagros, veneracion y colocacion de las Reliquias de los Santuarios que fe defcubrieron en la villa de Arjona desde 1628. hafta 1642. 8-5

2866   Memorial fobre la calificacion de las Reliquias de los Santos Martyres de Arjona, por Bernardino de Villegas. *Baeça* 1639. 4-10

2867   Hiftoria ecclefiaftica de Granada, por Fr. Vermudez de Pedraza. *Granada* 1638. 15-10

2868   Difcurfos de la certidumbre de las Reliquias defcubiertas en Granada desde el año de 1588. hafta el de 1598. por Gregorio Lopez Madera. *Granada* 1601.

2869   Difcurfos hiftoricos de Murcia y fu Reino, por Fr. Cafcales. *Murcia* 1621. 8-5

2870   Relacion del proceffo actitado en la Corte del Señor Jufticia de Aragon. *Çaragoça* 1590. 3-10

2871   Alegaciones del Derecho de Juan de Ribas,

sobre la justissima pretension que tiene el Rey, de que puede poner Virrey estrangero en este Reyno de Aragon. *Çaragoça* 1590. 3.

2872   Alegaciones sobre la facultad que el Rey tiene de nombrar Lugarteniente general, natural o estrangero, en el Reyno de Aragon. *Çaragoça* 1591. 6-12

2873   Joannis Sobrarii Carmen in opus de Geneologia Regum Aragonum editum. *Cæsaraugustæ* 1509. 6-19

2874   Cronica d'Aragon, traduzida de la lengua Latina en la Castellana por Juan de Molina. *Valencia* 1524. 8.

2875   Chroniques de Espaya, por Miquel Carbonell. *Barcelona* 1547. 15-2

2876   Hieron. Suritæ Indices rerum ab Aragoniæ Regibus gestarum, ab initiis Regni ad an. 1410. accedunt Gaufredus Malaterra de Roberti Viscardi & Rogerii ejus fratris Calabriæ & Siciliæ Ducum gestis; Alexander Abbas Vallis-Celesinæ de Rogerii Regis Siciliæ gestis; & Genealogia Rob. Viscardi & eorum Principum qui Siciliæ Regnum adepti sunt, ex Ptolemæi Lucensis Chronicis decerpta: edente eodem Surita. *Cæsaraugusta* 1578. 45-1

2877   Anales de la Corona de Aragon, desde 710. hasta 1516. por Geronymo Çurita. *Çaragoça* 1585. 6. *vol.* 32-10

2878   Los mismos. *Çaragoça* 1610. 7. *vol.* 60-1

2879   Primera parte de los Anales de Aragon que prosigue los de Zurita, desde 1516. hasta 1520 por Bartol. Leonardo de Argensola. *Çaragoça* 1630.

2880   Historias ecclesiasticas y seculares de Aragon, en que se continuan los Anales de Çurta hasta 1618. por Vincencio Blasco de Lanuza. *Çaragoça* 1622. 2. *vol.* 24.

2881   Hieron. Blancæ Aragonensium Rerum commentarii ad 1588. *Cæsaraugusta* 1598. 30.

2882   Chronica dels fets del Rey D. Jaume I. d'Arago, por Ramon Muntaner. *Valencia* 1558. 5-19

2883   Bernardinus Gomesius de Vita & rebus gestis Jacobi I. Regis Aragonum. *Valentia* 1582. 17-10

2884   Catedra Episcopal de Zaragoza en el Templo
de S. Salvador, por J. de Arruego. *Caragoça*
1653.

2885   Discurso historico-juridico sobre la instaura-
cion de la santa Iglesia Cesaraugustana en el Templo maximo de San Salvador, por Luis de Exea y
Talayero. 1674. 3:

2886   Fundacion milagrosa de la Capilla angelica de
la Madre de Dios del Pilar, y excelencias de la
Ciudad Imperial de Caragoça; por Diego Muril-
lo. *Barcelona* 1616. 11-5

2887   Fundacion, excelencias y cosas memorables de
Huesca, por Fr. Diego de Aynsa y de Yriarte.
Huesca 1619. 4-10

2888 {   Estatutos que el Obispo de Barbastro ha hecho y ordenado en la visita y reformacion de
la Universidad de Huesca año 1599. *Caragoça*
1601.
Statuta Universitatis, & Studii Universitatis Oscensis. *Osca* 1594. 33-10

2889   Vida de Geronimo Batista de Lanuza Ob. de
Barbastro y despues de Albarrazin, por Geronimo Fuser. *Caragoça* 1648. 9:

2890   Fundacion y Antiguedades de S. Juan de la Pe-
ña y de los Reyes de Sobrarve, Aragon y Navarra, por Juan Briz Martinez. *Caragoça* 1620.

2891   Coronica general de toda España, y especial-
mente del Reyno de Valencia, hasta 1276. por
Pero Anton Beuter. *Valencia* 1604. 7-3

2892   Anales del Reyno de Valencia, hasta 1276. por
Fr. Diago. *Valencia* 1613. 4:

2893   Tercera parte de la Cronica de Valencia, desde
714. hasta 1564. por Martin de Vicyana. *Valencia* 1564. 3:

2894   Hist. de la Ciudad y Reyno de Valencia hasta
1611. por Gaspar Escolano. *Valencia* 1610. y
1611. 2. *vol.* 21:

2895   Petri de Marca Marca Hispanica sive Limes His-
panicus, hoc est, geographica & historica descriptio Cataloniæ, Ruscinonis, & circumjacentium

populorum, ab anno 714. ad 1258. accedunt varii Scriptores de Rebus Barcinonensibus & Aragonensibus : edente Stephano Baluzio, *ar.* 1688. *C. M. mar.* 26—10

1896   Epitome dels titols de honor de Cathalunya, Rossello y Cerdanya, por Andreu Bosch. *Perpinya* 1628. 6—12

1897   Coronica universal del Principat de Cathalunya, por Hieronym Puiades. *Barcelona* 1609. 4—19

1898   Conquestas de Cathalunya, por Pere Tomich. *Barcelona* 1534. 3—15

1899   Hist. de los Condes de Barcelona, por Fr. Diago. *Barcelona* 1603. 4—14

1900   Hist. de los hechos del Conde de Barcelona Don Bernardo Barcino, y Zenofre su hijo, por Estevan Barellas. *Barcelona* 1600. 6—6

1901   Proclamacion catolica à Filipe el Grande, los Conselleres y Consejo de Ciento de la Ciudad de Barcelona. *Barcel.* 1640.

1902   Hist. de los hechos de D. Juan de Austria en el Principado de Cataluña, por Fr. Fabro Bremundan. *Caragoça* 1673. *mar.* 8—14

1903   Hist. general de los Santos y Varones ilustres en Santidad del Principado de Cataluña, por Ant. Vicente Domenec. *Barcelona* 1602. 2.

1904   Hist. general del Reyno Balearico, hasta 1650. por J. Demeto. *Mallorca* 1633. *y* 1650. 2. *vol.* 33.

1905   Hist. apologetica y descripcion del Reyno de Navarra, por Garcia de Gongora y Torreblanca. *Pamplona* 1628. 6—5

1906   Hist. de Navarre jusqu'en 1610. par André Favyn. *Paris* 1612. 4.

1907   Memoires pour l'Hist. de Navarre & de Flandres, par Auguste Galland. *Paris* 1648. 4.

1908   Catalogo de los Obispos de Pamplona, hasta 1612. por Prudencio de Sandoval Obispo de Pamplona. *Pampl.* 1614. 2.

1909   Privilegio de la union de la Ciudad de Pamplona. *Pampl.* 1619. 1—13

Historia Familiarum & Virorum illustrium
Hispaniæ.

2910   Apologia por la limpieza y Nobleça de Efpaña, o defenfa de los eftatutos y noblezas Efpañolas, por Geronimo de la Cruz. *Zaragoza* 1637. *12:*

2911   Nobiliario de D. Pedro Conde de Bracelos hijo del Rey D. Dionis de Portugal. *Roma* 1640. *6-5*

2912   El mifmo traduzido en Efpañol, con notas de J. B. de Lavaña, del Marques de Montebelo, de Alvaro Ferreyra de Vera, de Manuel de Faria y Soufa. *Madrid* 1646. *25:*

2913   Nobiliario genealogico de los Reyes y titulos de Efpaña, por Alonfo Lopez de Haro. *Madrid* 1622. 2. *vol.* 11-5

2914   Relacion y noticias de la Familia de Alarcon.

2915   Genealogia de la Cafa de Cabeza de Vaca, por Jofeph Pellicer de Touar. *Madrid* 1652. *10:*

2916   De la Familia de Girones, por Geronymo Gudiel. *Alcala* 1577.

2917   Relaciones genealogicas de la Cafa de los Marquefes de Trocifal, Condes de Torres Vedras, fu Varonia Zevallos de Alarcon; por Ant. Suarez de Alarcon. *Madrid* 1656. *7-5*

2918   Arbol de los Veras, por Alonfo Lopez de Haro. *Milan* 1636. *20-1*

2919   Parentefcos que tiene D. Juan Antonio de Vera y Zuniga con los Reyes Catolicos y otros Principes y grandes Señores, por P. Fernandez Gayofo. *Arras* 1627. *17:*

2920   Juftificacion de la grandeza y cobertura de prima clafe en la Cafa y perfona de D. Fernando de Zuniga, por Jofeph Pellicer de Offau. *Madrid* 1668. *16:*

2921   Chronica del Cid Ruy Diez Campeador. *Burgos* 1593. *8:*

2921   Viva de Alvaro de Luna Condeftable de Caftilla y de Leon. *Milan* 1546. 3-10

Hiftoria

Historia Lusitanica.

2923 Libri quatuor de Antiquitatibus Lusitaniæ, auctoribus Lucio Andrea Resendio & Jac. Menætio Vasconcello. *Ebora* 1593. *39.*

2924 Flores de España, excelencias de Portugal, por Ant. de Sousa de Macedo. *Lisboa* 1631. *4—19*

2925 Noticias de Portugal, per Manoel Severim de Faria. *Lisboa* 1655. *3—5*

2926 { Varias Antiguidades de Portugal, per Gaspar Estaço. *Lisboa* 1625. *12—5*
Trattado de Linhagem dos Estaços naturaes da cidade d'Evora, per el mismo Gaspar Estaço.

2927 De l'origine des Rois de Portugal issus en ligne masculine de la Maison de France, par Theod. Godefroy. *Paris* 1610. *3.*

2928 Principios del Reyno de Portugal, con la Vida de D. Alfonso Henriquez su primero Rey; por Ant. Paez Viegas. *Lisboa* 1641. *4—1*

2929 Monarchia Lusytana, Historias de Portugal desde a criação do Mundo ate 1325. per Bernardo de Brito, A. Brandão Fr. Brandain, alçobaça 1597. *Lisboa* 1609. *&c.* 5. *vol.* *55—5*

2930 Primeira parte das Chronicas dos Reys de Portugal ate 1375. per Duarte Nunez do Lião. *Lisboa* 1600. *3.*

2931 Europa Portuguesa hasta 1557. per Manoel de Faria y Sousa. *Lisboa* 1678. *y* 79. 2. *vol. C. M. mar.*

2932 Epitome de las Historias Portuguesas hasta 1625. por el mismo Manoel de Faria y Sousa. *Brusselas* 1677. *mar.* *20—10*

2933 Chronica de el Rey D. Afonso IV. per Ruy de Pina. *Lisboa* 1653. *11.*

2934 Chronica del Rey D. Joam I. per Fernam Lopez. *Lisboa* 1644. *12—12*

2935 Cronicas de D. Joam I. D. Duarte e D. Affonso V. per Rodrigo da Cunha Arçebispo de Lisboa. *Lisb.* 1643. *11—1*

2936 Chronica del Rey D. João II. per Garcia de Resende. *Lisboa* 1622. *6—19*   S

2937 Chronica do Rei D. Emanuel , per Damiam de Goes. *Lisboa* 1566. 4-3

2938 A misma. *Lisboa* 1619. 4:

2939 Hier. Osorius de Rebus Emmanuelis Regis. *Olysippone* 1571. *C. M. mar.* 24:

2940 Cronica do Rey D. João III. per Francisco d'Andrada. *Lisboa* 1613. 13:

2941 Hist. de Portugal, depuis 1496. jusqu'à 1578. 8: trad. du Latin d'Osorius , par S. G. S. (Simon Goulart Senlisien.) *impr. par Fr. Estienne* , 1581.

2942 Responsum de successione Regni Portugalliæ pro Philippo Hispaniarum Rege adversus Bononiensium, Patavinorum , & Perusinorum Collegia ; auctore Mich. ab Aguirre. *Ven.* 1581. 1-1

2943 Philippus Prudens Lusitaniæ, Algarbiæ, Indiæ, Brasiliæ Rex legitimus demonstratus, per Jo. Caramuel Lobkowitz. *Antuerp.* 1639. 4:

2944 Fr. Macedo Propugnaculum Lusitano-Gallicum contrà calumnias Hispano-Belgicas. 2:

2945 Fr. Velasci Goveani Joannes IV. Portugalliæ Rex justè consalutatus ab eodem regno suo, *Olyssippone* 1645. 8:

2946 Philippica Portuguesa contra la invectiva Castellana , por Fr. de S. Agustin. *Lisboa* 1645. 2:

2947 Perfidia de Alemania y de Castilla en la prision, entrega, accusacion y processo del Infante de Portugal D. Duarte, por Fr. Velasco de Gouvea. *Lisboa* 1652. 6:

2948 Hist. de Portugal restaurado , per Luis de Menezes Conde da Ericeyra. *Lisboa* 1679. 24:

2949 Agiologio Lusitano , que comprende seis primeiros meses, per George Cardoso. *Lisboa* 1652. 57: & 66. 3. *vol.* 10:

2950 Primeira parte da fundação , antiguidades e grandezas de Lisboa, per Luis Marinho de Azevedo. *Lisboa* 1652. 24-1

2951 Hist. ecclesiastica da Igreia de Lisboa , per Rodrigo da Cunha. *Lisboa* 1642. 6:

2952 Rod. à Cunha Arch. Bracharensis de Primatu Bracharensis Ecclesiæ in universa Hispania. *Brachara* 1632. 3:

2953　Hiſt. eccleſiaſtica dos Arçebiſpos de Braga e dos Santos e Varoes illuſtres que floreceraõ neſte Arçebiſpado, per el miſmo Rodrigo da Cunha. *Braga* 1634. 2. *vol.* 10:

2954　Vida de D. Bartolomeu dos Martyres, per Luis Cacegas. *Viana* 1619. 4:

2955　Catalogo e Hiſtoria dos Biſpos do Porto, per Rodrigo da Cunha Biſpo do Porto. *Porto* 1623. 6-19

2956　Chronica do Condeſtabre de Portugal D. Nunalurez Pereyra principiador da Caſa de Bragança. *Liſboa* 1623. 3:

2957　Jo. Caramuel Lobkowitz Domus de Mello. *Lovan.* 1643. C. M. 6:

2958　Fr. Macedo Domus Sadica. *Lond.* 1653. 6:

2959　Hiſt. de Varoëns illuſtres do Appellido Tavora, per Ruy Lourenço de Tavora. *Par.* 1648. 9:

HISTORIA EXTERARUM

ORBIS PARTIUM,

& primùm generalis.

2960　Novus Orbis, deſcriptus per varios Auctores. *Baſil.* 1555. 6-12

2961　Navigationi e Viaggi raccolti da Gio B. Ramuſio. *Venet.* 1563. 65. & 83. 3. *vol.* 50:

2962　Collectio variarum Peregrinationum lingua Anglica, per Samuel. Purchas. *Lond.* 1625. & 26. 5. *vol. mar.* 156:

2963　Collectiones Peregrinationum & Navigationum in Indiam Orientalem & in Indiam Occidentalem XXV. partibus comprehenſæ; cum figuris Fratrum de Bry & Meriani. *Ffurti* 1598. & ſeqq. 6. *vol.* 528:

2964　Jo. Hug. Linſchotani Navigatio ac Itinerarium in Orientalem ſive Luſitanorum Indiam; ubi de quibuſdam aliis regionibus. *Haga Comitis* 1599. *cum figuris depictis.* 30-5

ſ　Hiſt. de la Navigation de J. Hug. de Linſ-

2965 { chot, trad. du Latin; avec des annot. de B. Pa-
ludanus. *Amst.* 1638. *figur.*

Le grand Routier de Mer, du même. *Amst.* 1638. *13:*

Description de l'Amerique. *Amst.* 1638.

2966 Relations de divers Voyages curieux, par Mel-
chisedech Thevenot. *Paris* 1663. *& suiv.* 4. *vol.* figur. G. P. *86—10*

2967 Hist. universelle des Indes Orientales & Occidentales. *Doüay* 1605. *2—5*

2968 La même, augmentée de l'Histoire de la Con-
version des Indiens. *Doüay* 1611. *2—10*

Historia Asiatica.

2969 Nova Asiæ Descriptio. *Paris.* 1656. *3:*

2970 Thomæ Herbert Descriptio Asiæ : Anglice.
Lond. 1677. *3:*

2971 Petri Bizari Rerum Persicarum Historia; &
alia quædam. *Francof.* 1601. *6—10*

2972 Palladius de Gentibus Indiæ & Bragmanibus,
Gr. Lat. edente Edoardo Bissæo: accedunt S. Am-
brosius & Anonymus de Brachmanibus. *Lond.*
1668. *mar.* *13—10*

2973 J. P. Maffeii Historia Indica; Epistolæ ex India, eodem interprete; & Ignatii Loyolæ Vita.
Colon. 1593. *5—10*

2974 Hist. do descobrimento e conquista da India
pelos Portugueses, per Fernando Lopez de Cas-
tanheda. *Coimbra* 1554. 8. *vol.* *50—1*

2975 As IV. Decadas da Asia de João de Barros. *Lisboa* 1628. 4. *vol.*

2976 As Decadas IV. V. VI. VII. VIII. & XII. da Asia,
per seguir à João de Barros, per Diogo do Cou-
to. *Lisboa* 1602.—1645. 6. *vol.* *110:* *B.*

2977 Asia Portuguesa desde 1412. hasta 1640. por
Manoel de Faria y Sousa. *Lisboa* 1666. 74. *& 75.*
3. *vol. mar.* *70:*

2978 Commentarios do grande Afonso d'Alboquerque, (escritos per Afonso d'Alboquerque seu
Filho.) *Lisboa* 1576.

2579   Vida de D. João de Caſtro quatto Viſorey da India , per Jacinto Freyre de Andrada. *Liſboa* 1651. 6:

2980   Hiſt. da India no tempo que a governou o Viſorey D. Luis de Ataide; per Ant. Pinto Pereyra. *Coimbra* 1616. 6:

2981   Hiſt. general de la India Oriental y de la dilatacion del S. Evangelio por aquellas grandes Provincias desde ſus principios haſta 1557. por Ant. de S. Roman. *Valladolid* 1603. 4—18

2982   Conquiſta de las Iſlas Malucas; por Bartolome Leonardo de Argenſola. *Madrid* 1609. 11—10

2983   Rob. Knox Relatio Inſulæ Ceylon in India Orientali : Anglicè. *Lond.* 1681. *figur.* 3—4

2984   Peregrinaçam de Fernam Mendez Pinto. *Liſboa* 1614. 14:

2985   La miſma , traduzida en lengua Eſpañola , por Franciſco de Herrera Maldonado. *Madrid* 1620.

2986   A MM. de l'Aſſemblée generale de l'an 1665. touchant les trois Evêques envoyez dans le Levant. 4:

2987   Athan. Kircheri China illuſtrata. *Amſt.* 1667. *figur. mar.*   39—19

2988   L'Ambaſſade de la Compagnie Orient. des Provinces-Unies vers l'Empereur de la Chine , trad. de l'Hollandois de J. Nieuhaff , par Jean le Carpentier. *Leyde* 1665. *figur. Exemplaire couvert de velours rouge.*   44:

2989   Idem Liber Latinè , per Georgium Hornium. *Amſt.* 1668. *figur.* 30:

2990   Seconde & troiſiéme Ambaſſades de la Compagnie des Indes Orientales vers l'Empereur de la Chine , trad. du Flamand d'O. Dapper. *Amſi.* 1670. *figur.* 30:

2991   Tratados hiſtoricos, politicos, ethicos, y religioſos de la Monarchia de China, por Domingo Fernandez Navarrete. *Madrid* 1676. *mar.* 15:

2992   Confucius Sinarum philoſophus , ſive Scientia SinenſisLat. expoſita par PP. Soc. Jeſu. *Pariſ.* 1687. *mar.* 24—10 neut 10H

2993   Ambaffade memorable de la Compagnie des Indes Orientales vers les Empereurs du Japon, trad. du Flamand. *Amft.* 1680. *figur. mar.* 32.

2994   Relacion del fuceffo que tuvo nueftra fanta Te en los Reynos del Japon desde 1612. hafta 1615. por Luys Piñeyro. *Madrid* 1617. 3.

Hiftoria Africana.

2995   Geographia dell'Africa, di Livio Sanuto. *Venet.* 1588. *C. M. figur.* 20.

2996   L'Afrique de Jean Leon Africain & autres, trad. en François. *Lyon* 1556. *figur.* 18-10

2997   Defcription de l'Afrique, trad. du Flamand d'O. Dapper. *Amft.* 1686. *figur.* 15.

2998   Defcripcion generale de Affrica, con todos los fuceffos de guerras hafta 1571. por Luis de Marmol Caravajal. *Granada* 1573. 2. *vol.* 48.

2999   Topografia e Hiftoria general de Argel, por Diego de Haedo *Valladolid* 1612. 14.

3000   Guerra de la Ciudad de Africa y otras, por Pedro de Salazar. *Napoles* 1552. 3-10

3001   Hifpania victrix, Hift. de las guerras entre Chriftianos y Infieles desde 1546. hafta 1565. por P. de Salazar. *Medina del Campo* 1570. 3-10

3002   Jobi Ludolfi Hift. Æthiopica, five defcriptio Regni Habeffinorum. *Francof.* 1681. *mar.* 18.

3003   Verdadera informaçam das terras do Prefte Joam, per Fr. Alvarez. 1540. 13.

3004   Ethiopia Oriental, per João dos Santos. *Evora* 1609. 4-19

3005   Hift. geral de Ethiopia a Alta, e do que nella obraram os Padres de la Companhia de Jefus, per Manoel d'Almeida. *Coimbra* 1660. 6-15

Hiftoria Americana.

3006   Hiftoria general de las Indias Occidentales, por Ant. de Remefal. *Madrid* 1620. 4.

3007   Defcription des Indes Occident. trad. de l'Efpagnol d'Ant. de Herrera; avec quelques autres autres Defcriptions des mêmes Pays. *Amft.* 1622. *figur.* 12-1

3008   Jo. de Laet Novus Orbis, feu Indiæ Occidentalis defcriptio. *Lugd. Bat.* 1633. *figur.* 40:

3009   Th. Gage Peregrinationes in novam Hifpaniam : Anglicè. *Lond.* 1655.   2—6

3010   Richardi Hawkins obfervationes in fuo itinere Maris Meridionalis: Anglicè. *Lond.* 1622. 5

3011   Jo. de Solorzano Pereira de Indiarum Jure, five de jufta Indiarum Occidentalium inquifitione, acquifitione, retentione. *Matriti* 1629.   15:

3012   Hift. general de los Hechos de los Caftellanos en las Iflas y tierra firme del Mar Oceano, desde 1492. hafta 1554. por Ant. de Herrera ; en VIII. decadas. *Madrid* 1601. &c. 4. *vol.* 105: B

3013 { Ferd. Cortefii de Infulis nuper inventis narrationes. *Colon.* 1532.
Tacuini fanitatis Elluchafem Elimithar, de fex rebus quæ funt neceffariæ homini ad confervationem fanitatis fuæ ; & alii tractatus de rebus medicis. *Argent.* 1531.

3014 { Hift. general de las Indias , por Gonçalo Hernandez de Oviedo y Valdes. *Salamanca* 1547.
Conquifta del Peru & Provincia del Cuzco o Nueva Caftilla conquiftada por Fr. Pizarro. *Salamanca* 1547.

3015 { Hift. general de las Indias hafta 1551. por Fr. Lopez de Gomara. *Medina del Campo* 1553.
Conquifta del Mexico, por el mifmo. *Medina del Campo* 1553.   14—10

3015*   La mifma. *aragoça* 1555.   6—10

3016   Hift. verdadera de la Conquifta de la Nueva Efpaña hafta 1540. por Bernal Diez del Caftillo. *Madrid* 1632.   15:

3017   Noticias hiftoriales de las Conquiftas de tierra firme en las Indias Occidentales, por P. Simon. *Cuença* 1626.   5:

3018   Teatro ecclefiaftico de las Yglefias de las Indias Occidentales, por Gil Gonçalez Davila. *Madrid* 1649. & 1655. 2. *tom. en* 1. *vol.*   9—10

3019   Memorial del pleyto que en govierno y jufti-

cia siguen el Señor fiscal y las Iglesias Metropoli-
tanas y Catedrales de las Indias Occidentales con
la Religiones de S. Domingo, S. Augustin, N. S.
de la Merced, Compañia de Jesus, y las demas
que tienen haziendas de labor y ganados en a
quellos Reynos y Provincias, sobre que las dichas Religiones paguen diezmo de las dichas haziendas que han adquirido y que en adelante ad-
quirieren. 31-10

3020   Relacion del sitio en que esta fundada la Ciudad de Mexico; por Fernando de Cepeda y Fernando Alfonso Carrillo. *Mexico* 1637. 27-19

3021   Jo. Smith Historia Virginiæ ab anno 1594. ad
1624. Anglicè. *Lond.* 1624. *figur.* 2-6

3022   {
    Origen de los Yncas que fueron Reyes del
    Peru, por el Ynca Garcilasso de la Vega. *Lis-
    boa* 1609. 61:
    Hist. general del Peru, por el mismo Ynca
    Garcilasso de la Vega. *Cordoua* 1617. 2. *vol.*
}

3023   Hist. del descubrimiento y Conquista de las
Provincias del Peru; por Augustin de Carate. *Sevilla* 1577. 10-10

3024   Cypr. de Herrera Vita Toribii Alfonsi Mogro-
besii Limani Archiepiscopi. *Roma* 1670. 8-19

3025   Historica Relacione del Reyno di Cile, por
Alonso d'Ovaglie. *Roma* 1646. 15:

3026   Gasp. Barlæi Res gestæ per Octennium sub præ-
fecturâ Jo. Mauritii Comitis Nassoviæ in Brasi-
lia & alibi. *Amst.* 1647. *in fol. majori, figur.*

3027   Varones ilustres del Nuevo Mundo, por Fer-
Fernando Pizarro y Orellana. *Madrid* 1639. 8-5

SCIENTIÆ ET ARTES, *in folio.*

PHILOSOPHIA.

Philosophi veteres & novi.

3028 **D**Iogenes Laërtius de Vitis Philosophorum, Gr. Lat. cum annot. Th. Aldobrandini. *Romæ* 1594. 20-1

3029 Idem, cum Diversorum annot. *Lond.* 1664.

3030 Walterus Burley de Vitâ & moribus Philosophorum. *Editio vetustissima.* 15-1

3031 Philostrati opera, Gr. Lat. per Fed. Morellum. *Parif. Morel.* 1608. 4:

3032 J. B. Crispus de Ethnicis Philosophis cautè legendis. *Romæ* 1594. 1: 12

3033 Sexti Empyrici opera, Gr. Lat. per Gentianùm Hervetum. *Geneva* 1621. 5-1

3034 Le Pimandre de Mercure Trifmegifte, trad. & commenté par François de Foix Ev. d'Aire. *Bourdeaux* 1579. 1-4

3035 Jamblicus Chalcidenfis de Myfteriis, Gr. Lat. cum notis, per Th. Gale. *Oxon.* 1678. *mar.* 10:

3036 Jamblichus & alii, Latinè. *Venet. Aldus* 1516. 1:

3037 Platonis opera, Gr. Lat. cum annot. J. Serranium. *Typis H. Stephani,* 1578. 2. *vol. mar.* 93-1

5038 Beffarion in calumniatorem Platonis. *Venet. Aldus,* 1516. 1:

3039 Proclus in Timæum & Politeian Platonis, Gr. *Bafil.* 1534.

3040 Proclus in Theologiam Platonis, Gr. Lat. per Æmilium Portum. *Hamburgi* 1618. 2:

3041 Chalcidii interpretatio in Timæum Platonis Lat. per Nebienfem Episcopum. *Parif. Badius,* 1520.

3042 { Seb. Foxii comment. in Platonis libros de Republica. *Bafil.* 1556.
{ Phedo & Timæus Platonis, Lat. cum comm.

Seb. Foxii. *Ibidem* 1556.

J. Jac. Huggelius de Semeiotice Medicinæ parte. *Ibid.* 1560. 1.

3043   Plotini opera, Gr. Lat. cum comment. Marsilii Ficini. *Basil.* 1580. 4.

3044   Lucii Apuleii opera. *Romæ* 1469. 60.
Alcinoi disciplinarum Platonis Epitoma.

3045   Marsilii Ficini opera. *Basil.* 1561. 2. *vol.* 4-5

3046   Stephani Theupoli Academicæ contemplationes. *Venet.* 1576.

3047   Jac. Mazonii in universam Platonis & Aristotelis Philosophiam præludia, sive de comparatione Platonis & Aristoteli. *Venet.* 1597. 1-5

3048   Aristotelis & Theophrasti Philosophia, Gr. *Venet.* 1495. 97. & 98. 5. *vol.* 48-5

3049   Aristotelis opera, Gr. Lat. per Guil. Duvallium. *Par.* 1619. 2. *vol.* 15-1

3050   Aristotelis opera, Gr. Lat. per eundem Duvallium. *Paris.* 1654. 4. *vol.* 16-1

3051   Aristotelis opera, cum comm. Averrois, Lat. *Venet.* 1552. 8. *vol.* 25-1

3052   Julii Palamedis Tabula in Aristotelis & Averrois opera. *Venet.* 1562.

3053   Ambrosii Nolani castigationes adversùs Averroëm. *Venet.* 1532.

3054   Felicis Accorombonii interpretatio obscuriorum locorum & Sententiarum Aristotelis. *Romæ* 1590.

3055   Ammonius Hermeas in Porphyrii institutionem, Aristotelis categorias & librum de interpretatione, Lat. per J. B. Rasarium. *Venet. Valgrisius,* 1559. *mar.*

3056   Porphyrius & Dexippus in prædicamenta Aristotelis, Lat. per J. Bern. Felicianum. *Venet.* 1546. *mar.*

3057   Simplicius in Categorias Aristotelis, Gr. *Basil.* 1551. *mar.*

3058   Idem, Lat. *Venet.* 1550. *mar.*

3059   Ammonius Hermeas, Magentenus Archiep. Mitylenensis in interpretationem Aristotelis, Gr.

accedunt Michaël Pfellus, & Ammonius Hermeas in categorias Ariftotelis, Gr. *Venet. Aldus,*
1503. *mar.*

3060 P. Rauledius in librum Ariftotelis de interpretatione, & idem de fimplicium intelligentiâ. *Parif.* 1519.

3061 Alfonfus Baroccius in librum Ariftotelis de Interpretatione. *Venet.* 1569. *mar.*

3062 { Alexander Aphrodifienfis in priorem librum
priorum analyticorum, Gr. *Venet. Aldus,*
1520.
Idem in Elenchos Sophifticos, Gr. *Ibid.*
1520.

3063 { Idem in priorem Ariftotelis librum prio-
rum analatycorum, Lat. per Joan. Bern. Fe-
licianum. *Venet.* 1548.
Idem in Topica Ariftotelis, Lat. *Venet.*
1555.
Idem in librum Elenchorum fophifticorum,
Lat. per Guill. Dorotheum. *Par.* 1542.
Idem in Meteorologica, Lat. per Alex. Pic-
colomineum. *Venet.* 1561.
Idem Piccolomineus de Iride. *mar.*

3064 Joannes Grammaticus Philoponus & Magentenus in priora Analytica, Gr. *Venet.* 1536. *mar.*

3065 Joannes Grammaticus Philoponus in priora
Ariftotelis Analytica, Lat. per Alexandrum Juftinianum. *Venet. Valgrif.* 1560.

3066 Joannis Grammatici Philoponi in priora & pofteriora Ariftotelis, Analytica, Lat. *Venet.* 1555.
mar.

3067 Auguftinus Nyphus in priora & pofteriora Ariftotelis Analytica. *Venet. Junta,* 1553.

3068 Joannes Grammaticus, Anonymus, & Euftratius in pofteriora Ariftotelis Analytica, Gr. *Venet.* 1534. *mar.*

3069 Euftratius Epifcopus Nicænus, & Anonymus in
Ariftotelis fecundam pofteriorum Analyticorum,
Lat. per Andr. Gratiolum. *Venet.* 1542. *mar.*
{ Themiftii paraphrafis in pofteriora Arifto-

3070 {
telis Analytica, Physica, de Anima, memoria
& reminifcentia , fomno & vigilia , infom-
niis, divinatione, per fomnum ; Lat. per Hermolaum Barbarum. *Venet.* 1560.
Idem Themiftius in duodecimum de primâ
philofophia, Lat. per Mofem Finizium. *Ve-*
net. 1558.
Magentenus in priora Ariftotelis Analytica,
Lat. per B. Rafarium. *Venet.* 1544. *mar.*

3071 Alexander Aphrodifienfis in Topica Ariftotelis, Gr. *Venet. Aldus ,* 1513.

3072 Idem Lat. per Guill. Dorotheum. *Parif.* 1542.

3073 Idem, Lat. per J. B. Rafarium. *Ven. Valgrif.* 1573.

3074 {
Auguftinus Niphus in Topica Ariftotelis.
Parif. 1540.
Idem in Elenchos Sophifticos. *Par,* 1540.

3075 Alexander Aphrodifienfis in Elenchos Sophifticos, Lat. per Guill. Dorotheum. *Venet.* 1541.

3076 Idem , Lat. per Gafparem Marcellum. *Venet.*
1559.

3077 Simplicius in octo libros Ariftotelis Phyficorum , Gr. *Venet.* 1526. *mar.*

3078 Idem , Lat. per Lucillum Philaltheum. *Venet.*
1558. *mar.*

3079 Pfellus in octo libros Phyficorum Ariftot. Lat.
per J. B. Camotium. *Venet.* 1554. *mar.*

3080 {
Joannes Grammaticus in 4. priores libros
Phyficorum Ariftotelis, Gr. *Venet.* 1535.
Idem in libros de Animâ, Gr. *Venet.* 1535.
mar.

3081 Joannes Grammaticus in 4. priores libros Phyficorum Ariftotelis, Lat. per Guill. Dorotheum
Venet. 1554. *mar.*

3082 Joannes Grammaticus Philoponus in 4. priores libros Phyficorum , Lat. per J. B. Rafarium
Venet. 1569.

3083 Ægidius Romanus in libros Phyficorum. *Venet.*
1502.

3084 Aug. Niphus & Averroës in 8. libros Phyficorum Ariftotelis. *Venet.* 1559.

3085 Aristotelis libri Physicorum, Gr. Lat. cum comm. Fr. Vicomercati. *Parif.* 1550.

3086 Simplicius in libros Aristotelis de Cœlo, Gr. *Venet. Aldus,* 1526. *mar.*

3087 Idem, Lat. per Guill. Morbetum. *Venet.* 1540.
Idem in Categorias, Lat. per Guill. Dorotheum. *Venet.* 1540.
Idem in libros de Animâ, Lat. per Evangelistam Lungum Afulanum. *Venet.* 1554.

3088 Idem Simplicius in libros de Cœlo, Lat. *Venet.* 1544.

3089 Themiftius in libros de Cœlo, Lat. per Moyfem Alatinum Hebræum. *Venet.* 1574. *mar.*

3090 Aug. Niphus in libros de Cœlo & Mundo. *Venet. Jůnta* 1553.
Quæftiones in libros de animâ, per Alphonfum Archiep. Toletanum. *Venet.* 1566.

3091 Joannes Grammaticus in libros de generatione & corruptione, Gr. *Venet. Aldus,* 1527.
Alexander Aphrodifienfis in Meteorologica & de mixtione, Græcè. *mar.*

3092 Joannes Grammaticus Philoponus in libros de generatione & corruptione, Lat. per Hier. Bagolinum. *Venet.* 1543. *mar.*

3093 Olympiodorus in Meteora, Gr. *Venet. Aldus,* 1551.
Joannes Grammaticus in primum Meteororum, Gr. *Ibid.*
Idem in libros de generatione Animalium, Gr. *Venet.* 1526. *mar.*

3094 Olympiodorus in Meteora, Lat. *Venet.* 1551.
Joannes Grammaticus in primum Meteororum, Latinè. *Aldus, mar.*

3095 Auguftinus Niphus in Meteorologica. *Venet.* 1560.

3096 Fr. Vicomercatus in Meteorologica. *Venet.* 1565.

3097 Simplicius in libros de Anima, Gr. accedunt Alexander Aphrodifiæus in librum de fenfu &

T

senfibili, Gr. & Michaël Ephefius in libros de memoria & reminifcentia, de fommo & vigilia, de fomniis, de divinatione per fomnium, de motu animalium, de longitudine & brevitate vitæ, de juventute, fenectute, vita & morte, de refpiratione, de greffu Animalium, Gr. *Venet. Aldus,* 1527. *mar.*

3098 Simplicius in libros de Anima, Lat. per Jo. Fafcolum. *Venet.* 1543. *mar.*

3099 Joannes Grammaticus in libros Ariftotelis de Anima. Lat. *Venet.* 1551. *mar.*

3100 Auguftinus Niphus in libros Ariftotelis de anima. *Venet.* 1559.

3101 Michaël de Palacio in libros Ariftotelis de anima. *Salmantica* 1557.

3102 Theophilus Zimara in libros Ariftotelis de Anima. *Venet. Junta* 1584.

3103 Afcaynus in libros de Anima, fenfiteriis & fenfilibus, memoria & reminifcentia, de fomno & vigilia, de fomniis, de vaticinatione per fomnium, de motione animalium, de generatione animalium, de longitudine & brevitate vitæ, de juventute & fenectute, de refpiratione; necnon ejufdem Mifcellanea lucubrationum & quæftionum in Logica & Philofophia Ariftotelis. *Venet.* 1599.

3104 Ant. Montecatinus in tertium de Anima, ubi de mente humana. *Ferraria* 1576.

3105 Alexander Aphrodifiæus in librum de Senfibus & his quæ cadunt fub fenfu, Lat. per Lucillum Philalthæum : accedunt Mich. Ephefius in libros de juventute, fenectute, vita & morte, de longitudine ac brevitate vitæ, de divinatione per fomnum, Latinè; ejufdem Alexandri Aphrofifienfis quæftiones naturales & morales, & de fato, Lat. per Hier. Bagolinum, & idem Alexander Aphrodifienfis de anima & de mixtione, Latinè per Hier. Donatum & Angelum Caninium. *Venet.* 1544 & 46

3106 Simon Simonius in libros de Senfuum inftrumentis & his quæ sub sensum cadunt, & de memoria & reminiscentia. *Geneva* 1566.

3107 Augustinus Niphus in libros de Historia Animalium, partibus Animalium, & earum causis, & de generatione Animalium. *Venet.* 1546.

3108 Aristoteles de Historia animalium , Gr. Lat. cum comment. Julii Cæsaris Scaligeri. *Tolosa* 1619.

3109 Camillus Baldus in Physiognomonica Aristotelis. *Bononia* 1621.

3110 Aristoteles de moribus ad Nicomachum , Gr. Lat. *Paris. Turnebus,* 1555. *mar.*

3111 Eustratius & alii in libros ad Nicomachum , Gr. *Venet.* 1536. *mar.*

3112 Idem, Lat. *Venet. Junta,* 1541. *mar.*

3113 Aristoteles de moribus ad Nicomachum , Gr. Lat. cum comm. Petri Victorii. *Flor.* 1584.

3114 Ethiques d'Aristote , trad. avec le commentaire de Nic. Oresme. *Paris* 1488.

3115 Aristoteles de optimo statu civitatis , Gr. Lat. cum comment. P. Victorii. *Florent. Junta,* 1576.

3116 Politiques d'Aristote mises en François , avec les comment. de Nic. Oresme. *Paris* 1489.

3117 Politiques d'Aristote , trad. avec des commentaires, par Louis le Roy. *Paris, Vascosan,* 1576.
De la vicissitude ou varieté des choses, trad. par L. le Roy. *Paris* 1579. *mar.*

3118 Anonymus in Aristotelis Rhetoricam , Gr. *Paris.* 1539. *mar.*

3119 Aristotelis Rhetorica Gr. Lat. per Hermolaum Barbarum , cum comment. Martini Borrhai. *Basil.* 1551.

3120 M. Ant. Majoragius in libros de Rhetorica. *Venet.* 1571.

3121 Hist. de Arte Poëtica , Gr. Lat. cum comment. Fr. Robortelli. *Florent. Torrentinus,* 1548.
Idem Robortellus in Horatium de Arte Poëtica & de Satyra, Epigrammate , Comœdia , Salibus, Elegia. *Ibid. C. M.*

T ij

3122 Aristoteles de Arte Poëtica, Gr. Lat. cum explanationibus & annot. Vincentii Madii & Bart.
Lombardi : accedit idem Madius de ridiculis, &
in Horatium de Arte Poëtica. *Venet. Valgrif.*
1550. 3-1

3123 Aristoteles de Arte Poëtica, Gr. Lat. cum comment. P. Victorii. *Florent. Junta*, 1573. *24:*

3124 { Aristotelis Problemata cum comm. P. de
Apono aut de Ebano. *Parif.* 1520.
Alexandri Aphrodifei & Plutarchi Proble-
mata. *Ibid. mar.*

3125 Alexander Aphrodifei in primam Philofo-
phiam Aristotelis, Lat. per J. Genefium Sepulve-
dam. *Par.* 1536. *mar.*

3126 J. B. Camotius in primum librum Metaphyfi-
cæ Theophrafti, Gr. *Venet.* 1551. *mar.*

3127 Joannes Philoponus in Aristotelis Metaphyfi-
ca, Lat. per Francifcum Patricium. *Ferraria* 1583.
mar.

3128 Augustinus Niphus in Aristotelis libros Meta-
phyfices. *Venet.* 1559. *7:*

3129 { Porphyrius de non necandis ad epulandum
animantibus, & Sententiæ ducentes ad intel-
ligentiam rerum quæ mente nofcuntur, Gr.
Florent. 1548.
Michaëlis Ephefii Scholia in libros Ariftotelis de partibus animantium., Græcè. *Ibid.*
mar. 2:

3129* { Themiftii opera, Gr. *Venet.* 1534.
Alexander Aphrodifienfis de Anima & Fato,
Gr. *Ibid. mar.*

3130 Alexandri Aphrodifii quæftiones de Anima &
Fato, Gr. *Venet.* 1536. *mar.* 3:

3131 Joannis Stobæi Sententiæ ex thefauris Græcorum, Gr. Lat. *Geneva* 1609. *9:*

3132 { Ejufdem Eclogæ phyficæ & ethicæ, Gr. Lat.
per Guill. Canterum. *Gen.* 1609.
Loci communes ex S. Scriptura collecti & ex
Theologis & fæcularibus Scriptoribus ad Stobæi locos relati, Gr. Lat. *Ibid.*

3133 {
Joannis Stobæi Eclogæ physicæ & ethicæ,
Gr. Lat. Guill. Canterum. *Ant. Plantin.* 1575.
Gemisti Plethonis quædam, Gr. Lat. per Guil.
Canterum. *Ibid.*
Diophanti Alexandrini Res Arithmeticæ,
Lat. cum comment. J. Xilandri. *Basil.* 1575.
}

3134 Avicennæ Philosophia. *Editio perantiqua.* 1-1

3135 Severini Boetii opera. *Basil.* 1570. 2. *vol.* 3:

3136 Fr. Patricii discussiones peripateticæ. *Basil.*
1581.

3137 {
Georgii Pachymeris in universam ferè Ari-
totelis Philosophiam epitome, Lat. per Phil.
Bechium. *Basil.* 1560.
Symesius Episcopus Ptolemaïdis, Lat. per
Janum Cornarum. *Ibid. mar.* 4-1
}

3138 Vincentii Burgundi Episcopi·Bellovacensis Bibliotheca Mundi, seu speculum naturale, doctrinale, morale, historiale. *Duaci* 1624. 6. *vol.* 1 5:

3139 {
Fr. Catanei Diacetii opera. *Basil.* 1563.
Vincentii Menichelli theoremata philoso-
phica. *Patavii* 1553.
}

3140 Chrysostomi Javelli opera. *Lugd.* 1580. 2.
vol. 3:

3141 P. Rami Scholæ in Artes liberales. *Baf.* 1569.

3142 J. H. Alstedii Encyclopædia. *Herbornæ Nasso-
viorum* 1630. 2. *vol.*

3143 Fr. Bachoni Baronis de Verulamio tractatus varii. *Lond.* 1620. & 28. 2. *vol.* 3-7

3144 Hieronymi Cardani opera. *Lugd.* 1663. 10.
vol. C. M. 21-1   .β

3145 Petri Gassendi opera. *Lugd.* 1658. 6. *vol. C. M.* 53: β.

3146 Aloysii Novarini omnium Scientiarum anima, seu axiomata physio-theologica. *Lugd.* 1644.
3. *vol. mar.* 10-19

3147 Emanuelis Maignan cursus philosophicus.
Lugd. 1673. 1-10

Philosophiæ partes, Logica, Moralis, Politica, Metaphysica, & Physica.

3148   Aug. Sbarroyæ dialecticæ introductiones trium viarum , complectentes placita Thomistarum , Scotistarum , Nominalium. *Hispali* 1533.1:

3149   J. de Celoya Dialecticæ introductiones. *Par.* 1516.

       Jo. Præpositi Dialectices isagoge. *Paris.* 1519.

3150   Artis Dialectices præcepta vetera & nova, per Georgium Benignum Archiep. Nazarenum. *Romæ* 1520.

3151   Hier. Pardi medulla Dialectices. *Paris.* 1520.

3152   Guil. Occham Summa totius Logicæ. *Venet.* 1522.

3153   Raym. Lullii Ars inventiva Veritatis. *Valentiæ* 1515. 3:

3154   Arbol de la Ciencia de Raymundo Lullio, traducido y explicado por Alonso de Zepeda y Adrada. *Brusselas* 1664.

3155   Athanasii Kircheri Ars magna sciendi per combinationes. *Amst.* 1669. C. M. *mar.*

       Ant. Trombete quæstiones metaphysicales. *Paduæ* 1502.

3156   Idem de præscientiâ divinâ futurorum contingentium. *Ibid.*

       Antonii Andreæ quæstiones super libros Metaphysicæ Aristotelis. *Venet.* 1523. 12:

3157   Lucii Annæi Senecæ opera. *Neap.* 1474. *mar.*

3158   L. Ann. Seneca, cum notis M. A. Mureti. *Roma* 1585.

3159   L. Ann. Seneca, cum scholiis Justi Lipsii. *Antwerp.* 1615. *mar.*

       L. Ann. Seneca, cum variorum comment. *Paris.* 1607.

3160   M. Ann. Senecæ orationes, cum variorum comm. *Par.* 1607.

3161   Christophorus Landinus de vita activa & con

templativa , de summo bono , de allegoriis Virgilii. *Argent.* 1508. *1-10*

3162 Mussadini Sadi Rosarium politicum, è Persico
Lat. versum cum notis per Georgium Gentium.
Amst. Blaeu, 1651. *3-1*

3163 Les six livres de la République, de J. Bodin.
Par. 1577. G. P. *24-10*

3164 { N. Vernulæi institutiones politicæ , cum
comment. *Lovan.* 1647.
Ejusdem institutiones morales, cum comm.
Ibid. 1649.
Ejusdem institutiones œconomicæ , cum
comm. *Ibid.* 1649.

3165 Monarchia Regum , sive accurata Imperii synopsis, per Franciscum de Balboa y Paz. *Aug.*
Taurinorum 1630. *2-1*

3166 Arte de reynar, por Ant. Carvalho de Parada.
Brucellas 1643. *1-*

3167 L'art de regner , par Pierre le Moine. *Paris*
1665. G. P. *4-1*

3168 Conservacion de las Monarquias, y discursos
politicos , por Fernandez Navarrete. *Madrid*
1626. *1-10*

3169 Regum Principumque institutio , Suecicè &
Lat. cum notis, per J. Schefferum. *Holmiæ* 1669. *3-2*

3170 Lud. Caraccioli speculum Principum , sive po-
liticus Princeps. *Placentiæ* 1659. *3-*

3171 Regimiento de los Principes, traduzido de Latin de Gil de Roma , por Bernardo. Obispo de
Osma. *Sevilla* 1494.

3172 La Republica regia , di Fabio Albergati. *Bolo-*
gna 1627.

3173 Jo. Houtel de præcedentia inter eximios tres
Orbis Christiani Monarchias : Anglicè. *Lond.*
1664. *11-*

3174 Adouardus Gualandus Episc. Cæsenas de civili
facultate. *Roma* 1598. *1-*

3175 Della perfettione della vita politica, da Paolo
Paruta. *Venet.* 1579.

3176 Th. Hobbes Leviathan , seu de re publica ecclesiastica & civili : Anglicè. *Lond.* 1651. 6-11

3177   And. Fricius de Republica emendada. *Basil.*
1559. 2. *Vol.* 3:

3178   El Governador Christiano , por J. Marquez.
Salamanca 1619.

3179   Politica para Corregidores y Señores de Vassal-
los en tiempo de paz y de guerra, y para Perla-
dos en lo espiritual y temporal entre legos &c.
por Castillo de Bovadilla. *Medina del Campo* 1608.
2. *vol.* 4:

3180   Il libro del Cortegiano, del Conte Baldessar
Castiglione. *Venet. Aldo*, 1545. 30-5. C

3181   And. Tiraquellus de Nobilitate, & jure Primi-
geniorum. *Lugd. Rovillius*, 1566. 1.

3182   Libro intitulado , Nobiliario, perfetamente
copilado & ordenado por Ferantd Mexia. *Edizion
antigua.* 7.

3183   Jo. Seldenus de titulis Honorum : Anglicè.
Lond. 1631. 5.

3184   De jure Belgarum circà Nobilitatem & Insignia , ad Edictum Alberti & Elizabethæ. *Brux.*
1668. *mar.* 12.

3185   Estat du bien & revenu de l'Hostel-Dieu de Paris. *Paris* 1651.

3186   Noms & employs des Administrateurs de l'Hô-
tel-Dieu de Paris. 1659.

3187   Deliberation des Administrateurs de l'Hostel-
Dieu de Paris , touchant la fondation de M. de
Nevers. 1647.

3188   Lettre circulaire des Administrateurs de l'Hostel-Dieu de Paris aux Administrateurs des autres
Villes, touchant les Duels. 1657. 6-2

3189   Julius Sirenius de Fato. *Venet.* 1563. 2-14

3190   Georgii Raguseii peripateticæ Disputationes.
Venet. 1613. 1-5

3191   Bernardinus Telesius de rerum natura juxtà
propria principia. *Neap.* 1586. 2-5

1-103192   Balthasaris Cellarii tabellæ physicæ. *Jena* 1670.

3193   Fr. Patricii nova de universis Philosophia. *Venet.* 1598. 6-5

3194 { Gometii Pereiræ Antoniana Margarita. Me-
thymna Campi 1554. *olim a guidone patino*
Objectiones Mich. à Palacios adversùs nonnulla ex multiplicibus Paradoxis Antonianæ
Margaritæ; cum Pereiræ Apologia eorumdem.
1555.

3195 Ejusd. Pereiræ nova veraque Medicina experi-
mentis & evidentibus rationibus comprobata.
Methymnæ Ducelli 1558. *350-10 +*

3196 Rob. Flad Philosophia Mosaïca. Gouda 1638.

3197 Margaritæ Marchionissæ de Newcastle Opiniones philosophicæ & physicæ : Anglicè. Lond.
1655. 3:

3198 Eædem : Anglicè. Lond.

3199 Ejusdem Epistolæ philosophicæ, seu considera-
tiones modestæ super opiniones diversas circà
Philosophiam naturalem : Anglicè. Lond. 1664.
mar.

3200 Ejusdem Miscellanea : Anglicè. Lond. 1655. 11-10

3201 Joannes Grammaticus Philoponus de Mundi
æternitate contrà Proclum, Gr. Venet. 1535. mar.

3202 Idem , Lat. per J. Mahotium. Lugd. 1557.
mar. 4:

3203 Augustinus Niphus in Averroëm de substantia
Orbis. Venet. 1559.

3204 Vincentii Fassari disputationes philosophicæ de
quantitate. Panormi 1644. 3:

3205 { Ricardi Suiseth Calculator, seu Calculationes noviter emendatæ. Venet. 1520. 13:
Victor Trincavellus de reactione. Ibid. mar.

3206 Alvarus Thomas de triplici motu proportionibus annexis ad philosophicas calculationes Sui-
sethi. Paris. Editio antiquissima. 7-5

3207 { Burleus & Jacobus de Forlivio de intentio-
ne & remissione formarum. Venet. 1496.
Alberti de Saxonia Tractatus proportio-
num. Ibid. 1:

3208 Saggi di naturali Esperienze , di Fr. Redi. Firenze 1667. 12-5

3209 Ottonis de Guericke experimenta nova vulgò

*+ C'est le second qui est de prix parce qu'il y traite des animaux
comme des machines et on croit que Descartes a puisé son
sentiment dans ce philosophe. il a été vendu chez m. Bachelier
350 #*

9: Magdeburgica de vacuo spatio. *Amst.* 1672. *figur.*

3210 S. Roder. Castrensis castigationes exegeticæ quibus variorum dogmatum veritas elucidatur. *Florent.* 1640. 10

3211 Jac. J. W. Dobrzenski de Nigro ponte nova & amœnior de fontibus philosophia. *Ferraria* 1659. 5:

3212 De Balneis varii auctores. *Venet.* 1553. 26:

3213 And. Baccius de Thermis. *Roma* 1622. 8—6

3214 Cl. Waflart de propagatione mortalium admiranda adversùs illustriores Reip. litterariæ principes. *Parisiis.* 9—1

3215 Nathan. Wanley miranda Microcosmi, seu Historia Hominis: Anglicè. *Lond.* 1678. 4:

3216 Guil. Bigotii Christianæ philosophiæ præludium. *Tolosæ* 1549. 1—11

3217 { P. Pomponatius de immortalitate Animæ, *Venet.* 1518.
Ejusdem defensorium. *Bonon.* 1519.
De Animorum immortalitate, per Ambr. Neapolitanum Episc. Lamosensem. *Mantua* 1519. *mar.* 12—10

3218 { Petri Pomponatii opera. *Venet.* 1525.
De animorum immortalitate, per Amb. Neapolitanum Episc. Lamosensem. *Mantua* 1519. 20:

3219 Kenelmi Equitis Digby demonstratio immortalitatis Animæ rationalis: accedunt Thomæ Angli institutiones peripateticæ, & ejusdem appendix theologica de origine Mundi. *Paris.* 1651.

3220 Euthicus Augustinus Niphus Philotheus Suessanus de Intellectu & de Dæmonibus. *Venet.* 1527.

3221 Idem de Beatitudine Animæ. *Venet.* 1524. 1—5

3222 { Fortunius Licetus de Intellectu agente. *Patavii* 1627.
Idem de Animarum rationalium immortalitate. *Patavii* 1629. 6:

3223 Gervasius de Noticiis. *Editio vetustissima.* 4:

3224 Tractado de la Hermosura y del Amor, por Maximiliano Calvi. *Milano* 1576. 8:

HISTORIA NATURALIS.

3225 Caii Plinii Secundi Historia naturalis. *Venet.* 1472. 149—19 C.

3226 Eadem, cum annotationibus Jac. Dalecampii, & obſervationibus Sigiſmundi Gelenii. *Lugd.* 1587. 8—5

3227 { Hiſt. du Monde de C. Pline Second, trad. par Ant. du Pinet. *Lyon* 1566. 2: Traité des Poids & Meſures antiques réduites à la façon des François, par le même. *Ibid.*

3228 Hiſt. naturale di C. Plinio Secondo, trad. dal Latino da Chriſtophoro Landino. *Edizione antica. imp.* 30:

3229 Hermolai Barbari caſtigationes Plinianæ. *Roma* 1592. & 93. 10:

3230 Steph. Aquæi commentaria in omnes libros Naturalis Hiſtoriæ Plinii. *Pariſ.* 1530.

3231 Marinus Becichemus Scodrenſis in Plinium. *Pariſ.* 1519. 2:

3232 { Jac. Ziegleri comment. in 2. librum Plinii, & de Sphæra, de papyro & charta. *Baſil.* 1531. Georgius Collimitius & Joach. Vadianus in lib. 2. Plinii. *Ibid.* 4—19

3233 Ead. Plinii Hiſtoria, cum interpretatione & notis Jo. Harduini ad uſum Delphini. *Pariſiis, Couſtelier,* 1723. 3. vol. 42—5

3234 Liber cibalis & medicinalis Pandectarum Matthæi Silvatici. *Neap.* 1474. 39—19

3235 Idem liber Pandectarum Medicinæ Matthæi Silvatici, omnia medicinæ ſimplicia continens. *Colonia, litera gotica.* 3:

3236 Adami Loniceri naturalis Hiſtoriæ opus novum. *Francof.* 1551. 1—12

3237 Bart. Anglicus de proprietatibus rerum. *Argent.* 1505. 1—10 rare

3238 Dell'Hiſtoria Naturale, di Ferrante Imperato. *Nap.* 1599. *figur.* 15—19

3239 J. Eusebii Nicrembergii Hist. Naturæ , maximè peregrinæ. *Antuerp.* 1635. *figur.*   7.

3240 Jo. Jonstoni Dendrographia , seu Hist. naturalis de Arboribus & Fruticibus. *Francof.* 1662. *figur. mar.*

3241 Ejusd. naturalis de Avibus , Quadrupedibus, Insectis , Serpentibus , Piscibus. *Amst.* 1651. 2. *vol. figur. mar.* 8 5 - 10

3242 C. Clusii Hist. rariorum Plantarum & exoticorum. *Antuerp.* 1601. & 5. *figur.* 2. *vol.* 10-12

3243 Thesaurus rerum medicarum Novæ Hispaniæ, Hist. Plantarum Animalium , Mineralium Mexicanorum ; auctore Nardo Ant. Reccho , cum notis J. Terrentii Lynæi. *Roma* 1651. 2. *vol. figur.* 42-1

3244 Guil. Pisonis Hist. naturalis Brasiliæ , cum notis J. de Laet. *Amst. Elzevir.* 1648. *figur.* 15-1

3245 Musæum Fr. Calceolarii , à Benedicto Cervo incœptum & descriptum ac perfectum ab And. Chiocco. *Verona* 1622. *figur.* 11:

3246 Olai Worm Musæum Wormianum. *Lugd. B.* 1655. *figur. mar.* 12-1

3247 Museo di Lodovico Moscardo. *Padoa* 1656. 12

3248 Musæum Collegii Romani Societatis Jesu , ab 5-2 Ath. Kirchero descriptum. *Amst.* 1678. *figur.*

3249 Ejusdem Mundus Subterraneus. *Amst.* 1665 2. tom. en 1. *vol. figur.* 25-10

3250 { Georgius Agricola de Subterraneis & Fossilibus. *Bas.* 1558. *figur.* 8-10
      { Idem de re metallica. *Bas.* 1561.
      { Idem de mensuris & ponderibus. *Bas.* 1550

8: 3251 Bernardus Cæsius de Mineralibus. *Lugd.* 1636

3252 Decretum Ducis Wirtembergensis circà Re Minerales : Germanicè. 1598. 3-5

3253 { Guil. Gilbertus de Magnete , magneticisque corporibus & magno magnete tellure. *Lond.* 1600. *figur.*
      { Fabricius Paduanius de ventis & terræ motu. *Bon.* 1601. 8-1

3254 Nic. Cabei Philosophia Magnetica. *Ferrar.* 1629. *figur.* 12-5

3255   Trattato del Legno foſſile minerale, di Fr. Stel-
luti. *Roma* 1637. *figur.*   15—1

3256   Rei Ruſticæ Auctores. *Pariſ. Galeotus à Prato,*
1533.   10—1

3257   P. de Creſcentiis opus ruralium commodorum.
Lovan.   5—1

3258   Idem. *Argent.* 1486. 3—5

3259   Libro de Agricultura , por Gabriel Alonſo de
Herrera. *Logrono* 1528.   5:

3260   Le Theatre d'Agriculture, par Olivier de Serres. *Par.* 1600.   5—1

3261   Benedictus Curtius Symphorianus de Hortis.
Lugd. Tornaſius, 1560. 3:

3262   Traité du Jardinage , ſelon les raiſons de la
Nature & de l'Art , par Jac. Boyceau de la Ba-
rauderie. *Par.* 1638. *figur.* G. P.   4:

3263   Le Jardin de plaiſir, par André Mallet. *Stochol-
me* 1651. *figur.*   12—1

3264   Le Jardin du Roy Henry IV. par Pierre Val-
let. 1608. *figur.*   4—1

3265   Ant. Vallot Hortus regius Bleſenſis. *Pariſ.*
1665. *C. M. mar.* 14—1

3266   Brunyer Hortus regius Bleſenſis. *Pariſ. Vitré,*
1653. 4:

3267   Rariores Plantæ Horti Farneſiani , per Tobiam
Aldinum deſcriptæ. *Roma* 1625. *figur.* 5:

3268   Hortus Eyſtettenſis , deſcriptus per Baſilium
Beſlerum. *Baſil.* 1613. 2. *vol.* C. *Max. figur.* 150:

3269   Hortus Palatinus Friderici Regis Bohemiæ Ele-
ctoris Palatini Heidelbergæ extructus, & deſcriptus per Salomonem de Caus. *Francofurti, de Bry.*
1620. 10:

3270   Memoires pour ſervir à l'Hiſtoire des Plantes,
par Denis Dodart. *Paris , Impr. Royale ,* 1676.
mar. 63—1

⎧   Marcelli Malpighii Anatomia Plantarum.
⎪ *Lond.* 1675. *figur.*
3271 ⎨   Ejuſdem obſervationes de Ovo incubato.
⎩ *Ibid. mar.*   10:

3272   Theophraſti opera, Gr. Lat. cum comm. Julii

V

Cæsaris Scaligeri & Danielis Furlani. *Lugd. B.* 1613.

3273 Ejusdem Theophrasti opera, Gr. Lat. cum notis & animad. J. Bodæi à Stapel, Jul. Cæs. Scaligeri, & Rob. Constantini. *Amst.* 1644. *figur.*

3274 Pedacii Dioscoridis opera, Gr. *Venet.* 1501.

3275 Eadem, Gr. Lat. cum scholiis Jani Antonii Saraceni. *Francofurti, Wechel.* 1598. 8.

3276 Eadem, Lat. cum annot. & scholiis Gualtheri H. Ryff & Jo. Loniceri. *Marpurgi* 1543. *mar.*

3277 Eadem, Lat. cum comment. And. Matthioli. *Venet. Valgris. cum figuris depictis,* 1665. *figur.*

3278 { Valerii Cordi annot. in Dioscoridem. *Argent.* 1561.
Ejusdem Historia Stirpium. *Ibid.*
Conradus Gesnerus de Hortis Germaniæ. *Ibid.*

3279 J. Ruellius de natura Stirpium. *Paris. Colinæus,* 1536. C. M.

3280 Herbarium Othonis Brunfelsii. *Argent.* 1537. *figur.* 3.

3281 Botanicon Theoderici Dorstenii, *Francofurti* 1540. *figur.* 2.

3282 Leonhartus Fuchsius de Historia Stirpium. *Basil.* 1542. *cum figuris depictis.* C. M. *mar.*

3283 Petri Penæ & Matthiæ de Lobel Historia Plantarum, observationes & nova adversaria Stirpium; additis Guil. Rondelletii aliquot Remediorum formulis. *Antuerp.* 1576. 2. *vol. figur.* 6.

3284 Remberti Dodonæi Stirpium Historia. *Antuerp. Plantin.* 1583. *figur.*

3285 Herbario novo, di Castore Durante. *Venet.* 1617. *figur.*

3286 Jacobi Theodori Tabernæ Montani liber Plantarum: Germanicè. *Francof.* 1625. *figur.*

3287 Historia generalis Plantarum, (auctore Jac. Dalecampio.) *Lugd. Rovillius,* 1587

3288 Hist. generale des Plantes, traduite du Latin de Jacques Dalechamp, par J. des Moulins. *Lyon* 1615. 2. *vol. figur.*

3289 Jo. Gerardi Th. Johnson Hist. generalis Plan-
      tarum : Anglicè. *Lond.* 1636. *figur.* 20-12

3290 Theatrum Botanicum Casp. Bauhini. *Basil.*
      1658. *figur.* 4.

3291 Historia Plantarum universalis & absolutissi-
      ma, J. Bauhini, J. H. Cherleri & Dominici Cha-
      bræi. *Ebroduni* 1650. 3. *vol. figur.* 36-1

3292 Theatrum Botanicum, Jo. Parkinson : Anglicè.
      Lond. 1640.   12.

3293 Florilegium, Emanuelis Sweertii. *Amst. Jans-
      son.* 1631. *figur.* 8.

      ⎧   Jo. Evelyn de Saltibus incæduis (vulgò
      ⎪ Bois de Haute-Futaye) : Anglicè. *Lond.* 1679.
      ⎪   Idem de Terra , quod spectat Plantarum
      ⎪ cultum : Anglicè. *Lond.* 1678.
3294 ⎨   Ejusdem Pomona , seu de Fructibus quod
      ⎪ spectat Siceram (vulgò Cidre :) Anglicè. *Lond.*
      ⎪ 1678.
      ⎪   Ejusdem Kalendarium Hortense : Angliæ.
      ⎩ *Lond.* 1679.   12.

3295 Prosper Rendella de Vinea, Vindemia, & Vi-
      no. *Venet.* 1629. 9-10

3296 And. Baccius de naturali Vinorum Historia ,
      Vinis Italiæ , & Conviviis Antiquorum. *Roma*
      1596. 100-1. C uendu 10.th chez mr. bigot

3297 J. B. Ferrarii Hesperides, seu de Malorum Au-
      reorum cultura. *Roma* 1646. *figur.* 24.

3298 Æliani opera, Gr. Lat. *Tiguri* 1556. 8.

3299 Edoardus Wottonus de differentiis Anima-
      lium. *Paris. Vascosan.* 1552. 9.

3300 Gualteri Charletoni exercitationes de differen-
      tiis & nominib. Animalium. *Oxon.* 1677. *mar.* 6.

      ⎧   Memoires pour servir à l'Histoire Naturelle
      ⎪ des Animaux, par Cl. Perrault. *Paris, impr.*
3301 ⎨ *Royale,* 1671.
      ⎪   De la mesure de la Terre , par M. Picard.
      ⎩ *Paris, Impr. Royale,* 1671. *mar.* 88.

3302 Conradi Gesneri Historia Animalium. *Tig.*
      1551. 58. 85. 87. 4. *vol. cum figuris depictis ,*
      C. M. 60-5 B.

3303 Icones Animalium. *Tig.* 1560. *10—19*

3304 Icones Avium & Quadrupedum. *Heidelberga*
1606. *3—19*

3305 Ulyssis Aldrovandi opera. 12. *vol. scilicet,*
De Quadrupedibus. *Bonon.* 1616. 1621. *&*
1637. 3. *vol.*
De Avibus. *Ibid.* 1599. 1603. *&* 1634. 3. *vol.*
De Piscibus. *Ibid.* 1613. *&* 1606. 2. *vol.*
De Serpentibus. *Ibid.* 1640.
De Insectis. *Ibid.* 1602.
De Monstris. *Ibid.* 1642.
Musæum Metallicum. *Ibid.* 1648. *90 tt*

3306 Jo. Fayser Hippocomice de cura Equorum :
Germanicè. *Aug. Vindel.* 1570. *3—5*

3307 Methode nouvelle de dresser les Chevaux, par
Guill. de Cavendysh, Marquis de Newcastle.
Lond. 1671. G. P. *mar.* *16:*

3308 Laur. Rusii Hippiatria sive Marescalia. *Par.*
Wechel, 1532. *figur.* *1:*

3309 Anatomia del Cavallo, infermita e suoi reme-
dii da Carlo Ruini. *Venet.* 1618. *figur.* *3:*

3310 Libro de Albeyteria en el quel setrata del Cavallo, y Mulo, y Jumento; por Fernando Calvo.
Alcala 1602. *3:*

3311 Hist. de la nature des Oyseaux, par P. Belon.
Par. 1555. *15—1*

3312 Fr. Willughbeii Ornithologia. *Lond.* 1676.
figur. mar. *25:*

3313 Eadem: Anglicè. *Lond.* 1678. *mar.* *17—10*

3314 Hippolyti Salviani Historia Animalium Aquati-
lium. *Roma* 1554. *figur.* *60:*

3315 Guillelmus Rondeletius de Piscibus. *Lugd.*
1554. *figur.* *6—1*

3316 Guil. Rondelet des Poissons, trad. du Latin.
Lyon 1558 *figur.* *6:*

3317 Paulus Jovius de Piscibus Romanis. *Roma*
1524. *6:*

3318 Th. Moufeti Theatrum Insectorum sive minimorum Animalium. *Lond.* 1634. *figur.* *5:*

3319 Richardi Hooke Micrographia, seu descriptio

minimorum Animalium : Anglicè. *Lond.* 1667.
figur.   *3o:*

3320   Vermis Sericus, ære expreſſus per J. Galle. *mar.* *14-19*

MEDICINA.

3321   P. de Blayro Lixoperita , utrum Medicina &
Philoſophia ſint nobiliores utroque Jure. *Taurini*
1512.   *4-1*

3322   Icones veterum ac recentium Medicorum, cum
eorum elogiis per Joan. Sambucum. *Antuerp.*
1574. *3-6*

3323   Hippocratis opera, Gr. *Venet. Aldus*, 1526. *4-10*

3324   Eadem , Gr. Lat. cum ſcholiis , per Hieron-
Mercurialem. *Venet.* 1588. *16-4*

3325   Eadem , Gr Lat. cum annot. Anutii Foëſii.
Francof. Wechel. 1595. *4:*

3326   Hier. Mercurialis Prælectiones Patavinæ in
Aphoriſmos Hippocratis. *Bon.* 1619. *2:*

3327   Idem in Prognoſtica, Prorrhetica &c. *Francof.*
1602.

3328 { Hippocratis Prognoſtica, cum comm. Galeni, Lat. per Laurentium Laurentianum. *Flor.*
1508.
Varia Remedia contrà ægritudines. *MS.*

3329   Hippocratis Coaca Præſagia , Gr. Lat. cum
comm. Jac. Hollerii & Deſiderii Jacotii. *Lugd.*
Rovillius , 1576.   *12:*

3330   Hippocratis Coacæ Prænotiones, Gr. Lat. cum
enarratione Lud. Dureti. *Pariſ.* 1588. *2:*

3331   Pralectiones Valliſoletanæ Antonii Ponze San-
cta-Cruz in Hippocratem de morbo ſacro. *Ma-*
triti 1631. *4-19*

3332   Hippocrates de Inſomniis, Lat. cum comm.
Julii Cæſaris Scaligeri : *Abſque loci aut anni in-*
dicatione. *3:*

3333   Hippocrates & Galenus de ratione victus in
morbis acutis, Lat. cum comm. Ant. Muſæ Bra-
ſaroli. *Venet.* 1546. *mar.*

V iij

3334 Oeconomia Hippocratis alphabeti serie distin-
cta, per Anutium Foësium. *Francof.* 1588. 15:

3335 Hippocratis & Galeni opera, Gr. Lat. ex editione Renati Charterii. *Par.* 1639. 13. *tom. in*
9 *vol.* 130:

3336 Galeni opera, Gr. *Basil.* 1538. 5. *vol.* 5:

3337 Galeni opera, Lat. *Venet. apud Juntas*, 1625.
5. *vol.* 49—19

3338 { Galenus de usu partium corporis humani,
Lat. *ar.* Wechel. 1538.
Idem de naturalibus facultatibus, Lat. *Par.*
1537.

3339 { Casp. Hofmanni comm. in Galenum de usu
partium corporis humani. *Francof. Wechel.*
1625.
Ejusdem comm. de Thorace, ejusque partibus. *Francof.* 1627. 4:

3340 Medicæ Artis Principes post Hippocratem &
Galenum Græci, Latinitate donati per H. Stephanum. *Typis ejusdem Steph.* 1567. 60:

3341 Medici antiqui omnes qui Latinis litteris diversorum morborum genera & remedia persecuti sunt. *Venet. Aldus*, 1547. 45—19. C.

3342 De Re Medica Soranus, Oribasius, Plinius,
Apuleius Madaurensis. *Basil.* 1527. 2—5

3343 Aretæi opera, Gr. Lat. cum comm. Georgii
Henischii. *Aug. Vind.* 1603. 7:

8—19 3344 Pauli Æginetæ opera, Gr. *Venet. Aldus*, 1528.

3345 Ætii octo libri priores, Gr. *Venet.* 1534 1:

3346 Ætii opera, Lat. per Janum Cornarium. *Lugd.*
apud Beringos 1549. 0—19

3347 { Alexandri Tralliani opera, Gr. *Par. Rob.*
Stephanus, 1548.
Razes de Pestilentia, Gr. *ibid.* 13—19

3348 Helcavii liber continens Artem Medicinæ, auctore Abuchare Mugamet Medico filio Zachariæ
38—19 Rasis, Lat. ex Arabico. *Brixiæ* 1486. 2. *vol.*

3349 Continens Rasis, seu liber idem ac præcedens,
sed ordinatus & correctus ab Hieronymo Suriano. *Editio literis Gothicis.* 15—10

3350 Avicennæ opera, Arabicè. *Roma* 1593. 54–19

3351 Idem, Hebraïcè. *Venetiis.* 20–19

3352 Avicenna, Lat. per J. Pauli Mongium & J. Coſtæum. *Venet. Junta* 1608. 2. *vol* 25–19

3353 Libri primus, tertius & quartus Avicennæ, cum Lat. explanatione Jacobi de Partibus. *Lugd.* 1498. 3 *vol.*

3354 Avicennæ libri primus & secundus & pars quarti, Lat. cum scholiis Vopisci Fortunati Plempii. *Lovan.* 1658. *mar.* 18:

3355 P Garciæ Carrero disputationes medicæ in Fen primam libri quarti Avicennæ. *Burdigala* 1528. 2–6

3356 Meſvæ opera, Lat. cum variis annot. *Venet. Valgriſius,* 1562. *mar.* 5–10

3357 Conſtantini Africani opera. *Baſ.* 1536.

3358 Arnaldi de Vilanova opera. *Lugd.* 1532. 2–2

3359 P. de Abano Conciliator controverſiarum inter Philoſophos & Medicos. *Venet. apud Juntas,* 1565. 4:

3360 Nic. Leoniceni opuſcula, cum not. Andreæ Leennii. *Baſil.* 1532.

3361 A. Ludovici de re medica opera. *Olyſſippone* 1540.

3362 Fr. Valleſii controverſiæ medicæ & philoſophicæ. *Francof.* 1582.

3363 J. Fernelii Medicina. *Par. Wechel.* 1554. 3–12

3364 J. B. Montani univerſa Medicina. *Francof. Wechel.* 1587. 5–10

3365 Jac. Hollerii omnia opera practica. *Par.* 1664.

3366 Leonharti Fuchſii opera didactica. *Francof.* 1604.

3367 Chriſtophori à Vega opera. *Lugd. Rovillius,* 1576.

3368 Victoris Trincavelli opera omnia. *Lugd. Junta.* 1586. 4:

3369 { Hier. Mercurialis opera ſelectiora. *Venet.* 1644.

Idem in ſecundum Epidemiorum Hippocratis *Forolivii* 1626.

3370 Ejuſdem conſultationes & reſponſa medicinalia. *Venet.* 1624. 6–12

3371   J. Schenkii volumen obfervationum. *Francof.* 1609. 4-15

3372   Laurentii Joubert opera Latina. *Francof. Wechel.* 1599. 3-2

3373   Hier. Capivacci opera omnia. *Francof* 1603.

3374   J. Heurnii opera omnia *Lugd.* 1658. 4:

3375   Lud Mercati opera. *Francof.* 1620. 5. tom. in 4. *vol.* 6:

3376   Oeuvres d'André du Laurens, traduites par Theophile Gelée. *Roüen* 1621. 3:

3377   Danielis Sennerti opera. *Lugd.* 1656. 4. tom. in 1. *vol.* 14:

3378   J. Bapt. van Helmont opera. *Lugd.* 1655. 3-8.

3379   Adriani Spiegelii opera. *Amst. Blaeu*, 1645. figur. 14:

3380   Michaëlis Etmulleri opera, edente P. Chauvin. *Lugd.* 1690 2. vol. 14-2

3381   C. Stephanus de diffectione partium corporis humani. *Par Colinæus*, 1545 figur. 5:

3382   L'Anatomie de Ch. Eftienne, trad. par Eftienne de la Riviere. *Par. Colinæus* 1546. 5-5

3383   J Valverdii Anatomia corporis humani, Lat. reddita per Mich. Columbum. *Venet. Junta* 1607. figur. 5-1

3384   And. Vefalius de humani corporis fabrica. *Bafil Oporinus*, 1555. figur. 25-1

3385   Realdus Columbus de re anatomica. *Venet.* 1559. 29-19

3386   Vivæ imagines partium corporis humani. *Antuerp. Plantin.* 1566. 5-10

3387   Anatomicæ prælectiones Archangeli Piccolhomini. *Roma* 1586. 10th

3388   J. Riolani opera anatomica. *Par.* 1649. 8-5

3389   Nathanaëlis Highmori corporis humani difquifitio anatomica *Hagacom.* 4-10

3390   Hiftoria Anatomes Kilonienfis primæ, per J. Dan. majorem. *Kilonii* 1666. 1-5

3391   Julius Cafferius de quinque fenfibus. *Venet.* 1609 figur. 40:

3392   Idem de vocis, auditufque organis. *Ferraria* 1600. 30-1

3393 Hier. Fabricius ab Aqua pendente de visione, voce, auditu. *Venet.* 1600. 9:

3394 Jac. Schalling Ophthalmia sive disquisitio Hermetico galenica de natura oculorum, Lat. Germ. *Erfurti* 1615. 9:

3395 Vopisci Fortunati Plempii Ophthalmographia, cum resp. ad animadversiones Gerardi Gutischovii. *Lovan.* 1659. *mar.* 12:

3396 M. A. Ulmi Physiologia Barbæ humanæ. *Bon.* 1602. 10:

3397 J. B. Porta de humana Physiognomonia. *Vici Æquensis* 1584. *figur.* 12—10

3398 Della Fisionomia dell'huomo da Gio. B. Porta. *Napoli* 1610. *figur.* 12—10

3399 Joannis Indagine Chiromantia. *Argent.* 1534.

3399* Bart. Coclitis Chyromantiæ ac Physionomiæ anastasis. *Lon.* 1523. 4—1

3400 Jo. Taisnierii opus mathematicum complectens absolutissimam Chiromantiam. *Col.* 1562. *figur. mar.* 4:

3401 Jo. Bened. Sinibaldi Geneanthropeia, seu de hominis generatione. *Roma* 1642.

3402 { Hier. Fabricius ab Aquapendente de formato Fœtu. *Venet.* 1600.
Idem de venarum ostiolis, de locutione & ejus instrumentis, & de formatione ovi pennatorum. *Pat.* 1604.
Idem de Brutorum loquela. *Pat.* 1603. C. M. *figur.* 28:

3403 Federicus Bonaventura de Partus octimestris natura *Francof.* 1601. 2:

3404 Alexander T. Petronius de victu Romanorum & sanitate tuenda. *Roma* 1581. 12:

3405 { Fortunius Licetus de his qui diù vivunt sine alimento. *Patavii* 1612.
Idem de spontaneo viventium ortu. *Vicentia* 1618. 3:

3406 Vitalis de Furno Card. ad diversos corporis morbos diversa remedia. *Mog.* 1531. 6:

3407 Vinc. Alsarius Crucius de quæsitis per epistolam in arte medica. *Venet. Junta* 1622. 3.

3408   Centum Hiftoriæ & obfervationes feu cafus medici, Epiphanio Ferdinando. *Venet.* 1621. 2.

3409   Medici antiqui Græci, Latini & Arabes qui de Febribus fcripferunt , ex edit. J. Fernelii. *Venet.* 1594. 4 o.

3410   Santes Ardoynus & Ferdinandus Ponzettus , Card. de Venenis. *Bafil.* 1562. 16.

3411   Anathomia melancholiæ , auctore Democrito juniore: Anglicè. *Oxon.* 1638. 4—10

3412   Chirurgia de Græco in Latinum converfa Vido Vidio interprete. *Par.* 1554. *C. M.* 14—5

3413 { Chirurgia parva Guidonis & Albucafis. *Va-net.* 1500.
Jefus Hali & canamufali de Oculis. 5.

3414   Oeuvres d'Ambroife Paré. *Par.* 1585. 10.

3415 { Oeuvres de Fr. Thevenin. *Paris* 1658.
Dictionnaire etymologique des Mots Grecs de Medecine. *Ibid.* 4.

3416   Il Barbiere , de Tiberio Malfi. *Nap.* 1626. *figur.* 3—5

3417   Pharmacopœia Londinenfis. *Lond.* 1618. 2.

3418   Pharmacopœia Auguftana. *Aug. Vind.* 1622.

3419   Difpenfatorium Collegii Medici Norimbergenfis , per Valerium Cordum. *Norimb.* 1666. *mar.* 4.

3420   Antidotario Romano , di P. Caftelli. *Meffina* 1637.

3421   J. B. Portæ Magia naturalis. *Neap.* 1589. 5.

3422   J. Gorræi definitiones medicæ. *Par. Wechel.* 1564. 2.

3423   Onomafticon , feu Lexicon Medicinæ fimplicis. *Argent.* 1543. 2—13.

3424   Lexicon medico-galeno-chymico-pharmaceuticum , Frid. Muleri Lœwenftenii. *Francof.* 1661.

M A T H E M A T I C A.

Mathematici generales.

3425　Euclidis Elementa, Arabicè. *Roma* 1594. 7-15

3426 { Euclidis Elementa, cum comm. Theonis, Gr. *Bafil.* 1533.
Proclus in primum Elementorum Euclidis, Lat. *Ibid.* 1:

3427　Euclidis Elementa, Lat. cum comm. Campani, Theonis, Hypficlis. *Par. Henr. Stephanus,* 1516. 1:

3428 { Eadem, Lat. *Bafil.* 1558.
Ejufdem Euclidis phœnomena, catoptrica, optica, data, opufculum de levi & ponderofo, Lat. *Ibid.*

3429　Eadem. *Bafil.* 1546. 1:

3430　Euclidis Elementa, cum fcholiis antiquis, Lat. per Federicum Commandinum. *Pifauri* 1619.

3431　Euclide, trad. in Italiano. *Pefaro* 1619. 2:

3432　Euclides adauctus & methodicus, Mathematicaque univerfalis, per Guarinum. *Aug. Taur.* 1671. *mar.* 5:

3433　Euclide Italiano, con una ampla efpofitione di Nic. Tartalea. *Venet.* 1543.

3434　Euclide Italiano, reftituito per Vitale Giordano. *Roma* 1680. 2-11

3435　Proclus Diadochus in primum Elementorum Euclidis, Lat. per Francifcum Barocium. *Pat.* 1560.

3436　Cours de Mathematique reprefenté par figures, *Par.* 1641. 4-16

3437　Oeuvres de Mathematique de Simon Srevin. *Leyde, Elfevier.* 1634. 4:

3438　J. B. Benedicti diverfæ fpeculationes Mathematicæ & phyficæ. *Taurini* 1585. 2-15

3439　Seb. Munfteri Rudimenta Mathematica. *Bafil.* 1551.

3440　P. Nonnii Salacienfis opera. *Bafil.* 1592. 2:

3441 Fr. Vietæ opera Mathematica. *Lugd. B. Elzevir.* 1646. *3:*

3442 Marii Bellini Aspiaria universæ Philosophiæ Mathematicæ. *Bon.* 1642. *6:*

3443 Mathesis biceps vetus & nova, Jo. Caramuelis Ep. Campaniensis & Satrianensis. *Campania & Lugd.* 1670. 2. *vol. mar. 15:*

3444 And. Tacquet opera Mathematica. *Antuerp.* 1669. *mar.* 2 *5:*

3445 Cl. Fr. Milliet Dechalles cursus, seu mundus mathematicus. *Lugd.* 1674. 3. *vol. mar. 49:*

3446 Recueil de plusieurs Traitez de Mathematique de l'Academie Royale des Sciences. *Par. Impr. Royale,* 1676, *50:*

Arithmetica.

3447 $\left\{\begin{array}{l}\text{Diophantus de Arithmetica \& numeris mul-}\\\text{tangulis, Gr. Lat. cum comm. Gasp. Bachet}\\\text{Mezitiaci, \& observ. P. de Fermat.}\textit{ Tol. }1670.\\\text{Ejusdem de Fermat doctrinæ analyticæ in-}\\\text{ventum novum.}\textit{ Ibid. mar. }33\text{-}19\end{array}\right.$

3448 $\left\{\begin{array}{l}\text{C. Renaldii ars analytica mathematicum,}\\\text{de resolutione \& compositione mathematica.}\\\textit{Flor. }1665.\textit{ \& Pat. }1668.\text{ 2. }\textit{vol.}\\\text{Ejusdem Geometra promotus.}\textit{ Pat. }1670.\\\textit{C. M. mar. }18\text{-}19\end{array}\right.$

3449 L'Arithmetique & Geometrie d'Estienne de la Roche. *Lyon* 1538.

3450 Methode pour dresser toutes sortes de Comptes, par Cl. Irson. *Par.* 1678. 2. *vol. mar.*

3451 Deux Cartes d'Arithmetique, par la Fontaine Mollart, *10-1*

Geometria.

3452 Archimedis opera, cum comm. Eutocii Arcalonitæ, Gr. Lat. *Basil.* 1544. *C. M. mar.* 4-2

3453 Archimedis opera, Gr. Lat. cum comm. Davidis Rivalti à Flurantia. *Par.* 1615. *8-5*

3454 Archimedis opera quædam, Lat. cum comm. 8: Federici Commandini. *Venet. Aldus,* 1558. *mar.*

3455   Adriani Romani expofitio & analyfis in Archimedis circuli dimenfionem. *Wurceburgi* 1597. *1.*

3456   Guidi Ubaldi è MarchionibusMontis paraphrafis in Archimedem de æquiponderantibus. *Pifauri* 1588. 3—16

3457   Pappi Alexandrini Mathematicæ collectiones,
Lat. cum comm. Federici Commandini. *Pifauri*
1588. C. M. *mar.* 26.

3458   {   Alberti Dureri Elementa geometrica. *Par.*
Wechel. 1532.
Idem de urbibus, arcibus, caftellis conden-
dis ac muniendis. *Par.* 1535. 8.

3459   Primi elementi dell'Agrimenfura, di Girolamo
Penna. *Bol.* 1643.

3460   Marinus Ghetaldus de refolutione & compofi-
tione mathematica. *Roma* 1630. 5.

3461   M. Meibomius de Proportionibus. *Hafniæ*
1655. *mar.* 6.

3462   {   Lucæ Pacioli compendium de divina proportione ex mathematicis difciplinis , Italicè.
Venet. 1509. *figur.*
J. De Ortega fumma de Arithmetica, Geo-
metria practica utiliffima : Italicè. *Roma*
1515. 12.

3463   {   J. Keppleri harmonia mundi. *Lincii Auftriæ*
1619.
Ejufdem Stereometria. *Lincii* 1615. 6—10

3464   Jof. Jufti Scaligeri Cyclometrica Elementa.
Lugd. Bat. Raphelengius 1594.

3465   Greg. à Sancto Vincentio opus geometricum
quadraturæ circuli & fectionum coni. *Antuerp.*
1647. 2. *vol* 10—1

3466   Canon mathematicus feu ad triangula.

3467   Valentini Othonis opus Palatinum de Triangu-
lis. 1596.

3468   Mauricii Breffii Metrice Aftronomica. *Parif.*
1581.

3469   Theodofii Sphærica Elementa &c. Lat. *Meffana*
1558. 4.

5470   Apollonii Pergæi opera, Lat. per J. B. Memum.
Venet. 1537. 1.   X

3471 Apollonii Pergæi Conicorum libri IV. & Pappi Alexandrini Lemmata, cum comm. Eutocii Ascalonitæ, Lat. & Serenus Antinfensis, cum comm. Federici Commandini. *Lon.* 1566. *mar.* 4-16

3472 Apollonii Pergæi Conicorum lib. 5. 6, 7. expositi paraphrasticè ab Alphato, cum assumptis Archimedis; Lat. *Flor.* 1661.

3473 Vinc. Viviani de maximis & minimis divinatio ad quintum Conicorum Apollonii Pergæi. *Flor.* 1659. *C. M. mar.* 7-4

3474 {
Apollonii Pergæi Conicorum libri VII. Lat. cum comm. Cl. Richardi. *Antuerp.* 1655.
Archimedis liber assumptorum, Lat. per J. Alfonsum Borellum. 2. *vol.* 8-1

3475 Cl. Midorgii Conica. *Par.* 1639. *mar.* 3:

3476 Sectiones Conicæ, Ph. de la Hire. *Par.* 1685. *mar.* 10-14

Musica.

3477 Stephani Vannei Recanetum de Musica aurea, interprete Vinc. Rosseto. *Roma* 1533. 4-15

3478 Fr. Salinas de Musica. *Salmanticæ* 1592. 6

3479 Institutioni e dimostrationi di Musica, di Giuseppe Zarlino. *Venet.* 1602. 4. *tom. in* 2. *vol.* 20-5

3479* Tutte l'opere di Gioseffo Zarlino. *Venet.* 1589.

3480 Athanasii Kircheri Phonurgia nova. *Campidonæ* 1673. *figur. mar.* 14-19

3481 Ejusdem Musurgia universalis, sive Ars magna consoni & dissoni. *Roma* 1650. *figur. mar.* 18-15

COSMOGRAPHIA.

3482 {
Imago mundi, varii tractatus P. de Alliaco Card. *Vetus editio.*
J. Gerson opuscula quædam de eadem re. *Vetus editio.* 3-12

3483 Geographia & Hydrographia reformata, J. B. Ricciolii. *Venet.* 1672. *mar.* 24-19

3484 De Sphæra varii auctores, cum commentis. *Venet.* 1518.

3485 Sphæræ tractatus per varios auctores. *Venet.* *Junta*, 1531. *5-10*

3486 Tychonis Brahæi Astronomiæ instauratæ mechanica. *Norib.* 1602. *figur.* *7-5*

3487 Guidi Ubaldi è Marchionibus Montis Planisphæriorum universalium theorica. *Pisauri* 1579. *1.*

3488 { Voyage d'Uranisbourg , ou observations astronomiques faites en Danemarc, par Picard. *Par. Impr. Royale*, 1680.
Observations astronomiques & physiques faites en l'Isle de Cayenne , par Richer. *Par. Impr. Royale*, 1679. *9-5*

ASTROLOGIA.

3489 Lucii Bellantii defensio Astrologiæ , seu de astrologica veritate, contrà J. Picum Mirandulam. *Venet.* 1502.

3490 Ptolemæi magna Constructio , cum comm. Theonis Alexandrini, Gr. *Basil.* 1538.

3491 { Ptolemæi opera præter Geographiam , Lat. *Basil.* 1551.
Procli Diadochi hypotyposis astronomicarum positionum, Lat. *Ibid.* *3* *tt*

3492 { Anonymus in opus quadripartitum Ptolemæi, Gr. Lat. *Basil.* 1559.
Porphyrii introductio in Ptolemæi opus de effectibus Astrorum, Gr. Lat. *Ibid.*
Hermes Philosophus de revolutionibus nativitatum, Lat. *Ibid.* *2.*

3493 Epitoma Joannis de Monte-regio in Almagestum Ptolomæi. *Venet.* 1496.

3494 Julii Firmici Materni junioris Astronomica, & alii tractatus. *Basil.* 1551. *2.*

3495 Lucæ Gaurici Civitatensis Ep. opera. *Basil.* 1575. *2. vol.* *8-1*

3496 Teatro del Mundo y del Tiempo, da J. Paolo Gallucio. *2. vol.*

3497 Cosmographiæ pars tertia de cœli motu. *4.*

3498   Nic. Copernicus Torinenfis de revolutionibus orbium cœleftium. *Norimb.* 1543.

3499   Jo. Kepleri prodromus differtationum cofmographicarum, continens myfterium cofmographicum de admirabili proportione orbium cœlef-tium. *Francof.* 1621.   12-10

3500   Ifmaëlis Bullialdi Aftronomia Philolaïca. *Par.* 1645. 3:

3501   Vinc. Wing Aftronomia inftaurata : Anglicè. *Lond.* 1656.   3-12

3502   Ejufdem Aftronomia Britannica. *Lond.* 1669. mar.   13-10

3503   J. B. Ricciolii Almageftum novum : tom. 1. *Bon.* 1651. 2. *vol.*

3504   Ejufdem Aftronomia reformata : tomus prior. *Bon.* 1665. *figur.* 3 7:

3505   { Fr. Leveræ Aftronomia reftituta. *Romæ* 1663.
pro. a: { Solarium motuum Tabulæ Romanæ. *Ibid.*
3:

3506   { Fr. Allæi Arabis Chriftiani (Yvonis Parifini) Aftrologiæ nova methodus. *Anno* 1658.
       { Ejufdem Fatum Univerfi. 1654. 45:

3507   { Eutychus Aug. Niphus Philotheus Sueffanus de noftrarum calamitatum caufis. *Venet.* 1505.
       { Idem in Averroem de beatitudine animæ. *Venet.* 1524.

3508   Tabulæ motuum luminarium atque Planetarum, per Jo. Blanchinum, N. Prugnerum, & G. Peurbachium. *Bafil.* 1553. 3:

3509   Hiftoria cœleftis ab anno 1582. ad 1601. fcu obfervationes. Brahæanæ Lucii Barretti. *Aug. Vind.* 1666. 2. *vol. figur. mar.* 20:

3510   Vincentii Renerii Tabulæ Mediceæ fecundorum mobilium. *Flor.* 1639. 2:

13: 3511   Tabulæ Rudolphinæ Jo. Kepleri. *Ulmæ* 1627.

3512   Ph. Lansbergii tabulæ motuum cœleftium perpetuæ. *Middelburgi* 1632.

3513   { Ephemerides noviffimæ motuum cœleftium à 1661. ad 1666. per Marchionem Cornelium à Malvafia. *Mutinæ* 1662.
       { Ephemerides Solis & Tabulæ Refractionum. *Ibid.* 4:

3514   J. Hevelii Machina cœlestis ab anno 1657. ad 1679. pars secunda. *Gedani* 1679. *14-19*

3515   Ejusdem annus climactericus sive quadragesimus nonus observationum Rerum Uranicarum. *Gedani* 1685. *5:*

3516   Guidi Ubaldi è Marchionibus Montis Problemata. *Venet. Junta*, 1609. *2:*

3517   Christop. Scheiner Rosa Ursina, sive Sol ex macularum phænomeno varius & circà axem mobilis ostensus. *Bracciani* 1630. *figur. 12-1*

3518   ⌈   J. Hevelii Selenographia. *Gedani* 1647.
       ⌊   Appendix de Sole & Jove. *Ibid. figur. mar. 21-10*

3519   {   Jo. Hevelius de nativa Saturni facie. *Gedani* 1656.
           De Eclypsi solari anni 1656. *Ibid.*
           Ejusdem Hevelii Mercurius in Sole visus. *Gedani* 1662.
           Venus in Sole visa. *Ibid.*
           Historiola novæ Stellæ in collo Ceti. *Ibid.*
           Para Selenæ & parelii. *bid.*
           Idem Hevelius de utriusque luminaris defectu anni 1654. *Gedani* 1654.
           Idem de motu Lunæ libratorio. *Gedani* 1654. *figur. mar. 8:*

3520   {   Découverte de deux Planetes autour de Saturne, par M. Cassini. *Par.* 1673.
           Observations des taches du Soleil. *Ibid. 3=5*

3521   Ephemerides Bononienses Mediceorum Syderum, per J. Dominicum Cassinum. *Bon.* 1668.

3522   Jo. Kepleri Astronomia nova de motibus Martis. 1609. *9:*

3523   J. Bayeri Uranometria omnium Asterismorum continens schemata. *Aug. Vind.* 1603. *figur. 38:*

3524   Globi cœlestis in tabulas planas redacti descriptio, per Ignatium Gastonem Pardies. *Par.* 1674. *8:*

3525   Arataea, sive Signa cœlestia, per Jac. de Geyn. *Amst. Jansson*, 1621. *figur. 3-12*

3526   Hipparchus Bithynus & Achilles Statius in Arati & Eudoxi Phænomena, *Gr. Flor. Junta*, 1567. *2:*

3527 J. Hevelii Prodromus Cometicus. *Gedani* 1665. figur. mar. 10—5

3528 Ejuſdem Cometographia. *Gedani* 1663. figur. mar. 19—19

3529 { Ejuſdem deſcriptio Cometæ anni 1665. Gedani 1666. figur. mar.
Mantiſſa Prodromi Cometici. *Ibid.*
J. Hevelii Machina cœleſtis : pars prima. *Gedani* 1673. 10.

3530 Theatrum Cometicum Staniſlai de Lubienietz. *Amſt.* 1667. 2. vol. figur. 16—11

G N O M O N I C A.

3531 J. B. Benedictus de Gnomonum , umbrarumque ſolarium uſu. *Aug. Taur.* 1574. 2.

3532 Gnomonice Chriſtoph. Clavii. *Roma* 1581.

3533 Ath. Kircheri Ars magna lucis & umbræ. *Roma* 1646. 12—10

3534 Eman. Maignan Perſpectiva horaria , ſive de Horographia Gnomonica. *Roma* 1648. figur.

3535 Chriſt. Hugenii Horologium oſcillatorium , ſeu de motu Pendulorum ad Horologia aptato. *Par.* 1673. C. M. mar. 20.

O P T I C A.

3536 Vitellionis Perſpectiva. *Norimbergæ* 1535.

3537 Alhazeni Arabis & Vitellionis Optica. *Baſil.* 1572. 4.

3538 Fr. Aguilonii Optica. *Antuerp.* 1613.

3539 J. Fr. Niceron Thaumaturgus Opticus. *Par.* 1646. M. 5.

3540 Guidi Ubaldi Perſpectiva. *Piſauri* 1600. 2.

3541 Pratica di Proſpettiva , di Lorenzo Sirigatti. *Venet.* 1596. figur.

3542 Lo ingnno de gli occhi , Proſpettiva pratica di P. Accolti. *Firenze* 1625. 3.

3543 Optique de portraiture & peinture, par Greg. Huret. *Par.* 1670. 4:

3544 La Dioptrique oculaire, du P. Cherubin d'Orleans. *Par.* 1671. *figur. mar.* 18–10

PICTURA.

3545 { Leonard de Vinci de la Peinture, traduit de l'Italien, par Roland Freart de Chambray. *Par.* 1651. *figur.*
Il medesimo Italiano.
Leon Battista Alberti della Pictura e della Statua. 37–19

3546 L'idea de' Pitrori, Scultori e Architetti, da Federico Zuccaro. *Torino* 1607. 45:

3547 Alberti Dureri Symmetria partium in rectis formis humanorum corporum. *Norimb.* 1534. 6–3

3548 Grand Recueil d'Estampes sur bois. *In fol. max.* 195 ᵗᵗ †

3548* Grand Recueil d'Estampes de quelques anciens Maîtres Allemands. *In fol. max.*

3549 Recueil d'Albert Durer. 3. *vol. in fol. magno.*

3550 Vie de la Vierge, en bois; par le même. 1518. 80–10

3551 Grand Recueil de clair-obscur de differens Maîtres. *In fol. max.* 196–1

3552 Grand Recueil de Kilian, Muller, van-Dyck, & autres. *In fol. magno.* 142. *pieces* 172 ᵗᵗ

3553 Recueil d'Estampes de Heemskerke, Strada, & autres. *n fol. magno.* 40–1

3554 Grand Recueil de Cort, Villamena, & autres. *In fol. magno.* 50–5

3555 Grand Recueil des Sadelers pere & fils, des Bassans, & autres. 3. *vol. in fol. magno.* 300 ᵗᵗ

3556 Vie de S. Thomas d'Aquin, de van Veen. *Anvers* 1610. 4–10

3557 Desseins de Portraiture de Pierre Paul Rubens. 14–5

3558 Recueil de van Deick, Champagne, & autres. 180–10

3559 Portraits des Ambassadeurs envoyez à Muns-

† parmi les quelles la mappemonde papistique en 4 planches, tres insultante pour l'egl. romaine

ter & à Oſnabrug en 1648. par van Hulle. *15.*

3560   Grand Recueil de Reimbrans, Oſtade, Teniers, & autres. *220—5*

3561   Recueil de Jacques Callot. *120.*

3562   Grand Recueil d'anciens Maiſtres d'Italie, Raphaël, Marc Antoine & autres. 3. *vol. in fol. max.* *315.*

3563   Recueil de Michel Ange, Correge, Barroche, & autres. *In fol. magno.* *151.*

3564   Grand Recueil du Titien, & autres. *In fol. max.* *220—3*

3565   Vie de S. Jean-Baptiſte du deſſein d'André del Sarto. *Florence* 1618. *15—10*

3566   Recueil de Paul Farinato. *18—19*

3567   Recueil des Carraches. *In fol. magno.* *301 H*

3567*   Les Cris de Rome, par les mêmes. *mar.* *60—5*

3568   Recueil du Guide, Vanni, Salviati, & autres. *In fol. max.* *120.*

3569   Recueil de Salvator Roſa. *62.*

3570   Figures de Polidore de Caravaggio. *8.*

3570*   Recueil de Strada. 2. *vol. in folio oblongo.* *60.*

3571   Grand Recueil d'Eſtampes de divers Auteurs, tant anciens que modernes. 2. *vol. in fol. max.* *41—1*

3572   Grand Recueil de Figures de differens Auteurs. 2. *vol. in fol. max.* *35.*

3572*   Vûës d'Italie, par Iſraël Silveſtre. *mar.*

3573   Vûës des lieux les plus remarquables de Paris & des environs, & des principales Villes du Royaume; par Iſraël Silveſtre. 2. *vol. dont l'un en maroquin.* *360—4*

3574   Plans & Vûës des Villes & Maiſons Royales, par Iſraël Silveſtre, & autres. 2. *vol. in fol. max. mar.* *133.*

3575   Deſcription de Verſailles, par le même. 1674. *In fol. max. mar.* *150.*

3576   Tapiſſeries du Roy, par Sebaſtien le Clerc. 1670. *In fol. max. mar.* *101.*

3577   Tableaux du Cabinet du Roy, Statuës & Buſtes antiques des Maiſons Royales. 2. *vol. In fol. max.* *266.*

3578   Le grand Eſcalier de Verſailles. *In fol. max. mar.* *111 H*

3579   Courſes de Têtes & de Bagues, faites par le

Roy & les Princes de fa Cour en 1662. en François & en Latin, par Ch. Perrault & Efprit Flechier.
2. *vol. in fol. max. mar.* 100:

3580   Relation de la Fefte de Verfailles de l'an 1668.
Paris, de l'Imprimerie Royale, 1679.

3581   Les Plaifirs de l'Ifle enchantée, & les Divertif-
femens de Verfailles en 1674. *mar.* 66:

3582   Oeuvres de Simon Voüet : La Galerie de Fontainebleau, celle du Chancelier Seguier, & dif-
férens Tableaux. *mar.* 100

3583   Les fept Oeuvres de mifericorde, gravées par
Seb. Bourdon. *In fol. max. mar.* 29–19

3584   Douze Payfages gravez par le même. *In fol.
max. mar.* 38–1

3585   Quatre Eftampes du Dominiquain, gravées
par G. Audran. *In fol. max.* 13–19

3585*   La Galerie Juftinienne, avec les cent Antiques
de Perrier, & autres Pieces. 2. *vol. magno mar.* 531:

3586   Recueil de Portraits de Rob. Nanteüil. *In fol.
magno.* 260:

A R C H I T E C T O N I C A.

3586*   M. Vitruvius, per J. Jocundum folito caftiga-
tior factus. *Venet.* 1511. *figur.* 3:

3587   ⎰   M. Vitruvius Pollio de Architectura, cum
           comm. Dan. Barbari. *Venet.* 1567.
        ⎱   Pratica della Perfpettiva, di Daniel Barba-
           ro. *Venet.* 1569. *figur.* 5:

3588   M. Vitruvius Pollio de Architectura, cum notis & tractatibus diverforum : edente Jo. de Laet.
Amft. Elzevir. 1649. *figur.* 22–5

3589   Architettura di Vitruvio, con commentari di
Cæfare Cefariano. *Como* 1521. 9–16

3590   Il medefimo Vitruuio. *Venet.* 1524. *figur.*

3591   Il medefimo Vitruvio, con commento di Gio.
B. Caporali. *Perugia* 1536. *figur.*

3592   Il medefimo Vitruvio, con comm. di Daniel
Barbaro. *Venet.* 1556. *C. M.* 30:

3593   Architecture de Vitruve, trad. par J. Martin.
Par. 1547. *figur.*

3594   Architecture de Vitruve, trad. avec des notes,
       par Cl. Perrault. *Par.* 1673. *figur. G. P. mar.* 50-1

3595   Vitruvii Architectura , cum comm. Germanicè.
       Basilea 1575. *figur.*

3596   Architettura di Leon Battista Alberti , tradot-
       ta da Cosimo Bartoli. *Fir. Torrentino,* 1550. *figur.*
       C. M. mar. 48-1

3597   Architecture de Leon Bapt. Alberti , traduite
       par J. Martin. *Par.* 1553. *figur.* 3:

3598   I quattro primi libri di Architettura , di P. Ca-
       taneo. *Venet. Aldo,* 1554. *figur.* 14-19

3599   Architettura di Sebastiano Serlio. *Venet. Sessa,*
       1559. *figur. mar.* 38-1

       ⎧ Seb. Serlii Architecturæ liber IV. de quin-
       ⎪ que Ordinibus , Germanicè versus. *Antorffii*
3600   ⎨ 1558. *figur.*
       ⎪ De quinque Ordinibus tractatus alter Ger-
       ⎩ manicus. *Tiguri* 1558. *figur.*

3601   Architettura d'Andrea Palladio. *Ven.* 1570. *fi-*
       gur. 49-19

3602   Idea dell'Architettura universale, da Vincenzo
       Scamozzi. *Venet.* 1615. *figur.* 40-1

3603   Archisesto per formar con facilità li cinque Or-
       dini d'Architettura, da Ottavio Rellesi Bruti. *Vi-*
       cenza 1627. *figur.* 18-19

3604   Architettura di Gio. Ant. Rusconi, secondo i
       precetti di Vitruvio. *Venet.* 1660. *figur.* 9-15

3605   Architettura civile, di Carlo Cesare Osio. *Mi-*
       lano 1661. *figur. C. M.*

3606   Architecture de Philibert de l'Orme. *Par. Mo-*
       rel, 1568. *figur.* 12-10

3607   Nouvelles inventions pour bien bâtir , & à pe-
       tits frais, du même. *Paris, de Marnef,* 1576. *figur.*

3608   Livre d'Architecture contenant plusieurs por-
       tiques , & differentes inventions sur les cinq Or-
       dres de colomnes, par Alexandre Francine. *Paris*
       1631. *figur.*

       ⎧ Maniere de bien bâtir pour toutes sortes de
       ⎪ personnes , par P. le Muet. *Par.* 1647. *figur.*
3609   ⎨ Augmentations de nouveaux Bâtimens faits

en France, par les ordres & desseins dudit le Muet. *Par.* 1647. *4.*

3610 Traité de l'Architecture suivant Vitruve, par Julien Mauclerc. *Par.* 1648. *figur.* 5—10

3611 Traité des manieres de dessiner les Ordres de l'Architecture antique, par Abr. Bosse. *Par.* 1664. *mar.* 12—14

3612 Resolution des quatre principaux problêmes d'Architecture, par Fr. Blondel. *Par. Impr. Royale,* 1673. *figur.* G. P. 48—19

3613 Cours d'Architecture du même Blondel : premiere partie. *Par.* 1675. *figur.* G. P. *mar.* 24.

3614 Ordonnance des cinq especes de colomnes selon la methode des anciens, par Cl. Perrault. *Par.* 1683. G. P. *mar.* 30.

3615 Josephi Furttenbach Architectura universalis : Germanicè. *Vlmæ* 1635. *figur.* 2—10

3616 J. Friedmani tractatus de Ordinibus Corinthio & Composito : Germanicè. *Antorffii* 1581. *figur. in folio oblongo.* 6—10

3617 Idem liber : Germanicè. *figur. in fol. oblongo.* 6—4

3618 Henr. Kyser & Cornelii Danckerts Architectura moderna : Belgicè. *Amst.* 1631. *figur.* 2—4

3619 ⎰ J. Vredemanni Vresii variæ Architecturæ formæ. *Antuerp. excudebat Theod. Gallæus,* 1601.
Artis Perspectivæ plurium generum formulæ, per J. & Lucam à Duetecum. *Antuerp.* 1568.
Variæ Architecturæ formæ, per J. Vredemannum Vresium. *Antuerp. Th. Gallæus,* 1601.
Panoplia seu Armamentarium ac Ornamenta, per J. Vreedemanum Vriese. *Excudebat Gerard. de Jode,* 1572.
Variæ Tumulorum formæ, per eundem Vredemannum. *Excudebat Phil. Gallæus, in fol. oblongo.* 4

3620 Libro d'A. Labacco, nel quale si figurano alcune notabili Antiquità di Roma. *Roma* 1552. *figur.* 41—1

3621 Bastimens de France, par Jac. Androuet du Cerceau. *Par.* 1607. 24.

3621* Grand Recueil de differens Desseins pour le Bastiment. *In fol. max.*

3622   Livre de divers Ornemens pour plafons, cintres surbaissez, &c. par J. Cottelle. *Paris, in fol. oblongo. 12-1*

3623   Cartouches divers.

3624   Nouveaux portraits & figures de Termes, par Joseph Boillot. *Langres 1592. 4-15*

3625   Recueil de divers Vases antiques & autres Ornemens, par Ch. Errard. *figur. 35-19*

3626   La premiere partie de plusieurs figures & ornemens de la Maison de Ville d'Amsterdam, la plus grande partie faite de marbre par Artus Quellinus. 1655. *figur.* 6:

ARS MILITARIS.

3627   Hugo Grotius de Jure Belli ac Pacis. *Amst.* 1631.

{ Rob. Valturius de Re Militari. *Par. Wechel,* 1534. *figur.*

3628 { Vegetius & alii auctores de Re Militari. *Ibid.* 1534. 4:

3629   Arte Militare terrestre & maritima, di Mario Savorgnano Conte di Belgrado. *Venet.* 1599. *figur.* 14-1

3630   Paralleli Militari, di Fr. Patrici. *Roma* 1594.

3631   Collectanea Exercitiorum atque Artis Militaris, per P. Montium. *Mediol.* 1509.

3632   Le Maréchal de Bataille, par de Lostelneau. *Par.* 1647. *figur.* G. P. *mar.* 10-10

3633   Maniement d'Armes de Nassau, par Adam van Breen. *La Haye,* 1618. *figur. mar.*

3634   Description & declaration des Regles & de tous les Quartiers d'un Camp, par David de Solemne: en Franç. & Holland. *La Haye* 1630. *figur.* 21:

3635   La Charge du Maréchal des Logis, du même. *La Haye* 1632. *figur.* 20-1

3636   Hermannus Hugo de Militia Equestri antiqua & nova. *Antuerp.* 1630. *figur.* 5:

3637   Regole Militari sopra il governo & servitio particolar

particolar della Cavalleria, da Lodovico Melzo. *Anverſa* 1611. *figur.*

3638 Il governo della Cavalleria leggiera, da Giorgio Baſta. *Oppenheim* 1616. *figur.*

3639 Willelm. Segar Norroy de Honore militari & civili : Anglicè. *Lond.* 1602. 2.

3640 De la charge des Gouverneurs des Places, par A. de Ville. *Par.* 1639. *figur.* 4-2

3641 Reglement ſur la convocation de l'Arriere-Ban. *Par.* 1639. 3-1

3642 Forma di ſtabilimento per la ſuſſiſtenza e diſciplina delle Truppe di Sua Maeſta Chriſtianiſſima. 1654. 1-15

3643 Recueil contenant 74. Ordonnances ou Reglemens pour les Gens de Guerre, depuis 1636. juſqu'à 1665. 5.

3644 Trois Rôles du Signal des Soldats qui ont deſerté en 1666. & 67. 3. *vol.* 1-10

3645 Reglement faic par le Roy le 12. Octobre 1661. pour les Troupes en garniſon.

3646 Inſtruction de l'Artillerie & de ſes appartenances, trad. de l'Eſpagnol de Diego Uſano. *Roüen* 1628. 2.

3647 Fortificationi di Galaſſo Alghiſi. *Venetia* 1575.

3648 { Diſcorſi delle Fortificationi, eſpugnationi e difeſe delle Citta ed altri luoghi, da Carlo Theti. *Venet.* 1589. *figur.*
Della Fortificatione delle Citta, da Girolamo Maggi & Jacomo Caſtriotto. *Venet.* 1584.
Nova inventione di fabricar Fortezze di varie forme, da Gio. B. Belici. *Venet.* 1598.
Corona & palma militare di Artiglieria, da Aleſſandro Capo. *Venet.* 1602. 4.

3649 Il medeſimo Carlo Theti delle Fortificationi, eſpugnationi e difeſe delle Citta ed altri luoghi. *Venet.* 1617. *figur.*

3650 Architettura militare, di Fr. de' Marchi. *Breſcia* 1599. *figur.* C. M. 6-5

3651 La Fortification démontrée & réduite en art, par J. Errard. *Par.* 1604. *figur.*

Y

3652 Il Prencipe difeſo, nel qual ſi tratta di Fortificatione, oppugnatione, eſpugnazione, e pro-
pugnazione o difeſa; da Fr. Fiammelli. *Roma*
1604. *figur.* 2-10

3653 La Fortificatione, guardia, difeſa e eſpugnatione
delle Fortezze, da Fr. Tenſini. *Venet.* 1630. *figur.*

3654 La reale e regolare Fortificatione defcritta in
queſiti e rifpofte, da A. Sarti. *Venet.* 1630.

3655 Architettura militare, di P. Sardi. *Venet. Giunti,*
1639. *figur.*

3656 Couronne Imperiale de l'Architecture militaire, traduit de l'Italien de P. Sardi. *Francf.*
1623. *figur.*

3657 Des Fortifications, avec l'attaque & défenſe
des Places, par A. de Ville. *Lyon* 1640. *figur.* 4:

3658 L'Architecture militaire moderne, trad. de
l'Hollandois de Matthias Dogen, par Helie Poi-
rier. *Amſt.* 1648. *figur.* 3:

NAUTICA.

3659 Hydrographie contenant la theorie & la pratique de toutes les parties de la Navigation, par
Georg. Fournier. *Par.* 1643. 2:

3660 Joſephi Furtenbach Architectura navalis: Germanicè. *Ulma* 1629. *figur.* 1:

3661 Ephemeride maritime dreſſée pour obſerver en
mer la longitude & la latitude, par Leonard Du-
liris; avec une addition de J. B. Morin. *Par.* 1655.

3662 { L'Art de naviger, traduit d'Eſpagnol de
Pierre de Medine, par N. Nicolai. *Lyon* 1554.
Regimiento de Navegacion, por Andres
Garcia de Cefpedes. *Madrid* 1606. *figur.* 2:

3663 Sam. Sturmy Armamentarium Nauticum: Anglicè. *Lond.* 1684. 1:

3664 L'arcano del mare, da Rob. Dudleo Duca di
Nortumbria e Conte di Warvich. *Fir.* 1646. 3.
vol. figur. 9:

3665 Le grand nouvel Atlas de la mer ou Monde
aquatique. *Amſt.* 1682. *figur.* 7-15

3666   Le nouveau Miroir des voyages marins, contenant les Cartes des Coftes de la Mer Baltique ,
Norvege, Pays-Bas , Angleterre & des Coftes de
France & d'Efpagne qui font fur l'Ocean. *Amft.*
1605. *figur.*

3667   Guil. Joan. Blaew Speculum Nauticum : Belgicè. *Amftel.* 1631. *figur.*

3668   Jac. Aertfii Colom Columna ardens Nautica :
Belgicè. *Amftel.* 1631. *figur.* 3-19

3669   Novus Navigator feu Speculum Maris : Belgicè. *Amft.* 1664. 6-1

3670   Le grand & nouveau Miroir ou Flambeau de la
Mer , trad. par Paul Yvounet. *Amft.* 1672. 3-5

3671   L'ardente ou flamboyante Colomne de la Mer,
trad. de l'Hollandois de Jacob Colomb. *Amft.*
1668.

3672   IX. Cartes maritimes. 3.

3673   Defcriptio Maris Mediterranei per tabulas hy-
drographicas & geographicas. *Amft.* 1654. 3-10

3674   Prima parte del Specchio del Mare Mediterra-
neo, da Fr. Maria Levanto. *Genova* 1664. 2-19

3675   La Colomne ardante de la Mer Mediterranée ,
trad. de l'Hollandois de Jacob Colom. *Amft.*
1671. 2.

3676   Vera dichiaratione del Mare del Arcipelago, da
P. Silveftro Valck. *Amft.* 1676. 4-19

MECHANICA, ET ARTES.

3677   Theatre des Inftrumens de Mathematique &
de Mechanique de Jacques Beffon , avec l'interpretation des figures d'iccluy par Fr. Beroald.
Gen. 1594. *figur.* 2.

3678   Le diverfe & artificiofe Machine , d'Agoftino
Ramelli, Ital. & Franc. *Par.* 1588. *figur.* 62-19

3679   Machinæ novæ Faufti Verantii, Lat. Ital. Hifp.
Gall. Germ. *Venet. figur.* 8-15

3680   Guidi Ubaldi Mechanicorum liber. *Pifauri*
1577. 2-5

3681   Ejufdem Cochlea. *Venet.* 1615.

3682   Deffeins de toutes fortes de Moulins, Pompes
&c. par Jacques de Strada à Rosberg. *Francf.*
1617. *figur.*   4:

3683   La fidelle ouverture de l'Art de Serrurier , par
Mathurin Jouffe. *La Fleche* 1627. *figur.* 6-19

3684   Inftruction generale pour la teinture & manu-
facture des Laines. *Paris* 1671. G. P. *mar.* 30:

HUMANIORES LITTERÆ, *in folio.*

PHILOLOGI.

Grammatica.

3685 JO. Mabillon de Re Diplomatica. *Par.* 1681. C. M. *mar.*

3686 Ejufdem Supplementum librorum de Re Diplomatica. *Parif.* 1704. *C. M. mar.* 132-19

3687 Guftavi Seleni fyftema integrum Cryptographiæ. *Luneburgi* 1624. 6-7

3688 Edmundi Caftelli Lexicon Heptaglotton, cum Grammaticis. *Lond.* 1669. 2. *vol. mar.* uendu auec len: 5.

3689 Dav. Kimhi Miclol, Grammatica & Lexicon Hebræum, Hebr. *Conftantinopoli* mar. 3:

3690 Dictionarium R. Mardochai Nathan, Heb. Lat. per Ant. Reuchlinum. *Bafil.* 1556. *mar.*

3691 Davidis de Pomis Lexicon novum Hebraïcum, Latinum, Italicum. *Venet.* 1587. 5-6

3692 R. Nathan Haruc, Lexicon Talmudicum, Hebr. *Bafil.* 1599.

3693 Ph. Aquinatis Dictionarium abfolutiffimum Hebr. *Par. Vitray,* 1629.

3694 Sanctis Pagnini Thefaurus linguæ fanctæ, five Lexicon Hebraïcum. *Geneva* 1614. 13-19

3695 J Cocceii Lexicon & commentarius fermonis Hebraïci & Chaldaïci V. Teftamenti, cum interpretatione vocum Germanica, Belgicæ & Græca Septuaginta Interpretum. *Amft.* 1669. *mar.*

3696 Eduardi Leigh Critica facra, feu obfervationes philologicæ & theologicæ in Radices Hebraïcas V. Teftamenti, & in voces Græcas N. Teftamenti. *Amft* 1679. *mar.* 15-10

3697 Jof. Barbati Memphitici Speculum Hebraïcum, Radices Hebraïcæ, Hebr. Lat. *Lovan.* 1615. 7

3698 Thesaurus Synonymicus Hebraïco-Chaldaico-Rabbinicus, Joannis Plantavitii de la Pause Ep. Lodovensis *Lodove* 1644. *mar.*

3699 Ejusdem Florilegium Biblicum utriusque Testamenti, Hebr. Gr. Lat. *Lodove* 1645. *mar.*

3700 Ejusdem Florilegium Rabbinicum, necnon selectiora Apophthegmata Græcorum & Latinorum, Hebr. Lat. & Bibliotheca Rabbinica. *Lodove* 1644. *mar.* 24-5

3701 Eliæ Levitæ Lexicon Chaldaicum, Chald. Hebr. *sna* 1541.

3702 Ph. Guadagnoli breves institutiones linguæ Arabicæ. *Roma* 1642. 3:

3703 A. Giggeii Thesaurus linguæ Arabicæ, seu Lexicon Arab. Lat. *Mediol.* 1632. 4. *vol.* 30:

3704 Jac. Golii Lexicon Arabico-Latinum. *Lugd. B. Elsevir*, 1653. 21-2

3705 Fabrica linguæ Arabicæ. Ital. Lat. Arab. Dominici Germani de Silesia. *Roma* 1635. 3-6

3706 Dictionarium Armeno-Latinum, Fr. Rivolæ. *Mediol.* 1621. 2:

3707 {
Syntagmaton linguarum Orientalium, quæ in Georgiæ regionibus audiuntur, liber primus, complectens institutiones grammaticas linguæ vulgaris Georgianæ seu Ibericæ; auctore Fr. Maria Maggio. *Roma* 1670.
Liber secundus complectens linguæ Turcicæ institutiones, per eundem Maggium. *Roma* 1670. *mar.* 6-1

3708 Opuscula Grammaticæ Græcæ, Gr. *Venet. Aldus*, 1495. & 96. 2. *vol.* 48:

3709 Glossaria duo Latino-Græca, & Græco Latina, per H. Stephanum edita; cum ejusdem commentario de Atticæ linguæ idiomatis. *Typis ipsius steph.* 1573. *avec le n°. 3720.* 43-1

3710 Glossaria Cyrilli, Philoxeni, & aliorum, Gr. Lat. per Bonav. Vulcanium. *Lugd. B.* 1600. 12-5

3711 Eadem Glossaria Cyrilli, Philoxeni & aliorum, Gr. Lat. per C. Labbæum. *Par.* 1679. C. M. *mar.*

3712 Hesychii Lexicon, Gr. *Hagenoa* 1521.

3713 Suidas , Græcè. *Mediol.* 1499. 8-19

3714 Suidas, Gr. Lat. per Æmilium Portum. *Geneva* 1619. 2. *vol.* 10-15

3715 Suidæ hiftorica & quæ ad cognitionem rerum
fpecta.t, Lat. per Hier. Wolfium. *Bafil.* 1581.

3716 Varini Phavorini Ep. Nucerini Dictionarium,
Gr. *Bafil.* 1541. 8:

3717 Etymologicum magnum, Gr. *Venet.* 1499. 18:

3718 { Idem, Gr. *Venet. Aldus,* 1549.
Harpocrationis Lexicon decem Rhetorum,
Gr. *Venet. Aldus,* 1527. *mar.* 8-2

3719 Etymologicum magnum, Gr. cum notis Frid.
Sylburgii. *Commelin.* 1594. C. M. 20-1

3720 Thefaurus linguæ Græcæ, Gr. Lat. H. Stephani. *Apud ipfum Steph.* 4. *vol.* auecle nº 3409. 73-1

3721 J. Scapulæ Lexicon Græco-Lat. *Amft. Elzevir.*
1652. 32 lt

3722 Lexicon Græco-Lat. *Bafil.* 1541. *cum notis MSS.
marginalibus.*

3723 Lexicon Græco-Latinum Jac. Tufani. *Par.*
1552. 2. *vol.* 8:

3724 Idem , ex Budæi Lexico auctum. *Gen.* 1554. 3:

3725 Lexicon Græco-Latinum Rob. Conftantini,
cum additionibus Fr. Porti. *Gen.* 1592. 39-19

3726 J. Cafpari Suiceri Thefaurus Ecclefiafticus è
Patribus Græcis , Gr. Lat. *Amft.* 1682. 2. *vol.
mar.* 36:

3727 Caroli du Frefne D. du Cange Gloffarium ad
Scriptores mediæ & infimæ Græcitatis. *Lugd.*
1688. 2. *vol* 51:

3728 Joach. Camerarii Commentarii utriufque lin-
gæ. *afil.* 1651. 4-11

3729 Sertorius Urfatus de Notis Romanorum. *Pat.*
1672. *mar.* 18:

3730 J. Tortelii & Georgii Vallæ Orthographia.
Venet. 1493. 1-10

3731 Antiqui novique Latii Orthographica , per
Claudium Danfquium. *Tornaci* 1632. 2-13

3732 Prifcianus Grammaticus. *Mediol.* 1503. 3-1

3733 Joannis Januenfis Catholicon , id eft Gram-7

matica & Lexicon. *Parif.* 1520.

3734 J. Defpauterii Commentarii Grammatici. *Par.*
Rob. Stephanus , 1537.13: c'est ce dernier qui est de prix

3735 Clef de la Langue Latinè, par A. Bregnieu. *Par.*
1663. 1-5

3736 J. A. Comenii didactica opera. *Amft.* 1657.5:

l.6.)33: 3737 Papias Vocabulifta. *Venet,* 1496. manq. 6. feuillet

3738 Nonius Marcellus. 1471. 39-11

3739 Stephani Doleti Commentarii Linguæ Latinæ.
Lugd. 1536. 2 *vol.* 239-1

3740 Cœlii Secundi Curionis Thesaurus Linguæ Latinæ, feu Forum Romanum &c. *Bafil.* 1561. 3.
vol. 24-1

3741 Rob. Stephani Thesaurus Linguæ Latinæ. *Lugd.*
1573. 3. *vol.* bon. ed. 241

3742 Matthiæ Martinii Lexicon philologicum. *Fran-*
cof 1655. 5:

3743 Gerardi J. Voffii Etymologicum Linguæ Latinæ ; cum ejus tractatu de permutatione litterarum. *Amft. Elzevir.* 1662. *mar.* 12:

3744 Car. du Frefne du Cange Gloffarium mediæ &
151: infimæ Latinitatis. *Par.* 1678. 3. *vol. C. M. mar.*

3745 Josephi Laurentii Amalthea onomaftica. *Lugd.*
1664. 17:

3746 H. Spelmanni Archæologus in modum Gloffa-
rii : pars prima. *Lond.* 1626. 1-15

3747 Ejufdem Gloffarium Archaiologicum. *Lond.*
1664. 14-1

3748 Ambrofii Calepini Dictionarium octo linguarum , auctum à Jo. Lud. de la Cerda. *Lugd.* 1663.
2. *vol. mar.* 20:

3749 Idem. *Lugd.* 1681. 2. *vol.* 20-1

3750 Dictionarium Latino-Gallicum Roberti Stephani *Par. R. Steph.* 1546. 4-10 gaté

3751 Ælii Ant. Nebriffenfis Dictionarium Latino-
4: Hifpanum , & Hifpano-Latinum. *Matriti* 1640.

3752 Didaci Ximenez Arias Lexicon Ecclefiafticum
Latino-Hifpanum. *Cæfaraugufta* 1588. 1-10

3753 Dictionnaire univerfel de tous les mots François . par A. Fureticre. *La Haye & Rotterdam*
1690. 3. *vol.* 50:

3754 Dictionnaire de l'Academie Françoise. *Par.*
1694. 2. *vol.* 19:

3755 Dictionnaire François-Latin , par Jean Nicot.
Par. 1606. 9-10

3756 Inventaire des deux langues Françoise & Latine , par Philibert Monet. *Lyon* 1636. 9:

3757 { Dictionnaire François-Anglois , par Rand-
le Cotgrave. *Lond.* 1673.
Dictionnaire Anglois-François , par Robert
Sherwood. *Lond.* 1673. 16-15

3758 Vocabulario de gli Academici della Crusca.
Venet. 1623. 24:

3759 Memoriale della Lingua , da Giac. Pergamino.
Venet. 1602. 6-2

3760 Octavii Ferrarii Origines Linguæ Italicæ. *Pat.*
1676. *mar.* 15-1

3761 Ricchezze della Lingua Volgare , da F. Alunno.
Venet. Aldo, 1543. 9:

3762 Fabrica del Mondo , da Fr. Alunno. *Venet.*
1568. 5-5

3763 Delle Phrasi Toscane , da Gio. Stefano da Mon-
temerlo. *Ven.* 1566. 4-10

3764 { Vocabolario Italiano Inglese, di J. Florio.
Lond. 1659.
Dictionnaire Anglois-Italien, par Gio. Tor-
riano. *Lond.* 1659. 10 tt

3765 Tesoro de la lengua Castellana o Española ,
por Sebastian Cobarruvias Orozco. *Madrid* 1611. 30:

3766 Jo. Minshæi Vocabularium Hispano-Latinum
& Anglicum. *Lond. imp.* 2-1

3767 Aug. Barbosæ Dictionarium Lusitano-Latinum.
Brachara 1611. 20:

3768 Institutiones Linguæ Cambrobritannicæ seu
Cymrecæ, per J. Davidem Rhæsum Monensem
Lanuæthlæum. *Lond.* 1592. 24:

3769 { Guill. Somneri Dictionarium Saxonico-La-
tino-Anglicum *Oxon.* 1659.
Grammatica Latino-Saxonica cum Glossa-
rio Ælfrici Abbatis. *Oxon.* 1659. 31-15

3770 Steph. Skinner Etymologicum linguæ Anglicanæ. *Lond.* 1671. *mar.* 26:

3771 Ductor in Linguas undecim, cum illarum harmonia, auctore Jo. Minshæo. 1617.

3772 Ejusdem Minshæi emendatio & augmentatio sui ductoris in Linguas novem. *Lond.* 1625. 12-2

3773 Alvearie ou Dictionnaire de quatre Langues, Angloise, Latine, Grecque, Françoise. *Lond.* 1580.

3774 Grand Dictionnaire Anglois Latin, & Latin-Anglois, & des noms propres, par Th. Holyoke. *Lond.* 1677. 18:

3775 Instruction touchant le caractere réel, & le langage philosophique, par J. Wilkins: en Anglois. *Lond.* 1668. 6:

3776 Georgii Hickesii Linguarum veterum Septentrionalium Thesaurus grammatico-criticus & Archæologicus. *Oxoniæ* 1705. 3. *vol. C. M.* 85:

Oratoria.

3777 Rhetores Græci, Gr. *Venet. Aldus*, 1508. & 9. 2. *vol. C. M. mar.* 119-19

3778 { Demetrius Phalereus de Elocutione, Gr. Lat. cum comm. P. Victorii. *Flor. Junta*, 1562. Ejusdem Victorii variæ Lectiones. *Flor.* 1553. 20:

3779 M. Fab. Quintiliani Institutiones Oratoriæ & Declamationes, cum annot. & comm. in quosdam libros. *Par. Vascosan.* 1538. 29-19

3780 { Eædem Quintiliani Institutiones Oratoriæ. *Par.* 1541. Jodoci Badii Ascensii commentaria in Institutiones Oratorias & Declamationes Quintiliani. *Par.* 1528. 6-1

8:3781 Quintiliani Declamationes. *Parmæ* 1494. *C. M.*

3782 Retorica di Bartolomeo Cavalcanti. *Venet. Giolito*, 1559. 3:

3783 J.B. Bernardi Thesaurus Rhetoricæ. *Venet. Seff.* 1599. 2-11

3784 Oratorum veterum Orationes, Gr. & quædam Latinè. *H. Steph.* 1575. 10:

3785 Isocrates & alii quidam, Gr. *Venet. Aldus*, 1534. *C. M. mar.* 6-1

3786 Idem Ifocrates , Gr. Lat. cum diatribis H. Sté-
      phani. *Apud ipfum Steph.* 1593.   *12-1*
3787 Demofthenis Orationes & Epiftolæ , cum expó-
      fitione Ulpiani, Gr. *Par.* 1570. C. *Max.* *24-1*
3788 Demofthenis & Æfchinis opera , cum expofi-
      tione Ulpiani, Gr. Lat. cum annot. Hier. Wol-
      fii. *Francof.* 1604. *30:*
3789 ⎰   Ulpiani comm. in Demofthenem , Gr. *Ve-*
     ⎱   *net. Aldus,* 1527.
     ⎰   Harpocrationis Dictionarium decem Rhe-
     ⎱   torum , Gr. *Ibid.* *4-19*
3790 Ariftidis Orationes, Gr. *Flor. Junta,* 1517. *4:*
3791 Dionis Chryfoftomi Orationes , Gr. Lat. cum
      diatribis If. Cafauboni & fcholiis Fed. Morelli.
      Par. Morel. 1604. C. *Max.* *19:*
3792 Libanii Sophiftæ opera , Gr. Lat. cum notis Fed.
      Morelli. *Par. Morel.* 1606. *& 27.* 2. *vol.* *20-1*
3793 M. Tullii Ciceronis opera , cum quorumdam
      annot. *Bafil.* 1528. 2. *vol.* *4-5*
3794 Ciceronis opera, ex edit. P. Victorii. *Par. Rob.*
      Steph. 1539. 2. *vol.* C. M. *mar.* *96-5*
3795 Ciceronis opera , cum fcholiis Dionyfii Lam-
      bini. *Parif.* 1566. 2. *vol.* *30-5*
3796 Ciceronis opera , cum comm. Manucciorum.
      Venet. Aldus, 1582. 10. *tom. in* 4. *vol. mar.* *305:*
3797 Ciceronis opera, ex edit. Jani Gruteri. *Ham-*
      burgi, Froben, 1618. 4. *vol.* *31:*
3798 ⎰ Ciceronis Orator, cum comm. Omniboni
     ⎮ Leoniceni. *Venet.* 1485.
     ⎮ Idem Cicero de perfectore Oratore, Topi-
     ⎮ ca, Partitiones, de claris Oratoribus , de pe-
     ⎨ titione Confulatus, de optimo genere Orato-
     ⎮ rum ; necnon Æfchines contra Ctefiphontem,
     ⎮ & Demofthenes contra Æfchinem , Latinè.
     ⎱ *Ibid.* 2:
3799 Variorum enarrationes in Orationes Cicero-
      nis. *Lugd. Tornafius,* 1554.
3800 Fr. Hotomani volumen primum commenta-
      riorum in Orationes Ciceronis. *Parif. Rob. Steph.*
      1554.   *10-1*

3801 N. Abrami comm. in tertium volumen Orationum Ciceronis. *Parif.* 1631.

3802 Philippiques de Ciceron, trad. par Alex. Macault. *Poitiers, de Marnef,* 1549.

3803 Ciceronis Epiftolæ, & opera philofophica. *Vetuftiffima & nitidiffima editio, C. M. mar.*

3804 { Hier. Wolfii comm. in Ciceronis Officia, Catonem, Lælium, Paradoxa, & Somnium Scipionis. *Bafil.* 1584.
Tabulæ Officiorum Ciceronis, per Jo. Rivium. *Bafil.* 1561. 2.

3805 Marii Nizolii obfervationes in Ciceronem, ordine alphabetico. *Lugd. Frellonius,* 1552.

3806 { Bernardi & Leonardi Juftiniani Orationes & Epiftolæ. *Venet.*
Ph. Beroaldi, Angeli Politiani, & J. B. Pii Mifcellanea. *Brixia* 1496.

3807 Recuperationes Fefulanæ Matthæi Boffi. *Bon.* 1493.

3808 Eædem, feu Matthæi Boffi opera varia. *Bon.* 1627.

3809 Auguftini Dathi opera. *Senis* 1503.

3810 A. Codri Urcei opera. *Bon.* 1502.

3811 Eadem. *Venet.* 1506.

3812 M. A. Sabellici opera. *Venet.* 1502.

3813 Oraifons à N. D. de Paix.

3814 Ludovico XIV. Euchariſticus, Th. Reineſii. *Lipfia* 1666.

3815 Sacræ Majeftati Ludovici XIV. Regis Chriftianiffimi.

3816 J. Gerbais Oratio de Sereniffimi Delphini ftudiis felicibus. *Par. Leonard,* 1673.

3817 Eminentiffimo Cardinali Mazarino myfterium Pacis.

3818 Tumulus & Oratio in funere Card. Barberini, auctore J. Dominico Mufantio. *Pifauri* 1680.

3819 Frid. Spanhemii Oratio funebris in excelfum Joannis Polyandri à Kerckhoven. *Lugd. B.* 1646.

3820 Bart. Chaffanæi Catalogus gloriæ mundi. *Aug. Taur.* 1617.

3821

5821 Amphitheatrum Sapientiæ Socraticæ joco-seriæ, vel Encomia rerum pro vilibus aut damnosis habitarum per Auctores varios celebrata; collectore Caspare Dornavio. *Hanoviæ, Wechel.* 1619. 19-5

5822 Epistolæ Græcanicæ mutuæ, Gr. Lat. ex editione Jac. Cujacii. *Gen.* 1606. 6-5

5823 C. Plinii Cæcilii Secundi Epistolæ & Panegyricus, cum comm. J. Mariæ Catanæi. *Par. Badius,* 1533. 4-16

5824 Leonardi Arretini Epistolæ familiares. *Editio perantiqua.* C. M. 6-2

3825 Epistolæ & varii tractatus Pii II. dum esset in minoribus. *Mediol. Uldericus Scinzenzeler,* 1496. 10:

3826 Francisci Philelfi Epistolæ. *Venet.* 1502. 80:+

5827 Petri Martyris Anglerii Epistolæ. *Compluti* 1530. 4:

5828 { Eædem. *Amst. Elzevir.* 1670.
Ferdinandi de Pulgar Epistolæ, Hisp. Lat. cum notis. *Amst.* 1670.
Los claros Varones de España, del mismo. *Ibid.* C. M. 11:

3829 Petri Delphini Generalis Camaldulensis Epistolæ. *Venet.* 1524. mar. 389-10

3830 Epistolæ Des. Erasmi, Ph. Melanchthonis, Th. Mori, & Lud. Vivis. *Lond.* 1642. 2. vol. 15:

3831 Helii Eobani Hessi Epistolæ familiares. *Marpurgi* 1543. 12-10

3832 Epistolæ miscellaneæ ad Fridericum Nauseam Episcopum Viennensem. *Basil. Oporin.* 1550. 10-10

3833 Petri Victorii Epistolæ, Orationes, & de laudibus Joannæ Austriacæ. *Flor. Junta,* 1586. C. M. 41.

5834 Pistole vulgari de Nicolo Franco. *Venet.* 1539. 12:

POETICA.

Poëta Græci.

5835 Julii Cæsaris Scaligeri Poëtices libri septem. (*Geneva,*) *Crispinus,* 1561. 2:

3836 Hist. de' Poëti Greci, e di que' che'n Greca lin-

+ la bon. ed. est en 2. vol. in 4°.

Z

gua han poëtato, da Lorenzo Crasso. *Nap.* 1678. *mar.* 15:

3837 Poëtæ Græci principes heroïci carminis, & alii nonnulli, Gr. *H. Steph.* 1566. C. M. 36—15

3838 Poëtæ Græci veteres, Gr. Lat. *Gen.* 1606. & 14. 2. *vol.* 22—1

3839 Homeri Ilias, Gr. *Flor.* 1488. C. M. 30—19

3840 Eustathii Archiep. Thessalonicensis expositio in Homeri Iliada & Odysseam, Gr. cum Indice. *Romæ* 1542. 49. & 50. 4. *vol.* C. M. 164:

3841 Cornucopiæ seu Oceanus enarrationum Homericarum ex Eustathii commentariis, Gr. *Basil.* *Froben,* 1558. C. M. 4:

3842 Homeri opera, Gr. Lat. cum comm. J. Spondani, *Gen.* 1606. 3—11

3843 Theocriti & aliorum quorumdam carmina, Gr. *Venet.* 1495. 20—5

3844 { Lycophronis Alexandra seu Cassandra, cum comm. Isacii Tzetzis, Gr. *Basil. Oporin.* 1546, J. Tzetzæ variæ Historiæ versibus, Gr. Lat. *Ibid.* 3—10

3845 Euripidis Tragœdiæ, Gr. Lat. cum annot. Gasp. Stiblini & Jo. Brodæi. *Basil.* 1562. *pro a* 3:

3846 Idem Euripides, Gr. Lat. cum scholiis Græcis; & cum notis per Josuam Barnesium. *Cantabr.* 1694. 39:

3847 Æschyli Tragœdiæ, Gr. Lat. cum scholiis Græcis, variorum notis, & comm. Thomæ Stanleii, *Lond.* 1664. 40—10

3848 Aristophanis Comœdiæ novem, cum scholiis Græcè. *Venet. Aldus,* 1498. 32—5

3849 Aristophanis Comœdiæ undecim, Gr. quarum novem cum scholiis Græcis. *Basil. Froben,* 1547. C. M.

3850 Aristophanis Comœdiæ, Gr. Lat. cum annot. diversorum. *Geneva* 1608. 7:

3851 Eædem, Gr. Lat. cum scholiis antiquis Græcis, & notis diversorum; ex nova editione Ludolphi Kusteri. *Amst.* 1710. 24:

3852 Pindari opera, Gr. Lat. cum scholiis Græcis

antiquis, & cum notis, necnon verſione metrica
Nic. Sudorii. *Oxon.* 1697. *39:*

3853   Epigrammata Græca, Gr. cum annot. J. Brodæi, Vincentii Obſopœi, & H. Stephani. *Francof. Wechel.* 1606: *6—1*

Poëtæ Latini.

3853*   Opera & fragmenta veterum Poëtarum Latinorum, collecta per Mich. Maittaire. *Lond.* 1713.
2. *vol. C. M.* *50:*

3854   Plauti Comœdiæ. *Venet. Vindelinus de Spira*,
1472. *C. M.* *140:*

3855   Plauti Comœdiæ, cum interpretatione J. B.
Pii. *Mediol. Vldericus Scinzenzeler*, 1500.

3856   Plautus, cum comm. Dionyſii Lambini. *Par.
Macæus*, 1576. *C. M.* *121:* *magnifique*

3857   Terentii Comœdiæ. *Neap.* 1481. *10*

3858   Terentii Comœdiæ. *Par. è Typ. Regia*, 1642. +
C. M. mar.

3859 { Titus Lucretius Carus, cum comm. J. B.
Pii. *Par. Badius*, 1514.
Ejuſdem Pii Retractationes. *Ibid. 8:*

3860   Virgilii opera. *Venet. Vindelinus de Spira*, 1470.
100: impreſſa in membranis, cum figuris depictis. *581: (lib)*

3861   Virgilii Maronis opera. *Roma* 1473. *10: gité*

3862 { Virgilii opera, cum comm. Mauri Servii Ho-
norati. *Par. Rob. Steph.* 1532:
Caſtigationes & Varietates Virgilianæ, per
Jo. Pierium Valerianum. *Par.* 1529. *24—30*

3863   Idem Virgilius Servii. *Pariſ. Nivellius*, 1600.
C. M. *140:*

3864 { Virgilius, cum comm. Germani Valentis
Guellii. *Antuerp. Plantin.* 1575.
Virgilii Appendix, cum comm. Joſephi
Scaligeri. *Ibid.* *40:*

3865   Virgilii Opera. *Par. è Typ. Reg.* 1641. *C. M:* +
mar.

3866   Virgilii opera, ex editione J. Ogilvii. *Lond.*
1663. *C. M. figur. mar.* *117—5*

3867   Pauli Benii commentarii in quinque priores

*les louures marqués d'une croix uendus
enſemble 300 tt il y en a 14. ſçauoir, 3858. 6-
44. 83. 92. 93. 3904. 5. 6. 3931. 34.*

Z ij

libros Æneidos Virgilii. *Venet.* 1622. 1:

3868 Catulli, Tibulli, & Propertii opera, cum notis & comm. diverforum. *Par.* 1604. 8:

3869 Catullus, Tibullus, Propertius, cum comm. J. Pafferatii. *Par.* 1608. 8:

3870 P. Ovidii Nafonis opera, cum diverforum comm. *Francof. Wechel.* 1601. 3. *vol.* 20–10

3871 C. Neapolis anaptyxis ad Faftos Ovidii. *Antuerp.* 1639.

3872 Ovidii Metamorphofes, cum explanatione Raphaëlis Regii Volaterrani, & variorum notis. *Venet.* 1586.
Hygini & aliorum Fabulæ. *Bafil. Epifcopius,* 1570. 4–1

3873 Metamorphofes d'Ovide, trad. avec des explicat. hiftoriq. morales & politiq. par P. du Ryer. *Paris* 1660. G. P. *figur. mar.* 25–10

3874 Les mêmes : nouvelle edit. enrichie de très-belles figures. *Bruxel.* 1677. G. P. *mar.* 65–10

3875 Quinti Horatii Flacci opera, cum diverforum comm. & notis. *Bafil.* 1555. C. M. 18–19

3876 Horatii opera, cum comm. Dion. Lambini, Adr. Turnebi, & Theodori Marcilii. *Par. Macaus,* 1604. 16–1

+ 3877 Horatii opera. *Par. è Typ. Reg.* 1642. C. M. *mar.*

3878 J. B. Pignæ Poëtica Horatiana. *Venet. Valgrifius,* 1561. 4:

3879 Annæi Lucani Pharfalia. *Venetiis, Juvenis Guerinus,* 1477. 49–19

3880 Lucani Pharfalia, cum explanationibus Lamberti Hortenfii, & comm. J. Sulpitii. *Bafil.* 1571. 3–1

3881 Juvenalis Satyræ, cum comment. Domitii Calderini. *Romæ* 1474. 81–1

3882 Juvenalis & Perfii Satyræ, cum diverfor. comm. *Bafil. Froben,* 1551. 8–5

+ 3883 Juvenalis & Perfii Satyræ. *Par. è Typ. Reg.* 1644. C. M. *mar.*

3884 Perfii Satyræ, cum comment. Bartholomæi Fontii. *Vetuftiffima editio.* 3–1

3885 { Papinii Statii opera , cum comm. Domitii Calderini, Placidi Lactantii , & Fr. Maturantii. *Venet.* 1494. 4-5
Domitius in quædam Propertii loca. *Ibid.*

3886 Marci Valerii Martialis Epigrammata , cum diverſor. notis & comm. *Pariſ. Morellus* , 1617. 10.

3887 Idem Martialis, cum comm. Matthæi Raderi. *Mog.* 1627. 5-15

3888 Publii Optatiani Porphyrii Panegyricus dictus Conſtantino. *Aug. Vind.* 1595. *mar.* 8-15

3889 { And. Aſſaraci Sarrachi Trivultias. *Mediol.* 1516.
Galli Ægidii Romani Viridarium Auguſtini Chigii. *Roma* 1511. 4-10

3890 Mich. Hoſpitalii Galliarum Cancellarii Epiſtolæ. *Par. Patiſſonius*, 1585. *C. M.* 8-12

3891 Bart. Delbene Civitas veri ſive morum. *Par.* 1609. *figur.* 9-19

3892 Maphæi Card. Barberini (ſeu Urbani VIII.) Poëmata Latina, Græca, Italica. *Par. è Typ. Reg.* 1642. *C. M. mar.*

3893 Philomathi (Alexandri VII.) Muſæ juveniles. *Par. è Typ. Reg.* 1656. *C. M. mar.*

3894 Carmen panegyricum Clementi IX. Leonis Bacoüe. *Tol.* 1667.

3895 In laudem Chriſtianiſſimi Regis, Joach. Paſtorius.

3896 P. Petiti heroïca in laudem Chriſtianiſſimi Regis. *Par.* 1664.

3897 Ludovico XIV. Belli & Pacis arbitro , Leo Bacoüe. *Tol.* 1667.

3898 Ad Ludovicum XIV. cum profeſſam domum Pariſienſem Societatis Jeſu multo ære alieno oppreſſam centum millibus librarum donaſſet.

3899 Jacobi Cuſinoti Delphinus Gallicus. 1662.

3900 Collegii Pariſienſis Soc. Jeſu feſti applauſus ad nuptias Ludovici Galliarum Delphini. *Par.* 1680. *C. M. mar.* 2-14

3901 Elogia Julii Mazarini Cardinalis , carminibus Latinis, Italicis , Gallicis. *Pariſ. Vitré* , 1666. *C. Max. mar.*

3902   In effigiem Cardinalis Julii Mazarini, Peyra-
redus. 1656.

3903   Ejufdem ad Card. Julium Columba leni vento
in fublime levata. 14-19

+ 3904   Templum Famæ, ftudiorum primitiæ Alphonfi
de Mancini. *Par. è Typ. Reg.* 1657. *mar.*

+ 3905   Renati Rapini Lacrymæ in Alfonfi Mancini tu-
mulum. *Par. è Typ. Reg.* 1658. *C. M. mar.*

+ 3906   Elogium apologeticum Card. Julii Mazarini,
per Nic. Charpy à Sancta-Cruce. *Par. è Typ. Reg.*
1658.

3907   Eminentiffimo Card. Mazarino Arabico-Latinum carmen P. Vatterii.

3908   Ejufd. Card. Julio Mazarino Eirenicum.

3909   Themidis luctus feu Matthæi Molé Mors. *Par.*
1656.

3910   Elegia ad Illuftriff. J. Bap. Colbert, Nic. Camus.

3910*   Ad Mich. Chamillart thefes philofophicas pro-
pugnantem. 1-3

Poëtæ Gallici.

3911   L'ancien Teftament par perfonnages. *Paris de
Marnef.* 200:

3911*   Les Actes des Apoftres & l'Apocalypfe par per-
100: fonnages. *Paris, les Angeliers,* 1541.

3912   Epiftres morales & familieres du Traverfeur
(Jean Bouchet.) *Poictiers* 1545. 30-5

3913   Triomphes de François I. par J. Bouchet. *Poitiers* 1550. 15-10

3914   Oeuvres de P. Ronfard, avec les comm. de
Marc-Ant. Muret. *Par.* 1609. *mar.* 18:

3915   Oeuvres de Guillaume de Salluste du Bartas,
avec les comment. *Par.* 1611. *G. P.* 15-5

3916   S. Louis ou le Heros chreftien, par P. le Moy-
ne. *Par.* 1653. 1:

3917   La Pucelle, ou la France délivrée, par Jean
Chapelain. *Par.* 1656. *avec les figur. de Boffe.*
G. P. 30:

3918   Henry le Grand, par Jacques de Caffaignes.
Paris, Vitré, 1661. 2-1

3919   Reffentimens de la France fur la maladie de la

Reyne, par And. Bauduyn. *Par.* 1665.

3920 Pompes funebres, & Eloges du Card. Mazarin, recueillis par Vincent du Val. *Par.* 1664. *G. P. mar.* 3-15

3921 Conqueste de la Franche-Comté , par Jacq. de Cassaignes. *Par.* 1668. *mar.* 3:

3922 Poëme sur la Guerre de Hollande, par le même. *Par. Mabre-Cramoisy*, 1672. *G. P. mar.* 3:

3923 Alaric ou Rome vaincuë, par Georges de Scudery. *Par.* 1654. *avec les figur. de Chauveau.* 10-19

3924 La Peinture, Poëme de Ch. Perrault. *Paris*, Leonard, 1668. 10

3925 Poësies Françoises de Jules Hippolyte Pilet de la Mesnardiere. *Par.* 1656.

3926 La Muse historique, ou Gazette en vers burlesques en 1650. 51. par J. Loret : tom. 1. *Par.* 1658. 16-5

3927 Le Theatre de P. Corneille. *Roüen* 1664. 2. *vol.* 25-5

Poëtæ Italici, Hispanici &c.

3928 Dante con l'espositioni di Christoforo Landino e d'Alessandro Vellutello. *Venet. Sessa*, 1596. 26:

3929 Libro chiamato Quattiregio del decorso della vita humana. *Venet.* 1511. 4-10

3930 La Hierusalemme di Torquato Tasso, con le annotationi di Scipione Gentili e di Giulio Guastavini. *Genova* 1617. *figur.* 30:

3931 Il Goffredo overo Gierusalemme liberata di Torquato Tasso. *Par. Stamperia Reale*, 1644. *C. M.*

3932 L'Adone, Poëma del Cavalier Marino, con gli argomenti di Fortuniano Sanvitale, & l'allegorie di Lorenzo Scoto. *Par.* 1623. *mar.* 6:

3933 La Venetia edificata, di Giulio Strozzi. *Venet.* 1624. *figur.* 6-15

3934 Il Colosso sacro, panegirico al' Card. Mazarino, da Girolamo Gratiani. *Par. Stamp. Reale*, 1656. *C. M. mar.*

3935 Giubilo poëtico per lo gran maritagio di Luigi Re e Maria Teresa Infanta, da Lodovico Tingoli. *Rimino* 1660. 10

3936 Le glorie delle virtu nella persona di Luigi il

Magno, per l'Abbate Benedetti. *Lione* 1682.6-1

3937　Lufiadas de Luis de Camoens, com commentos Efpanholes de Manoel de Faria e Soufa. *Madrid* 1639. 26:

MISCELLANEA.

Polygraphi.

3938　Athenæi Deipnofophiftæ, Gr. *Bafil.* 1535.

3939　Athenæi Deipnofophiftæ, Gr. Lat. per Jo. Dalechampium. *Lugd. de Harfy*, 1612. 8-1

3940　Ifaaci Cafauboni animadverfiones in Athenæum. *Lugd. de Harfy*, 1621. 6:

3941　Francifci Petrarchæ opera. *Bafil.* 1581. 2. *vol.*

3942　Poggii Florentini opera. *Argent.* 1513.6-5

3943　Nicolai Cufani Card. opera. *Par. Badius*, 1514. 2-5

3944　Eadem Card. Cufani opera. *Bafil.* 1565. 10-5

3945　Laurentii Vallæ opera. *Bafil.* 1540. 5-1

3946　J. A. Campani opera. *Venet.* 1495. 12:

5-3 3947　Angeli Politiani opera. *Bafil. Epifcopius*, 1553.

3948　Joannis Pici Mirandulæ Principis, & J. Fr. Pici opera. *Bafil.* 1601. 7:

3949　Georgius Valla de expetendis & fugiendis rebus. *Venet. Aldus*, 1501. C. M. 13-10

3950　Commentaria urbana Raphaëlis Volaterrani. *Bafil. Froben*, 1530.

3951　Ludovici Cœlii Rhodigini Lectiones antiquæ. *Bafil. Froben*, 1566. 5:

19-1 3952　Thomæ Mori opera Anglica. *Lond.* 1557. *mar.*

3953　Ejufdem Mori opera Latina. *Lovan.* 1566.6:

3954　Defiderii Erafmi opera. *Bafil. Froben*, 1540. 8. *vol.* C. M. 24:

3955　Albertus Pius Carporum Comes in Erafmum. *Par. Badius*, 1531.

3956　J. Lud. Vivis opera. *Bafil. Epifcopius*, 1555. 2. *vol.* C. M. 11-16

3957　Guillelmi Budæi opera. *Bafil. Epifcopius*, 1557. 3. *vol.* C. M. 15-10

3958 Cœlii Calcagnini opera. *Bafil. Froben*, 1544. *C. M. mar.* 5:

3959 Lilii Gyraldi opera. *Bafil.* 1580.

3960 Gilberti Cognati Nozereni opera. *Bafil.* 1562. 6:

3961 Bilibaldi Pirckheimeri opera. *Franc.* 1610.

3962 Hieronymi Oforii Epifcopi Algarbienfis opera. *Roma* 1592. 4. *vol.* 48—1

3963 Effais de Michel Sieur de Montaigne. *Par.* 1657. *mar.* 6:

3964 Les mêmes, traduits en Anglois par John Florio. *Lond.* 1603. 3:

3965 Simonis Maioli Epifcopi Vulturarienfis Dies caniculares. *Mog.* 1614. 6. *tomis feu partibus.*

3966 Ejufdem operis tomus feptimus. *Francofurti* 1619. 5—15

3967 Jufti Lipfii opera. *Antuerp.* 1637. 4. *vol.* 20 tt

3968 Oeuvres de Guillaume du Vair, Garde des Sceaux. *Par.* 1641.

3969 Joannis Marianæ ttactatus feptem. *Col.* 1609. 6:

3970 Oeuvres de François de la Mothe-le-Vayer. *Par.* 1662. 2. *vol. G. P.* 20:

3971 Jofephi Langii Florilegium magnum feu Polyanthea. *Franc.* 1628. 3—1

3972 Idem. *Lugd. Huguetan*, 1659.

3973 Jani Gruteri Florilegium magnum feu Polyanthea. *Arg.* 1624. 2. *vol.* 8—8

3974 Laurentii Beyerlinck magnum Theatrum Vitæ humanæ. *Lugd. Huguetan*, 1656. 8. *vol. mar.* 80 tt

3975 Collectio operum fequentium: videlicet,
Steph. Chanuti Regimen caftitatis confervativum. *Tol.*
Arbor Judaïca. *Tol.* 1517.
Topica Legalia Claudii Cantiunculæ. *Bafil.* 1520.
Chriftophori Longolii Orationes & Defenfiones. *Par.* 1520.
Albertus Pighius de æquinoxiis & folfticiis, ratione Pafchalis celebrationis, & Calendarii réftitutione. *Par.*
Compendium primi voluminis Annalium Tri-

10 — { themii. *Moguntiæ impreſſum per Joannem Schof-*
{ *fer nepotem quondam Joannis Fuſth anno* 1515.

Proverbia.

3976 { Polydori Vergilii Adagia.
     { Idem de Inventoribus Rerum. *Baſil.* 1521.

Critici.

3977 Auli Gellii Noctes Atticæ. *Venet.* 1477.

3978 { Eædem. *Venet.* 1496.
     { Macrobius in Somnium Scipionis, & Satur-
     { nalia. *Brixiæ* 1501.

3979 { Macrobius in Somnium Scipionis, & Satur-
     { nalia. *Venet.* 1521.
     { Auli Gellii Noctes Atticæ, cum ſcholiis
     { Aſcenſianis. *Par.* 1536.
     { Annotationes Petri Moſellani in Gellium.
     { *Par. Badius,* 1534.

3980 Alexandri ab Alexandro Dies geniales. *Par.*
      1532.

3981 Iidem, cum annot. Andreæ Tiraquelli. *Lugd.*
      Rovillius, 1586.

3982 Mariangeli Accurſii Diatribæ. *Romæ* 1524.
      C. M. 9.

3983 Petri Victorii variæ Lectiones. *Flor. Junta,*
      1582. 26.

3984 Fr. Floridi Sabini opera. *Baſil.* 1540.

3985 Adriani Turnebi Adverſaria. *Par.* 1580. 2.
      tom. in 1. vol.

3986 Ejuſdem opera. *Argent.* 1600.

3987 { J. Guillelmus Stuckius de Sacrificiis Genti-
     { lium. *Tiguri* 1598.
     { Ejuſdem Antiquitates Conviviales. *Tig.*
     { 1582.

3988 Julii Cæſaris Bulengeri opuſculorum ſyſtema.
      Lugd. 1621.

3989 Caſparis Barthii Adverſaria. *Francof. Wechel.*
      1624. *mar.*

3990 Aloiſii Novarini Electa ſacra. *Lugd.* 1629.
      mar.

3991 Ejuſdem varia opuſcula. *Verona* 1645. *18—1*

3992 Joſephi Laurentii Polymathia. *Lugd.* 1666, 4:

3993 Fortunius Licetus de Lucernis Antiquorum reconditis. *Vtini* 1652. *figur. mar.* *19—3*

3994 J. à Chokier de Surlet fax Hiſtoriarum. *Leodii* 1650.

3995 Alexandri Wilthemii comm. in Diptychon Leodienſe. *Leodii* 1659. *C. M.* 4—9

3996 Jac. le Roy Achates Tiberianus, Gemma Cæſarea. *Amſt.* 1683. 1:

Inſcriptiones.

3997 Octavii Boldonii Epigraphica , ſive ratio pangendi quodvis genus Elogia & Inſcriptiones. *Auguſta Peruſia* 1660. *mar.* 8:

3998 Inſcriptiones ſacro-ſanctæ Vetuſtatis , collectæ per Petrum Apianum & Bart. Amantium. *Ingolſt.* 1534. 3—10

3999 Inſcriptiones antiquæ paſſim per Europam, collectæ per Martinum Smetium , & Juſtum Lipſium. *Antuerp. Raphelengius,* 1588. *mar.* 10:

4000 { Inſcriptiones antiquæ totius Orbis Romani, collectæ per Janum Gruterum. *Commelin.* 1603.
Notæ Romanorum veterum, Tullii Tyronis, & Annæi Senecæ. *Ibid.* 19—19

4001 Nova reperta Inſcriptionum antiquarum. cum comm. Th. Reineſii. *Lipſia & Franc.* 1682. *mar.* 20:

4002 J. B. Ferretii Muſæ Lapidariæ , ſeu antiquorum in Marmoribus Carminum notæ hiſtoricæ. *Verona* 1672.

4003 Collectanea Antiquitatum in domo Octavii Archinti. 80:

4004 Monumenta Sepulchrorum cum epigraphis, ex editione Tobiæ Fendt. *Vratiſlavia* 1574. *figur.* 12—1

4005 Monumenta illuſtrium Virorum & Elogia, edita per Marcum Zuerium Boxhornium. *Amſt.* *Janſſon.* 1638. *figur.* 1—1

Symbola.

4006   Jo. Georgii Herwart ab Hohemburg Thesaurus Hieroglyphicorum. *figur.* 5:

4007   Idem Thesaurus Hieroglyphicorum.   16:

4008   Ath. Kircheri Obeliscus Pamphilus, seu interpretatio Obelisci Pamphili. *Romæ* 1650. *figur.*

4009   { J. Pierii Valeriani Hieroglyphica. *Lugd.* 1610.
Ejusdem opuscula. *Lugd.* 1610.
Hieroglyphicorum collectanea. *Lugd.* 1610. *figur.* 2:

4010   Tableaux des deux Philostrates, & les Statuës de Callistrate, trad. avec des comment. par Blaise de Vigenere. *Par.* 1615. *figur.*

4010*   Les mêmes. G. P. 16:

4011   Fortunii Liceti Hieroglyphica, seu antiqua Schemata Gemmarum anularium. *Pat.* 1653. *figur.* 10:

4012   Jac. Typotii Symbola divina & humana Pontificum, Imperatorum, Regum, Principum. *Praga* 1601. *figur.* 3-3

4013   Symbola christiano-politica, Didaci Saavedræ. *Bruxel.* 1649. *figur.*

4014   Joannis de Solorzano Pereyra Emblemata centum. *Matriti* 1653. *figur.* 5-1

4015   { Raggionamento di Luca Contile sopra la proprietà delle Imprese. *Pavia* 1574. *figur.*
Imprese de' Prencipi e d'altri. *Ibid.* 3-15

4016   Teatro d'Imprese, di Gio. Ferro. *Venet.* 1623. *figur.*

4017   Ombre apparenti nel Teatro d'Imprese di Gio. Ferro. *Venet.* 1629.

4018   Mondo Simbolico formato d'Imprese scelte, spiegate ed illustrate, da Filippo Picinelli. *Milano* 1669. *figur. mar.*   9:

4019   Iconologie de Ripa, trad. par J. Baudoin. *Par.* 1644. *figur.* 3-13

Heraldica.

Heraldica.

4020 {
Nic. Uptonus de Studio Militari, cum notis. *Lond.* 1654.

J. de Bado-Aureo tractatus de Armis. *Lond.*
1654.

H. Spelmanni Aspilogia. *Lond.* 1654. C. M.
figur. 32 *tt*
}

4021 Theodori Hopingi tractatus de Insignium sive
Armorum prisco & novo Jure. *Norib.* 1642.
mar.

4022 Silvester à Petra-Sancta de Tesseris Gentilitiis.
Roma 1638. *figur. mar.* 40 *tt*

4023 Estat & comportement des Armes , par Jean
Scohier. *Par.* 1630.

4024 Le Roy d'Armes , ou l'art de bien former, char-
ger , briser, timbrer les Armoiries, par Marc Gilbert de Varennes. *Par.* 1635. G. P. 3

4025 La Science Heroïque , par Marc de Vulson de
la Colombiere. *Par.* 1644. *figur.*

4026 La même : seconde édition. *Par.* 1669. *mar.* 22 *tt*

4027 La vraye & parfaite Science des Armoiries, de
Louvan Geliot, augmentée par P. Palliot. *Dijon*
& Paris 1660. *figur.* 43

4028 {
Recueil de plusieurs pieces & figures d'Armoiries, par Marc de Vulson de la Colombiere. *Par.* 1639.

Armorial. *Par.* 1638.

Armes & Blasons des Chevaliers de l'Ordre
du S. Esprit, créés par Louis XIII. par Jac. Morin. *Par.* 1623.

Les Noms , Armes , & Blasons des Chevaliers & Officiers de l'Ordre du S. Esprit, créez
en 1633. par Pierre d'Hozier. *Par.* 1634. *figur.* 6
}

4029 Armorial universel. *Paris*, 1663. *figur.* 8—5

4030 Traité du Blason des Armes , & de ce qui ap-
partient à la Charge des Heraults d'Armes, par
Jean Guillim Poursuivant d'Armes : en Anglois.
Lond. 1638.

A a

Numismata.

4031 Joannis Harduini opera selecta. *Amst.* 1709.

4032 A. Augustini Antiquitates Romanæ & Hispanæ in Nummis Veterum, ex Hispanico Lat. per Andræam Schottum. *Antuerp.* 1617. *figur. mar.*

4033 Dialoghi d'Ant. Agostini intorno alle Medaglie, Inscrittioni & altre Antichità; trad. dal Spagnuolo da Dionigi Ottaviano Sada. *Roma* 1650. *figur.* 5:

4034 Hub. Goltzii Numismata Græciæ, ejusque Insularum & Asiæ Minoris, cum comm. Lud. Nonnii. *Antuerp.* 1644. *figur.*

4035 Ejusdem Goltzii Sicilia & Magna Græcia. *Brugis* 1576. *figur.*

4036 Eadem. *Antuerp.* 1618. *figur.*

4037 Ejusdem Fasti Magistratuum & Triumphorum Romanorum ab Urbe condita ad obitum Augusti. *Brugis* 1566. *figur.*

4038 Ejusdem Julius Cæsar. *Brugis* 1563. *figur.*

4039 Ejusdem Cæsar Augustus. *Brugis* 1574. *figur.*

4040 Ejusdem Augustus & Tiberius, cum comm. Lud. Nonnii. *Antuerp.* 1644. *figur.*

4041 Prosperi Parisii rara Magnæ Græciæ Numismata. 1683. 2:

4042 La Sicilia descritta con Medaglie, da Fil. Paruta. *Palermo* 1612. *figur.* 26:

4043 Abrahami Gorlæi Thesaurus Numismatum Romanorum ad familias ejus Urbis spectantium usque ad obitum Augusti. *Amstelod.* 1608. *figur.*

4044 Familiæ Romanæ in Numismatibus; editore Fulvio Ursino. *Roma* 1577. C. M. *figur.*

4045 Eædem, per Car. Patin. *Paris.* 1663. C. M. *figur. mar.*

4046 Wolfg. Lazii specimen commentariorum vetustorum Numismatum. *Vienna Austria* 1558. 20:

4047 Henr. Noris duplex dissertatio de duobus Nummis Diocletiani & Licinii. *Pat.* 1676. C. M. *mar.*

4048 La Historia Augusta da Giulio Cesare infino à Constantino il Magno illustrata con la verita

delle antiche Medaglie , da Fr. Angeloni. *Roma*
1641. *figur.* 3 -10

4049   Des Medailles , Monnoyes & Monumens antiques d'Imperatrices Romaines, par J. le Menef-
trier. *Dijon* 1625. *figur.* 19-19

4050   Car. Patini Imperatorum Romanorum Numifmata ad Heraclium. *Arg.* 1671. *figur. mar.* 42-5

4051   Adolfi Occonis Imperatorum Romanorum Numifmata à Pompeio Magno ad Heraclium , illuftrata per Franc. Mediobarbum Biragum. *Mediol.*
1683. *figur.* 101-1

4052   Vitæ Imperatorum Romanorum Orientalium
& Occidentalium ad 1629. cum effigiebus ex Nu-
mifmatibus delineatis , per Octavium de Strada.
Francof. 1629. C. M. *figur.* 6-10

4053   Cl. du Molinet Hiftoria Summorum Pontificum à Martino V. ad Innocentium XI. per eorum
Numifmata. *Par.* 1679. C. M. *figur.* 22-1

4054   La France Metallique , par Jac. de Bie. *Par.*
1636. G. P. *figur.* 29-19

4055   Medailles fur les principaux évenemens du regne de Louis le Grand. *Paris , de l'Impr. Royale,*
1702. *mar.*   140 H

4056   Hift. Metallique de la Rep. de Hollande , par
Pierre Bizot. *Par.* 1687. G. P. *figur. mar.* 28

4057   Jo. Jac. Luckii fylloge Numifmatum elegan-
tiorum ab anno 1500. ad 1600. *Arg.* 1620. *fig.*

4058   L'Alitinonfo , difcorfo fopra le Monete, da Gaf-
paro Scaruffi. *Reggio* 1582. C. M. 69

4059   El ajuftamento i proporcion de las Monedas de
oro , plata i cobre , por Alonfo Carranza. *Madrid* 1629. 50-1

4060   Recherches curieufes des Monnoyes de France,
depuis le commencement de la Monarchie, par
Cl. Bouteroüe. *Par.* 1666. G. P. *fig.* 131-10

4061   Trois Arrefts du Confeil d'Eftat, & deux Ordonnances touchant les Monnoyes.   10

Pompa, Ludicra, &c.

4062   Le Ceremonial François, par Theodore Godefroy. *Par.* 1649. 2. *vol. G. P.* 111.

4063 Electio & Coronatio Ferdinandi II. Imperatoris. *Franc.* 1619. *cum figuris de Bry.* 10.

4064 Solemnia Electionis & Inaugurationis Leopol-
di Imperatoris , lat. & Gallice. *Franc.* 1660. *fig.*

4065 Ceremonie du Sacre de Louis XIV. par le Chevalier Avice. *Par.* 1655. *in folio magno. fig.*

4066 Rob. Keuchenii Anglia triumphans , sive in
Inaugurationem Caroli II. *Hagæ C.* 1660. *fig.*

4067 Orazione fatta per l'Incoronatione di G. B.
Lercaro Doge di Genova, da Domenico Grimal-
di. *Genova* 1644. *fig.* 8.

4068 Pompe funebri di tutte le Nationi del Mondo,
da Fr. Perucci. *Verona* 1639. *fig.* 8-15

4069 Breve racconto della transportatione del cor-
po di Papa Paolo V. della Basilica di S. Pietro
à quella di Santa Maria Maggiore. *Roma* 1623.
fig. 16.

4070 Apparato funebre dell'Anniversario à Gregorio
XV. *Bol.* 1624. *fig.* 7-11

4071 Il Mondo piangente e il Cielo festeggiante nel
funerale apparato dell'Essequie celebrate in Roma nella chiesa di San Luigi alla memoria d'Anna d'Austria Regina di Francia , da Elpidio Benedetti. *Roma* 1666. 6-1

4072 Breve racconto del Funerale fatto nel duomo
de Milano per la morte di Baldassare Principe
delle Spagne, da Gio. B. e Giulio Cesare Mala-
testa. *Milano* 1647.

4073 Theodori Card. Trivultii nox atra, per Hay-
monem Corium. *Mediol.* 1657. *fig.* 5-1

4074 Pompa funebre nell'Essequie celebrate in Roma al Card. Mazarino , da Elpidio Benedetti.
Roma 1661. *fig.* 5-1

4075 Funerale fatto nel duomo di Milano alla memoria di Vittorio Amedeo Duca di Savoia , da
Luigi Giuglaris. *Torino* 1638. *fig.* 7-1

4076 Staffetta del dolore inviata all'universo nella
morte di Mauritio di Savoia. *Torino* 1657. 2-1

4077 Corona funerale dedicata alla memoria di Fran-

cefco I. d'Efte Duca di Modona , da Domenico
Gamberti. *Modona* 1659.

4078 Pompa dell'Effequie d'Odoardo Duca di Piacenza & Parma , da Fr. Raulino. *Piacenza* 1647.
figur. 6.

4079 Lagrime poetiche nella morte della Marchefa
D. Vittoria Bentivogli Rangoni , da Paolo Emi-
lio Fantuzzi. 1657.

4080 Honorarii tumuli ac funebris pompæ defcriptio Francifci Vindocinenfis Ducis Belfortii. *Roma* 1669. *fig.* 6.

4081 Deffein de l'appareil funebre dreffé dans l'E-
glife de N. D. de Paris , à Henry de la Tour-d'Auvergne Vicomte de Turenne. *Par.* 1675. 6-3

4082 Pompa funebris Bruxellis à Palatio ad Templum Divæ Gudulæ, cum Philippus Carolo V. Pa-
tri jufta folveret. *In fol. oblongo, fig.* 18. C.

4083 Pompa funebris Alberti Pii, per Erycium Pu-
teanum. *Brux.* 1623. *in fol. oblongo, fig. mar.*

4084 Maufolée d'Ifabelle Claire Eugenie d'Auftriche
Infante d'Efpagne, par J. Puget de la Serre. *Brux.*
1634. *fig.* 3-10

4085 Pompe funebre de Charles III. Duc de Lorraine, en Lat. & en Fr. *Nancy*, 2. *vol.* G. P. 24.

4086 Le Labyrinthe Royal de l'Hercule Gaulois
triomphant (Henry IV.) reprefenté à l'entrée de
la Reine à Avignon en 1600. *fig.* 2.

4087 Voyage du Roy à Mets, par Abr. Fabert. 1610.
fig. mar. 4.

4088 Combat d'honneur concerté par les quatre Ele-
mens, fur l'Entrée de la Ducheffe de la Valette à
Mets. *fig.* 3-13

4089 Le Soleil au Signe du Lyon, Entrée du Roy &
de la Reine à Lyon en 1622. *Lyon, Jullieron*,
1623. *fig. mar.* 5-3

4090 Entrée du Roy à Paris, après la reduction de
la Rochelle. *Par.* 1629. *fig. mar.* 4.

4091 Entrée du Duc d'Efpernon à Dijon en 1656.
figur. 16-10

4092 Entrée du Roy & de la Reine à Paris après

A a iij

leur mariage. *Par.* 1662. *G. P. avec les figur. de Chauveau.* 3-1:

4093 El feliciffimo Viage de D. Phelipe hijo de Carlos V. desde Efpaña à fus tierras de la Baxa Alamaña, por J. Chriftoval Calvete de Eftrella. *Anvers* 1552. 8:

4094 Apparatus fpectaculorum in Sufceptione Philippi Hifpaniæ Principis filii Caroli V. defcriptus per Cornelium Scribonium Grapheum. *Antuerp.* 1550. *fig.*

4095 La même Entrée du Prince Philippe à Anvers: en François. *Anvers* 1550. *fig.* 4:

4096 Jo. Bochii defcriptio publicæ gratulationis in Adventu Ernefti Archiducis Auftriæ Belgii Præfecti Antuerpiam anno 1594. *Antuerp. Plantin.* 1595. *fig.* 3-10

4097 Hiftorica narratio profectionis & Inaugurationis Belgii Principum Alberti & Ifabellæ, per Jo. Bochium. *Antuerp.* 1602. *fig. mar.* 14-7

4098 Hift. de l'Entrée de la Reine Mere du Roy Très-Chrétien dans les Villes des Pays-Bas, par J. Puget de la Serre. *Anvers* 1632. *fig.* 4:

4099 { Hift. de l'Entrée de la Reine Mere du Roy Très-Chreftien dans les Provinces-Unies des Pays-Bas, par le même de la Serre. *Londres* 1639. *fig.*
Entrée de la Reine Mere du Roy Très-Chrétien dans la Grande Bretagne, par le même de la Serre. *Lond.* 1639. *G. P. fig.* 17:

4100 Hift. de la Reception faite à la Reine Mere du Roy Très-Chreftien par les Bourgmaiftres & Bourgeoifie d'Amfterdam, par Gafpar Barleus. *Amft. Blaeu,* 1638. *G. P. fig.* 10:

4101 { Ferdinandi Cardinalis Infantis Introitus Gandavum. *Antuerp.* 1636.
Ejufdem Introitus Antuerpiam. *Antuerp.* 1642. 40:

4102 Arcus aliquot Triumphales & Monimenta victoriæ clafficæ in honorem Jani Auftriæ, exfcriptore Jo. Sambuco. *Antuerp. Phil. Gallaus,* 1572. *figur.* 9:

4103   Pompa della folenne Entrata fatta in Milano à Maria Anna Auftriaca. *Milano* 1651. *fig.* 11-5

4104   Noticia del recibimiento i Entrada de la Reina D. Maria Ana en Madrid. 1650. *figur.* 2:

4105   Viage de Felipe III. al Reino de Portugal , por J. B. Lavaña. *Madrid* 1622. *figur.* 24:

4106   Fr. Modii Pandectæ Triumphales. *Francof.* 1586. 5:

4107   Des Tournois ; en Allemand. *Franc.* 1566. *figur. mar.* 1:

4108   Le vray Theatre d'Honneur & de Chevalerie, par Marc de Vulfon de la Colombiere. *Par.* 1648. 2. *vol. figur. G. P.* 40-10

4109   Fefte theatrali, o fcene e machine preparate alle Nozze di Theti , Balletto reale , Ital. e Franc. da Giac. Torelli. *Par.* 1654. *figur. C. M.* 25-1

4110   Hymenæus Pacifer, five Theatrum Pacis Hifpano-Gallicæ. *Antuerp.* 1661. *figur.* 1-12

4111   Amore prigioniero in Delo , Torneo de gli Academici Torbidi in Bologna, 20. Marzo 1628. 9:

4112   L'Ermiona, Torneo à piedi e à cavallo, e Balletto in Mufica , in Padòua 1636. da Pio Enea Obizzi & Nic. Enea Bertolini. *Pad.* 1638. *figur.* 6:

4113   Le publiche dimoftrationi di allegrezza in Milano 1658. per la Nafcità del Prencipe di Spagna Filippo Profpero , da Giulio Cefare Malatefta. *Milano* 1659. *figur.*

4114   Fefte celebrate in Napoli per la Nafcità dell'iſteſſo. *Nap.* 1659. *figur. C. M.* 14-19

4115   Il Trionfo della Virtu , fefta d'Armi à cavallo nella Nafcita del Prencipe di Modana l'anno 1660. *Modana , figur.* 12-19

4116   Il Pomo d'oro, fefta teatrale per le Nozze dell' Imperadore Leopoldo e Margherita, da Fr. Sbarra. *Vienna d'Auftria* 1668. *figur.* 16-19

4117   Deux Volumes Allemans du Duché de Wirtemberg, reprefentans des Jeux & Spectacles. *In folio oblongo.* 2. *vol. mar.* 62-1

De Incantationibus , Divinationibus &c.

4118 Martini Delrio disquisitiones Magicæ. *Lugd.* 1612. *6:*

4119 Janus Jac. Boissardus de Divinatione & Magicis Præstigiis. *Oppenheimii* 1615. *figur.* 16–1

Fabulosa.

4120 C. Julii Hygini & aliorum Fabulæ. *Basil.* 1549. *figur.* 2:

4121 ⎧ Enarrationes allegoricæ Fabularum Fulgentii Placiadis , cum comm. J. B. Pii. *Mediol.* 1498.

4122 ⎨ Apollinaris Sidonii opera , cum comm. J. B. Pii. *Mediol.* 1498. *I:*

4123 Mythologie ou explication des Fables, traduite du Latin de Natalis Comes , par J. de Montlyard & J. Baudoin. *Par.* 1627. *G. P. figur.* 45–10

4124 ⎧ Stephani Nigri Dialogus ex Pausania. *Mediol.* 1517.

4125 ⎩ Philostrati Heroïca, Lat. *Ibid. mar.* 12–19

35: 4126 Luciani opera, Gr. Lat. cum notis. *Par.* 1615.

4127 Eadem , Lat. per Jac. Mycillum. *Lugd. Frellon.* 1549. *I–5*

4128 La Nef des Fols du Monde. *Par. de Marnef,* 1497. *Exemplaire imprimé sur velin avec figures en miniature, relié en velours.* 186:

4129 Ie Chevalier deliberé. *Imprimé en gotiq. avec figures enluminées.* 28–1

4130 Le Recueil des Histoires Troyennes. *Lyon* 1494. *figur.* 30–19

4131 La destruction de Troye la Grande. *Lyon* 1491. *figur.* 40–5

4132 Hist. de Perceforest Roy de la Grande Bretagne, & de Gadiffer Roy d'Ecosse. *Par.* 1531. 3. *vol.* 99:

4133 Hist. du Saint Greaal. *Par.* 1516. *figur.* 17–5

4134 Hist. de Perceval le Galloys , suite du Saint Graal. *Par. Galliot du Pré,* 1530. 60–1

4135 Histoire de Merlin. 2. *vol. gotique.* 13 olt

4136   Lancelot du Lac. *Par.* 1533. 30:

4137   La fleur des Batailles, Doolin de Mayence.
       Par. 1561. *figur.* 26-10

4138   Galien Rethoré. *Par.* 1500. *figur.* 32-10

4139   Baudoin Comte de Flandres. *Chambery* 1484.
       figur. 20-10

4140   Raymondin & Melufine. *Gotiq. figures enlu-
       minées.* 23-10

4141   La Salade. *Par.* 1521. *figur.* 20ᵗᵗ

4142 ⎰ El ramo que de los 4. libros de Amadis de
       Gaula fale, llamado la Sergas del Cavallero
       Efplandian hijo del Re Amadis de Gaula. *C_a-
       ragoça* 1587.
          Lifuarte de Grecia hijo de Efplandian : fet-
       timo libro de Amadis. *Lixboa* 1587.

4143   Florifando : fexto libro de Amadis. *Sevilla*
       1526.

4144   Amadis de Grecia hijo de Lifuarte : nono li-
       bro de Amadis. *Lisboa* 1596.   12-10

4145   Cronica de D. Florifel de Niquea, y Anaxar-
       tes, hijos de Amadis de Grecia. *C aragoça* 1584.

4146   Tercera parte de la Coronica de D. Florifel de
       Niquea en la qual fe trata de D. Rogel de Grecia
       y Agefilao hijos de D. Florifel de Niquea. *Evora.*

4147   Orlando enamorado, efpejo de Cavallerias, por
       P. de Reynofa. *Medina del Campo* 1586. 30:

4148   Efpejo de Principes y Cavalleros, por Diego
       Ortuñez. *Zaragoza* 1617.

4149   Tercera y quarta parte del mifmo, por Marcos
       Martinez. *Zaragoça* 1623. 60:

4150   D. Claribalte Cavallero de la Fortuna. *Valen-
       cia* 1519. 24-1

4151   El esforçado Cavallero Alderique. *Valencia*
       1517. 20-1

4152   Le Romant de la Rofe. *Par. Galliot du Pré,*
       1536 25:

4153   Il libro di Madonna Fiametta, di Gio. Boccac-
       cio. *mar.* 60-10

4154   Hypnerotomachia Poliphili; Italicè. *Venet. Al-
       dus,* 1499. 35:

LITTERATI, ET BIBLIOTHECARII.

Litterati.

4155　P. Lambecii liber primus Prodromi Hiſtoriæ Litterariæ. *Hamburgi* 1659. *mar.* 8-5

4156　Academie des Sciences & des Arts , par Iſaac Bullart. *Brux.* 1682. 2. *vol.* 30:

Bibliothecarii.

4157　Latini Latinii Bibliotheca ſacra & profana. *Romæ* 1677. *mar.* 16-1

4158　Index Librorum prohibitorum & expurgatorum, per Bern. de Sandoval & Roxas Card. Archiep. Toletanum. *Matriti* 1612. 5 ^{tt}

4159　{ Index Librorum prohibitorum & expurgandorum noviſſimus, per A. à Sotomajor. *Matriti* 1667.
　　　Index Librorum prohibitorum Alexandri VII. juſſu editus. 1667. *mar.* 10 ^{tt}

4160　Jo. Trithemius de Scriptoribus Eccleſiaſticis. *Baſil.* 1494. 7-15

4161　Bibliothecæ Eccleſiaſticæ Auctores ſeptem, editi per Aubertum Miræum, cum Ejuſdem Bibliotheca Eccleſiaſtica ab anno 1494. ad 1649. *Antverp.* 1649. 4-5

4162　Conradi Geſneri Bibliotheca univerſalis. *Tig.* 1545.

4163　Ejuſdem Pandectæ ſeu Partitiones univerſales, ſeu Bibliotheca ſecundùm locos communes. *Tig.* 1548. 22 ^{tt}

4164　Bibliotheca inſtituta primum & collecta à Conrado Geſnero, & aucta per Joſiam Simlerum. *Tig.* 1574. 6-1

4165　A. Poſſevini Apparatus ſacer. *Col.* 1608. 2. *vol.*

4166　Ejuſdem Bibliotheca ſelecta de ratione Studiorum ad diſciplinas, & ſalutem gentium procurandam. *Col.* 1607. 18:

4167 { Fabiani Justiniani Index universalis alphabeticus materias in omni facultate consulto
per tractatus, earumque Scriptores & locos de-
signans. *Roma* 1612.
Ejusdem Elenchus Auctorum qui in S. Biblia vel universè, vel singulatim etiam in ver-
siculos data opera scripserunt. *Ibid.* 30-1

4168 Jac. Gaddius de Scriptoribus Ecclesiasticis,
Græcis, Latinis, Italicis, primorum graduum in
quinque theatris philosophico, poëtico, historico, oratorio, critico. *Flor.* 1648. C. M. *mar.* 24-5

4169 Julii Bartoloccii de Celleno Bibliotheca Rabbinica. *Roma* 1675. & 78. 2. *vol. mar.* 31:

4170 Bibliotheque des Auteurs qui ont écrit en François, par Franç. Grudé Sieur de la Croix-du-
Maine. *Par.* 1584.

4171 { Bibliotheque des Auteurs qui ont écrit en
François, par Ant. du Verdier de Vauprivas.
Lyon 1585. *manque le frontispice*
Ejusdem Verderii supplementum epitomes
Bibliothecæ Gesnerianæ. *Lugd.* 1585. *100:*

4172 Bibliotheca Napoletana, di Nicolo Toppi. *Napoli* 1678. *mar.*   8-19

4173 Nic. Antonii Bibliotheca Hispana nova. *Roma*
1672. 2. *vol. mar.* 91:

4174 Fr. Swertii Athenæ Belgicæ. *Antuerp.* 1628. 10-19

4175 Jo. Balei Scriptores illustres Majoris Britanniæ. *Basil. Oporin.* 1557. *mar.* 19-19

4176 Lyceum Lateranense, seu illustres Scriptores
14-5 Ordinis Canonicorum Regularium Salvatoris La-
teranensis; per Celsum de Rosinis. *Cæsena* 1649.

4177 Ambr. de Altamura Bibliotheca Dominicana
ad 1600. *Roma* 1677. C. M. *mar.* 22-10

4178 Jac. Quetif & Jac. Echard Scriptores Ord. Prædicatorum. *Paris.* 1722. 2. *vol.* 24-10

4179 Lucæ Waddingi Scriptores Ordinis Minorum.
Roma 1650. *mar.* 41:

4180 Sujets des Ouvrages du P. Pagi. 1-1 *une feuille*

4181 P. Ribadeneiræ & Ph. Alegambe Bibliotheca
Scriptorum Societatis Jesu. *Antuerp.* 1643. 20 tt

4182 Nath. Sotvelli Bibliotheca Scriptorum Societatis Jesu post Ribadeneiram & Alegambium ad 1642. *Romæ* 1676. *mar.* 99-19

4183 { P. Lambecii Bibliotheca Cæsarea Vindobonensis. *Vindobonæ* 1665.-79. 8. *vol. mar.*
  Ejusdem Apparatus primus ad Annales Historiæ Austriacæ. *Vindobonæ* 1679. 355 tt

4184 Th. Hyde Catalogus Librorum impressorum Bibliothecæ Bodleianæ in Academia Oxoniensi. *Oxon.* 1674. *mar.* 31.

4185 Bibliotheca Telleriana C. Mauritii le Tellier Archiep. Ducis Rhemensis, (digesta per Nic. Clement.) *Par. è Typ. Regia,* 1693. 22.

4186 D. Bern. de Montfaucon Palæographia Græca. *Par.* 1708. 28

4187 Ejusdem Bibliotheca Coisliniana. *Par.* 1710.

4188 Guil. Cave Historia Litteraria Scriptorum Ecclesiasticorum. *Lond.* 1688.

4189 Eadem. *Geneva* 1705. 15.

4190 Index Bibliothecæ Barberinæ. *Romæ* 1681. 20 *vol.* 21-10

4190 ½ censura authorum authore postblont   8.

THEOLOGIA

cie-
1 ad

bo-

Hi-
um
nsi.

ier
lic.

ca,

.
ic-

2o

8: